탁월함의 그릇

나의 잠재력을 200% 끌어내는 30가지 법칙

탁월함의 그릇

RISE

추천의 말

지난 20년 동안 사업을 해오면서 수많은 파트너들을 만나왔지만, 조현우 대표처럼 일을 하는 사람은 거의 보지 못했다. 그는 인생을 어떻게 살아가야 할지 정확히 이해하고, 자신의 분야에서 수많은 사람들을 고도의 집중과 몰입 상태로 이끌어낼 줄 아는 사람이다. 평범한 삶에서 벗어나 탁월한 삶을 살고 싶은 사람들이라면 이 책이 큰 도움이 되리라 확신한다.

– **박세니**(박세니마인드코칭 대표, 《멘탈을 바꿔야 인생이 바뀐다》 저자)

세상에 젊고 패기가 넘치는 사람들은 넘쳐난다. 그러나 자신의 분야에서 전문성을 제대로 갖춘 상태로 탁월하게 일하는 사람은 결코 많지 않다. 내가 본 저자는 자신의 일을 진정으로 사랑하고 미쳐서, 탁월함의 경지까지 간 사람이다. 그동안 책을 추천해달라는 사람들이 많았는데, 드디어 자신 있게 추천할 만한 책이 나왔다.

– **조서환 박사**(전 KTF 부사장, 《모티베이터》 저자)

16년 전과 현재가 한결같은 사람. 늘 성장에 목말라하고, 어떻게 하면 더 나은 삶을 살 수 있을지 고민하는 사람. 남들을 도와주고 그들이 성장하는 모습을 보며 삶의 행복을 찾는 사람. 누군가 나에게, 인생에 가장 큰 영향을 준 사람이 누구냐고 묻는다면 단 0.1초의 고민도 없이 '조현우'라고 할 것이다. 평범한 직장인에서 상위 0.1%의 전문가가 되기까지, 그가 깨닫고 느끼고 삶에 적용한 모든 것들이 이 책 한 권에 담겨 있다.

– **권민창**(마인드셋 출판사 대표, 《잘 살아라 그게 최고의 복수다》 저자)

차례

서문

진인사대천명(盡人事待天命)

살다 보면 억울할 때가 많습니다. 나는 미친 듯이 노력해왔는데, 나만큼 아등바등하면서 살지 않은 사람들이 나보다 더 빨리, 더 높은 곳에 올라 있는 것처럼 느껴질 때 특히 그렇습니다. 아무리 인생이 운칠기삼(運七技三)이라고 하지만, 기분이 썩 좋지만은 않습니다. 전혀 위로가 되지 않습니다.

저는 20대 내내 안간힘을 쓰고 살았습니다. 열여섯 살에 공군 특성화 고등학교에 들어가, 열아홉 살에 공군 부사관이 됐습니다. 고등학교 때 학비를 지원받아 7년간 의무 복무를 해야 했습니다. 죽도록 싫었지만 벗어날 수 없었습니다. 독기에 차 있었습니다. 7년 후 군대를 벗어나야 한다는 강박관념이 있었습니다. 뭘 해야 할지 몰라 미친 듯이 책을 읽었습니다.

부사관 때는 새벽 출근, 야근을 많이 하는 환경이었습니다. 아침 6시에 출근해서 밤 10시에 퇴근해도 책을 읽었습니다. 씻고 책상에 앉아서 새벽 2~3시까지 책을 읽었습니다. 불을 켠 상태로 책상에서

엎드려 잠들었다가 아침에 일어나기도 했습니다. 항상 쓰러지듯 잠들었습니다. 아침에 일어날 때마다 전날 몇 시에 잠들었는지 기억이 안 났습니다. 기절해서 잠들었습니다.

틈틈이 블로그를 운영하면서 하루 방문자 1000명이 넘을 때까지 키웠습니다. 테니스 코치가 되겠다고 1년 넘는 기간 동안 새벽 4시에 일어나 5시 레슨을 받았습니다. 부사관에서 장교로 신분 전환을 하겠다고 야근 후 새벽까지 온라인 강의를 들었습니다. 하루 평균 2~3시간, 많이 자면 4시간인 생활을 5년간 했습니다. 그리고 군 생활을 5년 했을 때 장교로 신분 전환을 할 수 있었습니다.

공군 장교로 임관해서도 다시 책을 읽었습니다. 야근도 없고, 새벽 출근도 사라졌습니다. 제대를 준비하기에 좋은 환경이 됐습니다. 근무지는 부산이었지만 매주 주말마다 서울로 왔습니다. 마케팅, 세일즈, 비즈니스, 부동산, 재테크, 글쓰기, 책 쓰기 등 닥치는 대로 교육을 들었습니다. 한국영업인협회라는 곳에서 1100만 원짜리 교육을 듣기도 했고, 《인생에 변명하지 마라》 이영석 대표님에게 1000만 원을 내고 컨설팅을 받기도 했습니다. 새벽, 점심시간, 퇴근 후, 주말, 휴가 등 모든 남는 시간을 공부하고, 글 쓰고, 성공한 사람들을 만나 배우는 것에 썼습니다.

1년에 한 권씩 책을 출간했습니다. 제대 전까지 총 세 권의 책을 냈습니다. 동기부여 강연가가 되고 싶었습니다. 대학교, 군부대, 자기계발 커뮤니티 등에서 강연을 했습니다. 돈을 안 받고 한 적이 대부분이었습니다. 강연 기회만 주면 무조건 가서 했습니다. 부산문화

재단에서 지원을 받아 직접 강연 프로그램을 만들기도 했습니다. 이 모든 것이 군 생활을 하면서 진행했던 일들입니다. 8년 동안 군 생활을 하면서 휴가를 쓰고 편하게 놀러 갔던 적이 없습니다. 당시의 휴가는 쉬는 날이 아니었습니다. 아무에게도 방해받지 않고, 출근하지 않고 하루 종일 공부할 수 있는 날, 책 쓸 수 있는 날이었습니다.

2018년 5월 31일, 8년 3개월의 군 의무 복무를 끝내고 전역했습니다. 부산에서 서울을 왔다 갔다 하고, 고가의 교육들을 듣느라 돈을 많이 썼습니다. 저와 똑같이 군 생활을 시작했던 고등학교 동기들은 1억 넘게 돈을 모으기도 하고, 누군가는 집을 샀다는 소문도 들려왔습니다. 똑같은 기간 동안 군 생활을 했지만 제 상황은 완전히 달랐습니다. 약 3000만 원의 퇴직금을 받았음에도 불구하고 제 통장에는 여전히 마이너스(-) 3000만 원이 찍혀 있었습니다. 군인은 공무원이기 때문에 마이너스 통장 한도를 잘 내줍니다. 저는 제대 전에 5000만 원 한도의 마이너스 통장을 만들었습니다.

제대 후에는 넓은 세상을 보기 위해 영어 공부를 시작했습니다. 영어와는 담을 쌓고 살았기 때문에 최단기간에 최대한의 효과를 내고 싶었습니다. 강남에 있는 박코치어학원에 등록했습니다. 국내 어학연수반 6개월 과정에 880만 원을 내고 신청했습니다. 많은 후기를 찾아보고 결제했습니다. 비록 마이너스 4000만 원이 되었지만 뿌듯했습니다.

6개월간 온전히 영어에만 몰입했습니다. 새벽부터 학원에 나갔습니다. 아침 8시부터 수업이었지만 7시까지 학원에 갔습니다. 아침

한 시간 동안 예습, 복습을 하고 수업을 들었습니다. 저녁 7시에 모든 수업이 끝나면 10시까지 자습을 했습니다. 10시에는 학원에서 문을 닫기 때문에 이후에는 집에서 공부를 했습니다. 주말에도 학원에 가서 자습을 했습니다. 6개월 동안 영어에 미쳐 살았습니다.

영어학원 6개월 과정 중 마지막 달, 조금이라도 영어 쓰는 시간을 늘리기 위해 외국인이 주로 찾는 게스트하우스 주말 아르바이트를 시작했습니다. 평일에는 학원에서 영어를 공부하고, 주말에는 게스트하우스에서 외국인 손님과 대화를 하려는 계획이었습니다. 게스트하우스 면접은 영어 인터뷰로 진행됐습니다. 5개월간의 노력이 빛을 발했습니다. 합격했습니다.

게스트하우스 영어 인터뷰에 합격하면서, 영어에 어느 정도 자신감이 붙었습니다. 다음으로는 해외여행 인솔자(TC)라는 직업에 도전했습니다. 유럽에는 한 번도 가보지 않았지만, 유럽 여행 인솔자가 되고 싶었습니다. 잡코리아에서 유럽 여행 인솔자를 뽑는다는 문구를 보고 무작정 서류를 넣었습니다. 여행사 5~6군데에 서류를 넣었습니다. 처음 2주 동안 아무 곳에서도 답이 오지 않았습니다. 유럽에 한 번도 가보지 않은 사람을 유럽 여행 인솔자로 뽑는다는 게 말이 안 되긴 했습니다. 포기하려는 찰나, '스위트유로'라는 2030 유럽 여행사에서 연락이 왔습니다.

최대한 빨리 면접 일자를 잡았습니다. 학원을 하루 빠지고 면접을 보러 갔습니다. 6개월 중 하루도 빠지지 않았던 학원을 그때 처음 빠졌습니다. 면접 자리에는 대표님 한 명, 실무자 한 명이 왔습니다.

처음에는 한국어로 인터뷰를 하고, 이후에는 실무자와 영어 인터뷰를 진행했습니다.

영어 인터뷰는 오히려 문제가 없었으나 다른 문제들이 있었습니다. 유럽에 한 번도 가보지 않았다는 것과, 수동 기어 운전을 해본 적이 없다는 사실이었습니다. 유럽에서 차량을 렌트해서 손님들을 데리고 다녀야 하는데, 유럽은 수동 기어 자동차가 대부분입니다. 면접 때 강하게 어필을 했습니다.

"유럽에 가본 적은 없지만, 저의 장점은 새로운 것을 빨리 배우는 능력입니다. 군 생활을 하면서도 세 권의 책을 냈고, 영어를 한마디도 못했지만 6개월 동안 치열하게 공부해서 지금은 의사소통이 됩니다. 운전을 아예 못 하는 것도 아니고 오토는 할 줄 압니다. 운전 센스는 있습니다. 유럽 가기 전까지 사비로라도 수동 운전을 배워놓겠습니다. 1종 자격증은 있습니다. 유럽에 대한 사전 조사도 미리 다 끝내놓겠습니다. 답사 며칠만 가게 해주시면 인솔하는 데 전혀 문제없게 하겠습니다."

저의 의지가 강해 보였는지 결국 최종 합격 통보가 왔습니다. 최종 합격 통보와 동시에 10일 후 비행기표를 끊는다는 연락이 왔습니다. 떠날 채비를 하라고 말입니다. 바로 운전면허 학원에 등록했습니다. 1종 면허는 있었지만, 수동에 익숙해져야 했습니다. 일주일 동안 매일 같이 운전 연습을 했습니다. 유럽에 가기 전까지 조금은 익숙해졌습니다.

2018년 12월 11일, 체코 프라하에 도착했습니다. 모든 게 낯설었습니다. 해외가 처음은 아니지만 유럽은 새로운 느낌이었습니다. 렌터카를 빌리러 갔는데, 영어가 들리지 않았습니다. 영어는 영어인데 체코식 영어는 처음 듣다 보니 무슨 말인지 이해하기 어려웠습니다. "Sorry"를 연발하며 들릴 때까지 물어봤습니다. 결국 9인승 밴을 성공적으로 빌렸습니다. 한국에서 트럭으로 수동 운전을 연습하긴 했지만, 새로운 차는 익숙하지 않았습니다. 시동을 계속 꺼뜨렸고, 차가 커서 운전하기 어려웠습니다. 유럽의 길에서 운전하는 것도 처음이었습니다.

처음엔 어색했지만, 하루 8~10시간씩 운전을 하다 보니 차츰 익숙해졌습니다. 손님을 데리고 인솔할 여행지를 미리 답사하면서 계속 운전을 했습니다. 주로 손님들을 인솔했던 국가는 체코, 오스트리아, 헝가리, 프랑스, 이탈리아, 스위스, 크로아티아, 슬로베니아였습니다. 전부 다 처음 가보는 나라였기 때문에 길을 외우는 데 시간이 걸렸습니다. 외워질 때까지 계속 반복해서 걸어다녔습니다. 정해진 시간상 10일 인솔 코스를 3일만에 돌아야 했습니다. 운전을 하는 내내 잠이 쏟아졌지만, 수면껌을 입에 들이부으면서 버텼습니다.

손님들에게 폐를 끼치면 안 된다는 생각으로 길을 외웠습니다. 잘 안 외워지는 길은 하루에 다섯 번도 갔습니다. 책과 인터넷을 통해 세계사, 관광지 역사를 공부했습니다. 공부한 내용은 블로그에 정리했습니다. 유럽에서도 시간이 날 때마다 공부한 내용을 글로 정리했습니다. 그렇게 정리한 내용들을 손님들에게 보여드리기도 했습니다.

유럽 여행 인솔자 생활을 한 것은 대략 9개월입니다. 2018년 말부터 2019년 8월까지 했습니다. 9개월 동안 약 200명 정도의 손님들을 만났습니다. 모두 큰 사고 없이 여행을 마쳤습니다. 즐겁게 여행을 마친 손님들이 스위트유로 카페에 좋은 후기를 올려주기도 했습니다. 손님들이 행복해하는 모습을 보면서 뿌듯함을 느꼈습니다.

여행사 대표는 제가 일하는 모습을 보시고 좋은 제안을 주시기도 했습니다. 체코에 법인을 세우려고 하는데 체코에서 살면서 법인장을 하는 것은 어떻겠냐는 것이었습니다. 제 꿈은 언제나 변함이 없습니다. 세계적인 동기부여 강연가가 되는 것입니다. 저의 모든 의사결정 기준은 '세계적인 동기부여 강연가가 되는 것에 도움이 되느냐, 안 되느냐'입니다. 유럽에 사는 것은 '세계적인 강연가'가 되는 것에 좋은 조건으로 여겨졌습니다. 흔쾌히 수락했습니다. 이후 체코에 갈 때마다 현지 법인 설립에 대한 절차를 진행했습니다.

그러던 와중에, 갑자기 회사의 상황이 안 좋아졌습니다. 많은 경쟁사들이 우후죽순으로 생겨나기 시작했습니다. 대표는 체코 법인 설립을 미루기로 결정했습니다. 더 이상 계획대로 진행하기 어려운 상황이었습니다. 유럽에 사는 계획은 틀어지고, 유럽 여행도 실컷 했으니 더 이상 미련이 없었습니다. 여행 인솔자 일을 그만두고 한국으로 들어오기로 결심했습니다.

한국에 들어왔을 때, 통장에는 여전히 4000만 원의 빚이 있었습니다. 유럽 여행 인솔자를 하면서 월급을 받긴 했지만 급여 자체도 적었을 뿐더러 나가는 비용이 많았습니다. 호텔에 숙박하는 데, 보통

호텔에는 요리를 해먹을 수 있는 시설이 없습니다. 모든 식사를 밖에서 사 먹어야 했는데 유럽의 식비는 꽤 비쌌습니다.

한국에 돌아와서 마이너스 통장 기한이 다가오고 있었기 때문에 빠른 시일 내에 4000만 원을 벌어야 했습니다.

그래서 일단 돈을 벌어야겠다고 생각했습니다. 당시에만 해도 사업적인 머리는 없었습니다. 영업을 해야겠다는 생각이 들었고, 이왕 팔 바엔 제일 비싼 것을 팔아야겠다고 생각했습니다. '부동산, 그중에서도 빌딩을 팔자'라는 생각에 빌딩 매매 전문 중개법인에 들어갔습니다. 중개법인은 영업 조직이기 때문에 항상 사람을 필요로 합니다. 들어가는 것은 어렵지 않았습니다. 수습 기간 3개월간 기본급 70만 원을 준다고 했습니다. 기본급은 제 상황에서 큰 의미가 없었습니다. 빌딩을 팔아 수수료를 받아야 했습니다.

처음 수습 기간에 해야 할 일은 이미 정해져 있었습니다. 흔히 업계에서 '매물 작업'이라고 불리는데, 건물주의 개인 연락처를 따오는 것입니다. 개인 연락처는 개인 정보인데 어떻게 따냐고 했더니 여러 방법들을 알려주었습니다. 공무원 사칭은 기본, 전부 다 불법에 해당되는 방법들이었습니다.

환경이 사람을 만든다고 했습니다. 저는 그 상황에서 불법이든 아니든 상관없었습니다. 제 주변에는 100명에 가까운 빌딩 컨설턴트들이 너무나 자연스럽게 불법을 행하고 있었습니다. 그 업계에서는 그게 당연했습니다. 저 또한 자연스럽게 녹아들었습니다. 불법적인 방법으로 정말 누구보다 열심히 일했습니다. 공무원을 사칭하고,

거짓말을 밥 먹듯이 하면서 일했습니다.

이처럼 시키는 일을 누구보다 열심히 하면서도, 아무도 안 시키는 일도 열심히 했습니다. 낮에는 하루 종일 건물주들을 만나러 돌아다니고 답사를 다녔지만, 퇴근 이후에는 빌딩, 부동산, 경제 관련 책을 닥치는 대로 읽었습니다. 더 이상 불법으로 일하기 싫었고, 진짜 전문가가 되고 싶었습니다.

3개월 후, 수습 종료와 함께 퇴사했습니다. 더 이상 이런 식으로 일하고 싶지 않았습니다. 주변에서는 또 그만두냐고 했지만 신경 쓰지 않았습니다. 수습 3개월 동안 공부하고 정리한 내용을 토대로 빌딩 투자 책을 쓰기로 출판사와 계약을 했습니다. 2019년 9월까지 저의 상황은 이랬습니다.

만기가 다 되어가는 마이너스 4000만 원 통장, 직장 없음, 책 세 권을 출간한 작가, 한 권 출판 계약.

은행에 가보니 마이너스 통장은 연장이 안 된다고 했습니다. "마이너스 통장 잔고 6개월 내로 갚으셔야 합니다. 수입이 없어서 마이너스 통장 연장 안 됩니다." 엎친 데 덮친 격으로, 이 상황에서 아버지는 이렇게 말씀하셨습니다.

"네가 열심히 하는 건 인정하는데, 결국 돈은 하나도 못 벌었잖아? 군대에 있는 동기들보다 나은 게 뭐야? 책을 그렇게 많이 읽고 강의 열심히 들으면 뭐 해, 돈도 하나도 못 버는데. 책장에 쌓여 있는 책들은 결국 장식품이잖아."

뭔가 억울했지만 반박할 수가 없었습니다. 전부 사실이었습니다. 저는 그때까지 겉멋 가득한 독서를 하고, 강의 쇼핑 중독자였을 뿐 아무런 성과를 내지 못하는 사람이었습니다.

그 말을 듣고 너무 많은 감정이 한꺼번에 느껴져서, 순간 울컥했습니다. 물론 아버지가 그런 말을 했다고 해도 바뀌는 것은 아무것도 없었습니다. 아버지가 저를 사랑해서 그런 말을 하신다는 것도 알았고, 부드러운 표현에 서투르신 것도 알고 있었습니다. 그리고 아버지의 인생에서는 돈이 가장 중요하게 생각된다는 것도 이해했습니다.

그러나 한편으로는 내가 여태까지 공부하고 경험해온 것들이 사라지지 않는다는 것도 알고 있었습니다. 인생이 길다는 것도 알고 있었습니다. 앞으로 저의 인생이 더 찬란하게 빛날 것이라고 믿어 의심치 않았습니다. 편하고 안정적으로 살아가는 삶보다, 힘들고 의미 있는 삶을 선택했기 때문에, 10년간 미친 듯이 열심히 산 것이지 누군가한테 인정받기 위해 한 것은 아니었습니다. 저 자신에게 떳떳할 정도로 혼신을 다해왔으니 앞으로도 절대 포기하지 않겠다고 다짐했습니다.

물론 군 생활을 하면서 퇴근하고 술 한잔, 운동도 하고, 적당히 자기계발도 하면서 안정적으로 삶을 꾸려 나가는 동기들을 보면서 많이 부러웠습니다. 그들이 10년간 모은 돈보다, 적당히 현재에 만족하면서 살 수 있는 삶의 태도가 미치도록 부러웠습니다. 이런 생각이 머릿속을 휘감을 때마다 아래의 단어를 끊임없이 생각했습니다.

진인사대천명(盡人事待天命): 사람으로서 할 수 있는 최선을 다한 후에는 오직 하늘의 뜻을 기다린다.

이 단어 또한 저희 아버지가 즐겨 쓰시는 단어인데, 마음을 다잡을 때마다 도움이 됐습니다. 어쩌겠습니까. '나에게 주어진 상황에서 내 스스로 떳떳할 정도로 최선을 다했는데, 나머지는 하늘의 뜻에 맡기자'라고 생각하면 조금은 위안이 되곤 했습니다. 물론 나보다 훨씬 덜 노력한 사람이 더 잘되는 걸 보면 배가 아프고 속이 상할 수밖에 없지만, 사람에게는 각각의 때가 있다고 믿었습니다.

당시에 주변에는 저를 도와줄 만한 사람이 한 명도 없었습니다. 온전히 저 혼자 해결해야 했습니다. 더 이상 물러날 곳이 없다고 생각했습니다. 어차피 회사에 들어간다고 해도 6개월 안에 4000만 원을 갚기는 현실적으로 불가능했습니다. 고심 끝에 사업을 해야겠다고 결심했습니다. 이전까지 한 번도 해보지 않았지만, 선택권이 없었습니다. 여태까지 배웠던 지식으로 가능하겠다고 생각했습니다. 막상 사업 프로세스를 구상해보니 딱 하나가 부족했습니다. 네이버 카페 마케팅을 배워야 했습니다. 600만 원을 내고 네이버 카페 마케팅 교육을 들었습니다.

약 9년간 공부하고 쌓아온 모든 경험을 기반으로 동기부여연구소라는 교육 사업체를 만들었습니다. '동기부여 전문가, 라이프 코치 전문가 양성 과정'을 만들어 일대일로 교육을 했습니다. 당시에도 성공한 강사는 아니었지만, 강의 시장에 아직 뛰어들지도 못한 사람들을 대상으로 책을 쓰고, 세일즈·마케팅을 하고, 강의안을 짜고, 강의를 따내는 방법을 알려주었습니다. 교육을 하면서 한 명 한 명 상황에 맞는 피드백을 주기 위해 치열하게 연구했습니다. 어떻게 하면 내가 수년간 공부하고 쌓아왔던 경험들을 단기간에 전달해줄 수 있을지 고민했습니다. 모든 수강생들을 진심으로 대했습니다. 그 결과 수강생들 중 90% 이상이 흔쾌히 좋은 후기를 써주었습니다. 그 결과 수강생들은 계속 몰려들었고, 교육 사업을 시작한 지 3~4개월 만에 빚을 다 갚을 수 있었습니다. 이대로만 가면 성공이 눈앞에 보이는 듯했습니다. 그동안의 치열한 노력이 이제야 빛을 발하나 했습니다.

그러나 빚을 다 갚은 지 얼마 되지 않은 시점에 코로나19가 터졌습니다. 다 끊겼습니다. 강의로 벌던 1000~2000만 원 매출이 코로나로 하루아침에 날아갔습니다. 이제야 조금 자리를 잡나 했는데 말입니다.

그나마 벌었던 돈을 또다시 교육비로 지출했습니다. 코로나 이후 언택트 시대에 대비할 수 있는 지식들을 빠르게 습득해야 했습니다. 교육이란 교육은 닥치는 대로 들었습니다. 코로나, 언택트, 마케팅 관련된 책은 전부 읽었습니다. 통장은 다시 0원이 됐습니다. 마이너스가 아닌 것에 위안을 얻었습니다. 역치가 높아졌음을 체감했습니다. 한 달간의 멘붕 끝에…… 결론이 섰습니다.

'갚아야 할 빚이 없어졌으니 새롭게 시작하자. 회사에 들어가서 뉴미디어 마케팅에 대해 더 깊게, 제대로 배워야겠다. 여태까지 해왔

던 것을 잘 살리면 괜찮은 회사는 충분히 들어갈 수 있다.'

예상이 정확히 들어맞았습니다. 저는 그동안 쌓아온 경험들을 자기소개서와 경력 기술서, 포트폴리오에 꽉 채워 넣었습니다. 그 결과 매일경제 7년차 기자, 한국경제 5년차 기자 등 메이저 언론사들의 경력 기자들을 이기고 인터비즈(네이버×동아일보)의 경력 기자 채용에 합격했습니다.

인터비즈에 입사 후, 이전과는 비교할 수 없을 정도로 비즈니스 생태계와 뉴미디어 마케팅에 대한 이해도가 높아졌습니다. 국내 베스트셀러 1위 작가들, 스타 강사들, 기업가들을 사석에서 만나고 인터뷰하면서 이들이 어떻게 성공했는지 직접 들을 수 있었습니다. 이때의 경험들은 결코 돈 주고도 살 수 없는 경험들입니다.

인터비즈에서 근무한 지 9개월 정도가 되자 더 이상 배울 것이 없다고 느꼈습니다. 이미 선배들의 성과를 뛰어넘은 상태였고, 회사 내에서 해보고 싶었던 것들은 다한 상태였습니다. 그때 우연히 클래스101의 에디터 공고를 보게 됐습니다. 5년차 경력직 에디터를 채용하고 있었고, 저는 9개월 경력이었지만 전혀 개의치 않았습니다. 실력만 입증할 수 있다면 채용 공고상의 경력 연수가 전혀 중요하지 않다는 사실을 인터비즈 입사 때 확실히 경험했기 때문입니다.

클래스101은 면접을 보는 순간 이미 합격이라는 확신이 들었습니다. 클래스101에서 맡은 일은 제가 평생 동안 꿈꿔왔던 일이었습니다. 성인교육 시장에서 최고의 퍼포먼스를 내고 있는 사람들을 마음껏 인터뷰하는 것이 저의 메인 업무였습니다. 사실 저에게는 일처럼 느껴지지도 않았습니다. 인터뷰를 준비하는 과정에서 크리에이터들의 강의를 모두 완강하고 책까지 찾아 읽었습니다. 야근 수당까지 받아가면서.

수많은 성공의 기회들이 눈앞에서 왔다 갔다 하는데 도저히 퇴근할 수가 없었습니다. 매일 같이 일찍 출근해서, 새벽에 퇴근했습니다. 주말에도 매일 회사에서 살다시피 하다가 결국 회사 근처에 방을 얻기도 했습니다.

그렇게 클래스101에서 3개월 정도가 지났을 때, 해당 포지션에서 배울 수 있는 것은 다 배웠다고 생각했습니다. 본격적으로 퇴사를 준비하며 새로운 기회를 엿보기 시작했습니다. 그리고 2021년 2월, 드디어 때가 왔습니다. 당시 클래스101 크리에이터였던 박세니 대표님을 인터뷰하기 위해 자료 수집을 하던 중 느낌이 왔습니다. '이분은 진짜 실력자다. 그러나 마케팅이 부족하다.'

인터뷰가 끝나자마자 바로 박세니 대표님과 미팅을 잡았습니다. 미팅 후 박세니 대표님은 저에게 모든 마케팅 업무를 위임하셨습니다. 3개월 동안은 회사를 다니면서 마케팅을 도와드렸고, 충분히 유의미한 성과를 낼 수 있었습니다. 3개월이 지나고 나니 도저히 클래스101을 다니며 박세니마인드코칭 일을 다할 수가 없는 상황에 이르렀습니다. 박세니 대표님과 정식으로 마케팅 대행 계약을 체결하고, 퇴사했습니다.

클래스101 퇴사 당시, 클래스101의 주요 마케팅 채널(온드미디어)들을 제가 담당하고 있었는데, 퇴사하면 채널들의 성과가 떨어질 거라고 확신했습니다. 그래서 퇴사와 동시에 클래스101 측에도 마케팅 대행을 제안했습니다. 그 결과 2021년 6월, 퇴사와 동시에 박세니마인드코칭, 클래스101과 마케팅 업무 대행 계약을 체결하며 안정적으로 사업을 시작할 수 있었습니다.

사업의 시작과 동시에 수익은 기존 회사 월급의 3배를 뛰어넘게 됐고, 그 이후에는 단 한 번의 하락 없이 꾸준히 상승하고 있습니다. 현재는 일을 도와주는 직원들이 있음에도 불구하고, 일이 너무 많아 마케팅 도움을 요청하는 클라이언트들을 거절해야 하는 상황에 와 있습니다. 저는 인생에서 더 이상 돈 때문에 일을 하지 않아도 되는 상황이 되었습니다. 현재 운영하고 있는 사업 외에도, 올해만 다른 회사들로부터 CMO 제안을 세 건 이상 받았고, 매일매일 꿈을 꾸는 기분으로 출근해서 일하고 있습니다. 지금의 좋은 상황을 평생 동안 이어가기 위해, 직원들에게도 느끼게 해주기 위해 여전히 미친 듯이 일하지만 행복합니다. 주말, 밤낮 없이 하루에 18시간을 일해도 지치지 않습니다. 부모님은 이제 저의 꿈을 100% 전폭적으로 지지하고 응원해주십니다.

아직 한참 부족한 사람인데도 불구하고, 최근에는 많은 사람들에게 이런 질문을 받습니다.

"어떻게 하면 평범한 삶에서 벗어날 수 있나요?"
"어떻게 하면 성공할 수 있나요?"

제가 20대의 10년 동안 끊임없이 배우고 경험했던 모든 지식들을 이 책에 다 담았습니다. 이 책이 그 답이 되리라 생각합니다. 급하신 분들을 위해 한 문단으로 답을 정리하자면, 이렇게 말해드리고 싶습니다.

그냥 내 갈 길 가면서, 최선을 다하면 됩니다.

저도 가끔은 '진짜 신이 있기는 한가?' 하는 생각이 듭니다. 그 정도로 운이 안 받쳐줄 때가 있습니다.

그래도 또 합니다. 운이 올 때까지. 하늘이 날 봐줄 때까지.

조현우

01

자제력을 높이는 법

: 환경 설정, 운동, 자기 믿음

사람들의 자제력이 점점 줄어들고 있다. 먹을 것 자체가 부족했던 옛날과는 상황이 달라졌다. 몸에는 좋지 않지만 맛있는 것들이 차고 넘친다. 운동을 하려고 목표를 세우는 사람들은 많지만, 실제로 운동을 꾸준히 하는 사람들은 거의 없다. 스트레스를 받을수록 더 폭식을 하게 되고, 폭식을 하면 건강이 나빠진다. 건강이 나빠질수록 자제력은 점점 줄어들게 된다. 운동을 하지 않고 폭식을 하게 되면 자연스레 비만이 온다.

2017년 보건복지부와 질병관리본부의 국민건강통계에 따르면 19세 성인 가운데 비만 척도인 체질량지수(BMI)가 25 이상인 비만 유병률은 2005년 31.3%에서 2016년 34.8%로 증가했다. BMI가 30이 넘는 고도비만율 또한 2011년 4.3%에서 2016년 5.5%로 상승했다. 그렇다면 증가하는 비만율에 비해 운동하는 사람들은 얼마나 있을까? 복지서비스 전문 기업 이지웰페어가 직장인 1,146명을 대상으로 설문조사를 진행했다. 조사에 참여한 직장인들 중 83.8%는 운동 부족을 체감하고 있었으나, 과반수 이상(50.5%)은 운동을 전혀 하지 않고 있었다.

자제력이 낮은 것은 건강에 직접적인 악영향을 끼치게 된다. 여기까지는 너무나 당연한 결과이지만, 자제력이 악영향을 끼치는 것은 단순히 건강뿐만이 아니다. 영국 스털링 대학 행동과학센터의 마이클 달리Michael Daly 박사는 일련의 연구를 통해 '어린 시절의 자제력과 성인이 된 후 실업 기간의 상관관계'를 밝혀냈다. 그는 자신의 연구진과 함께 1970년의 어느 한 주일 동안 태어난 6,657명과 16~50세에 이르는 1만 107명을 대상으로 연구를 진행했다. 사람들의 7세 시절 자제력(어려운 과제에 얼마나 관심을 갖고 파고들며, 충동적인 행동을 억제할 수 있는지)을 교사들과 협업하여 점수를 매겼다. 교사들은 조사 대상 어린이들이 학교에서 하는 행동들에 대해 점수를 측정했다.

달리 박사는 이후 어린이들의 자제력 점수를 1986~2008년 기간 중 고용 기록과 비교했다. 1970년생들이 38세가 되기까지 22년간 각 개인의 실업 기간이 얼마나 될지를 비교한 것이다. 결과는 어땠을까? 어린 시절 자제력이 낮았던 사람들은 자제력이 높은 사람들보다 실업 기간이 1.6배 긴 것으로 나타났다.

두 번째로 16~50세에 이르는 1만 107명을 대상으로 연구한 결과 자제력에 따른 실업 기간 차이는 더 크게 벌어졌다. 이 경우 자제력이 낮은 사람들의 실업 기간은 17.7개월이었다. 자제력이 높은 사람들이 5.43개월이라는 사실을 감안했을 때 약 3배 더 긴 기간이었다. 이외에도 자제력이 낮을수록 인생에서 직접적인 악영향을 끼친다는 사실이 속속들이 밝혀지고 있다.

대표적으로 밝혀진 자제력에 대한 연구 결과들에는 다음과 같은 것 등이 있다.

- 자제력이 낮을수록 꼭 해야 할 일을 미루는 경우가 많다.
- 자제력이 낮을수록 폭력을 사용하고 과음할 확률이 높다.
- 자제력이 낮을수록 중요한 순간에 잘못된 판단을 할 확률이 높다.
- 자제력이 낮을수록 빚을 많이 지게 된다.
- 자제력이 낮을수록 인간관계(친구 등)에 악영향을 끼친다.

자제력이 우리의 삶에 악영향을 끼친다는 사실을 충분히 살펴보았으니, 이번에는 어떻게 하면 자제력을 높일 수 있는지 생각해보자.

가장 먼저 해야 할 것은 신체를 단련하는 것이다. 몸과 마음은 하나로 연결되어 있다. 몸의 활동은 정신에 큰 영향을 끼치기 마련이다. 체력이 약하면 당연히 스트레스와 외부 자극에 취약해질 수밖에 없다. 몸이 힘들수록 예민해지고, 충동적으로 행동할 확률이 높아진다.

미국 캘리포니아 대학 치매 및 노화 뇌연구소의 칼 코트만 교수는 1995년 운동이 뇌에 미치는 영향에 대한 연구 결과를 발표했다. 운동을 한 쥐와 운동을 하지 않은 쥐를 비교했더니 운동을 한 쥐의 해마 부분에서 뇌유래신경영양인자(BDNF: Brain Derived Neurotrophic Factor)가 증가했다는 것이다. BDNF는 신경세포에서 생성되는 단백질로, 뇌의 가소성에 핵심적인 역할을 한다. 뇌세포 강화, 자가 치유, 우울증 치료, 기억력 증진 등에 직접적인 영향을 끼친다. BDNF는 신경화학물질인 세로토닌, 도파민, 노르에피네프린의 생성을 증가

시키기도 하는데, 이 물질들은 뇌를 각성시켜 인내심과 자제력 등을 높이는 역할을 한다.

물론 연구 결과를 떠나 이렇게 반론을 제시할 수도 있다. '운동이 자제력과 인내심을 높여준다면, 경기 중 우발적인 행동이나 싸움을 조장하는 운동선수들은 어떻게 된 거죠?', '운동을 하면 테스토스테론이 증가돼서 자신감이 넘치고 우발적인 선택을 할 확률이 높아진다는 연구 결과도 있어요.' 이 질문들에 대한 대답을 하자면 어떤 상황에서든 항상 예외는 있는 법이다. 이런 질문을 하기 전에 먼저 스스로에게 물어보길 바란다. 정말 당신이 운동을 하지 않는 이유가 우발적인 선택이나 싸움을 조장할 가능성이 있기 때문인가? 그렇지는 않을 것이다.

자제력과 인내심을 기르기 위해 해야 할 두 번째는 환경 설정이다. 자제력과 의지력에 대한 연구는 오랫동안 지속되어왔다. 그중에서도 사람들에게 가장 오랫동안 영향을 끼쳤던 유명한 실험 결과를 소개하려고 한다.

1960년대 후반, 미국 스탠퍼드 대학의 심리학자 월터 미셸은 4~6세의 유치원생 600명을 대상으로 '마시멜로 실험'을 진행했다. 실험자들은 유치원생 아이들을 한 명씩 방으로 데려간 뒤 마시멜로가 놓여 있는 접시를 보여주었다. 그러고는 이렇게 말했다. "선생님이 잠깐 나갔다가 돌아올 테니까 그때까지 먹지 않고 기다리면 한 개 더 줄게." 600명 중 몇몇 아이들은 선생님이 방을 나가자마자 마시멜로를 먹었으며, 선생님이 돌아올 때까지 마시멜로를 먹지 않은 아이들은 3분의 1에 불과했다.

이 실험이 유명세를 탄 것은 이에 따른 후속 연구 때문이다. 유치원생들의 실험을 진행한 약 20년 뒤인 1988년, 1990년도 당시(아이들이 20대일 때) 선생님이 돌아올 때까지 유혹을 참고 기다렸던 유치원생들은 청소년기에 학업 성적이 우수했고, 좌절과 스트레스를 견디는 능력이 높았다는 사실이 밝혀진 것이다. 이후 2012년(아이들이 40대일 때) 후속 연구에서는 그 아이들의 건강 상태 또한 상대적으로 양호한 것으로 나타났다.

이 연구 결과는 교육계와 학부모들 사이에 엄청난 반응을 일으켰다. 이후 아이들의 자제력을 기르는 방법에 대해 책과 연구가 쏟아져 나왔다. 그러나 최근 들어 이 마시멜로 연구의 신빙성이 의심받고 있다. 당시 스탠퍼드 대학에서 실험했던 600명의 아이들 중, 후속 연구에서 추적이 가능했던 표본은 50명이 되지 않았기 때문이다. 일반화하기에는 너무 작은 수치다.

이에 따라, 마시멜로 실험에 대한 검증을 위해 뉴욕 대학 연구팀은 90년대 미국립보건원(NIH)이 실시한 영유아 보육 및 청소년 발달 조사 데이터를 통해 분석을 진행했다. 연구 결과는 마시멜로 실험과 완전히 딴판이었다. 연구팀은 가난한 집 아이들일수록 눈앞의 과자를 우선 먹고 보는 경향이 있다는 결과를 얻었다. 인내심과 자제력은 성장형 마음가짐(Growth mindset) 교육 등으로 향상되는 것이 아니라, 집안의 사회경제적 환경이 큰 비중을 차지한다는 것이다. 최근의 연구 결과에 이어 미국 인디애나 대학 사회학 교수 제시카

칼라르코는 이렇게 말했다.

"자제력에 대한 연구는 전체적으로 재평가를 받고 있다. 다시 말해 의지가 굳기 때문에 자제력이 더 크다는 발상은 점점 더 근거가 없는 것으로 밝혀지고 있다. 스스로 자제력이 좋다고 말하는 사람들은 유혹을 적게 받는 환경에서 살고 있는 경우가 흔하다."

자제력의 특성은 몸의 근육과 비슷하다. 평소에는 자제력이 축적되어 있지만 체력이 약해지거나, 자제력을 써야 하는 순간이 자주 닥치면 고갈되어 버린다. 축적되는 시간보다 자제력을 발휘해야 하는 순간이 많으면 당연히 고갈될 수밖에 없다. 근육도 운동을 한 뒤 회복하는 시간을 주어야 자라나기 마련이다. 자제력도 쉬는 시간을 주어야 한다.

자제력을 높일 수 있는 환경 중 가장 좋은 것은, 자제력이 높은 사람들과 같이 지내는 것이다. 건강에 어떤 영향을 미치는지 신경 쓰지 않고 맘껏 폭식하는 사람들, 술을 좋아하고 PC방을 즐겨 가는 친구들을 곁에 둔다면 당연히 그들의 생활 패턴을 따라 하게 된다. 그런 사람들 속에서 혼자 절제하려면 엄청나게 많은 자제력이 소모된다. 반면에 건강한 식단을 좋아하고, 책을 좋아하는 사람들 속에 있으면 훨씬 더 적은 자제력만이 소모된다. 환경 설정이 중요한 이유는 아무리 강조해도 지나치지 않기 때문에, 앞으로도 계속해서 강조할 것이다.

마지막으로 자제력과 인내심을 기르기 위해 해야 할 것은 '언제나 인생의 선택권은 나에게 있다'라는 믿음이다. 갑자기 뜬금없는 이야기로 들릴 수 있겠지만, 사실이다. 심지어 운동과 환경 설정보다 중요한 것이 이 믿음이다. 인생의 선택권이 나에게 없다고 생각하는 순간, 운동과 환경 설정 그 자체의 의미조차 사라져버리게 된다. 운동을 하고, 건강한 음식을 먹고, 책을 보는 등 생산적인 활동을 하기 위해서는 포기(자제)해야 하는 것들이 존재한다. 소파에 누워서 TV를 보거나, 오랫동안 구부정한 자세로 게임을 하거나, 하루 종일 스마트폰을 보거나, 기름기가 많고 밀가루, 설탕 등으로 범벅된 음식을 포기해야 한다. 무언가를 포기하기 위해서는 강력한 내적 동기가 필요하고, 그 내적 동기는 '인생의 선택권이 나에게 있다'라는 자율성에서 온다.

EBS 다큐프라임 〈공부 못하는 아이〉에서 12명의 초등학생 아이들을 대상으로 한 가지 실험을 진행했다. 실험에 참여한 교사는 아이들을 6명씩 두 그룹으로 나누고 한 명씩 교실에서 시험지를 풀도록 했다.

첫 번째 그룹의 아이들은 교사로부터 이런 말을 듣고 시험지를 풀었다.

"선생님이 80문제를 준비했으니까, 한 시간 동안 꼼짝하지 말고 시험지 다 풀어야 해. 선생님이 이따가 와서 볼 거야, 알겠지?"

강압적인 지시를 듣고 시험문제를 풀기 시작한 아이들은 20분 만에 집중력을 잃었다. 아이들은 80문제를 다 풀긴 했지만 어렵다고 답했고, 6명 중 5명이 기억나는 문제가 하나도 없다고 답했다. 문제를 풀기 싫고, 지루했다고 말했다.

두 번째 그룹의 아이들은 교사로부터 이런 질문을 들었다.

"여기서 몇 문제 정도 풀고 싶어? 어떤 과목을 풀고 싶어? 꼭 다 해야 하는 긴 아니야."

아이들은 직접 풀고 싶은 과목을 정하고, 풀고 싶은 만큼만 풀 수도 있었다. 쉬고 싶을 때는 편하게 쉬어도 됐다.

놀랍게도 두 번째 그룹의 아이들은 30분이 넘도록 놀라운 집중력을 보였다. 결국 6명 중 5명의 아이가 80문제를 다 풀어냈다. "재밌었어요, 풀다 보니까 쉬웠어요. ○○○ 문제가 기억나요."라고 대답했던 두 번째 그룹의 아이들(6명 중 5명)은, 시험의 결과 또한 첫 번째 그룹보다 좋았다.

한 아이는 선생님에게 20문제만 풀 것이라고 말했지만, 20문제를 푼 뒤 만화책을 보다가 또다시 문제를 풀었다. 계속해서 만화책을 읽어도 됐지만, 스스로 절제를 하고 문제 푸는 것에 집중을 했던 것이다.

이 결과를 통해 우리가 깨달아야 할 사실은 명확하다. 자율성을 가지고 본인이 선택할 수 있다는 믿음을 가졌을 때 내적 동기가 생기고 자제력이 높아지며, 성과 또한 좋게 나온다는 것이다. 말을 하거나 생각을 할 때에도 항상 '난 못해(I can't)'가 아니라 '난 안 해(I don't)'라고 생각하는 습관을 가지는 것이 좋다. 무의식적으로 자신에게 선택권이 있음을 되새기는 것이다.

01 요약 정리

자제력이 낮은 사람은 건강과 일, 인간관계에서 종합적으로 악영향을 받게 된다. 자제력을 높이기 위해서는 반드시 운동을 통해 건강과 체력 관리를 해야 하고, 주변에 자제력을 발휘하지 않아도 될 정도의 환경 설정을 해야 한다. 건강한 삶의 리듬을 유지하고 있는 사람들과 어울려야 한다. 또한, 스스로가 인생의 선택권을 가지고 있다는 사실을 항상 상기하면서, 더 나은 삶을 살기 위해 노력해야 한다.

02

비판적 사고를 향상시키는 방법

: 배경지식, 독서

2009년, 나심 니콜라스 탈레브Nassim Nicholas Taleb는 영국 보수당 대표를 맡고 있던 데이비드 캐머런David Cameron과 한 시간 정도의 대담을 진행했다. 대담의 주제는 '어떻게 해야 우리 사회를 더욱 건강하게 만들 수 있는가?'였다. 캐머런은 그다음 해에 있을 영국 총선을 준비하고 있었다. 이들은 분권화와 책임이 뒤따르는 사회 시스템에 대해 진지하게 토론을 했다. 특히 이 대담은 언론의 큰 관심을 받아서 많은 사람들이 취재를 하러 와 있었다. 탈레브는 평소 생각했던 바를 언론들 앞에서 속 시원히 이야기할 수 있어서 내심 만족하면서 대담을 끝마쳤다.

이후에 식사를 하던 중 탈레브는 친구로부터 전화 한 통을 받았다. 영국의 모든 언론이 그를 '기후변화를 부정하는 사람'이라고 소개하고 있다는 것이었다. 그가 확인해보니 영국 언론은 그와 캐머런이 나눈 60분 동안의 대담 내용 중 약 20초 정도 언급된 기후변화에 대한 이야기를 왜곡해서 전달하고 있었다. 59분 동안 이야기했던 다른 주제에 대해서는 일절 언급하지 않고, 약 20초의 내용이 그날 대담의 주요 주제인 것처럼 보도하고 있었다.

이처럼 세계 어디에서나 언론은 진실에 대한 왜곡으로 범벅되어 있다. 어쩔 수 없는 일이다. 언론 종사자들의 이익과 대중의 이익은 서로 상충되기 때문이다. 대중들 또한 이미 이 사실에 대해 알고 있다. 한국언론진흥재단이 공개한 '2019년 언론수용자 조사'에 따르면 '언론을 신뢰할 수 있다'는 문항에 전체 응답자 중 28.1%만이 신뢰한다고 응답했다. '우리나라 언론은 공정하다'는 문항에 대해서 '그렇지 않다'는 의견은 37.7%였다.

언론의 진실 왜곡에 대응하려면 일반화의 오류와 확증 편향에 빠져서는 안 된다. 어떤 현상에 대해 일반화하지 않고 객관적으로 이해하기 위해서는 통계적 사고를 할 줄 알아야 한다. 그러나 아이러니하게도 언론은 통계를 활용해서 대중들에게 장난을 치기도 한다. 사람들은 언론에 나오는 내용들을 무조건 신뢰하기도 하지만, 언론에서 통계까지 활용할 경우 신뢰도는 더욱 올라간다. 구체적인 수치는 우리의 고정관념과 신념을 통째로 뒤흔들어놓을 만큼 힘이 있기 때문이다. 다음의 사례를 보자.

〈한겨레〉 **「통계 갖고 장난치지 마라」 중에서** – 안재승 논설위원 (2018. 8. 16)

지난달 말 보수언론들은 한국은 0.7% 성장했는데 미국은 4.1% 성장했다는 식으로 보도했다. 여기엔 심각한 오류가 있다. 한국은 전기 대비 성장률이고 미국은 전년 대비 성장률을 연율로 환산한 수치다. 기준 자체가 다르다. 한국 기준으로 하면 미국은 1.0% 성장했고, 미국 기준으로 하면 한국은 2.8% 성장했다. 1분기엔 한국 성장률이 미국보다 높았다. 그런데도 〈조선일보〉는 사설에서 "우리 경제가 2분기 0.7% 성장하는 데 그쳤다. 한국보다 경제가 12배 큰 미국은 무려 4.3%(연율 환산) 성장을 내다본다. 충격적이기에 앞서 어이가 없다고 했다. 정말 어이가 없다"고 했다.

〈조선일보〉「조선일보가 통계 장난? 장난친 곳은 따로 있다」 중에서 – 최규민 기자 (2018. 8. 21)

한겨레는 애당초 왜 이런 말도 안 되는 꼬투리를 잡아 조선일보를 공격하는 걸까요. 짐작건대, 조선일보가 현 정부의 경제 정책을 비판하는 게 불편했기 때문일 겁니다.

(중략)

사실, 요즘 통계 갖고 장난치는 곳은 따로 있습니다. 바로 청와대입니다. 최근 경제와 민생문제로 지지율이 하락하는 이유가 '홍보 부족' 때문이라고 생각해 청와대는 홍보를 부쩍 강화하는 중입니다. 공식 페이스북에 '한국경제의 다양한 얼굴'이라는 카드뉴스 시리즈를 연재한 것도 그 때문인데, 불리한 통계들은 쏙 뺐을 뿐 아니라 그래프까지 조작하다 망신을 샀습니다. 현 정부의 경제 성적이 지난 정부 때보다 나은 것처럼 보이려고 그래프를 제멋대로 그린 것이죠.

한 차례의 논쟁 이후, 안재승 논설위원은 〈한겨레〉 신문에 또 한 번 「조선일보, 통계 장난도 모자라 거짓말까지 하나」라는 칼럼을 작성했다. 대체 누구의 의견이 맞는 것일까? (판단은 독자들에게 맡기겠다. 인터넷에서 기사 전체를 다 읽어보고 판단하기 바란다.) 통계에 대한 명확한 이해가 없고, 비판적 사고가 불가능하다면 이런 기사들 하나하나에 흔들리게 된다. 물론 두 개의 기사를 동시에 보고 어떤 의견이 더 맞는지 판단을 할 수 있을 정도라면 크게 문제가 없다.

그러나 우리의 하루는 TV, 신문, SNS(유튜브, 네이버 블로그, 카페, 페이스북, 인스타그램 등)를 통한 무분별한 정보들로 뒤범벅되어 있다. 비판적 사고를 기를 수 있는 시간보다 검증되지 않은 정보에 노출되는 시간이 압도적으로 많다. 연세대학교 바른ICT연구소가 공개한 '2016년 스마트폰 사용통계 보고서'에 따르면 지난해 초·중·고 학생들의 하루 평균 스마트폰 사용 시간은 5시간이 넘는다. 모바일 시장조사 업체 와이즈앱이 발표한 '한국 안드로이드 스마트폰 사용 조사' 결과에 따르면 20대는 스마트폰을 하루 평균 4시간 9분 사용했다.

2019년 정보통신정책연구원의 자료에 따르면 1인 가구의 하루 평균 TV 시청 시간은 3시간 10분에 달한다. 1세대 가구(부부)의 경우 3시간 24분이다. 3세대 가구는 2시간 53분, 2세대 가구는 2시간 22분이다. 우리는 그야말로 스마트폰과 TV에 범벅되어 살아가고 있다. 이런 상황에서 쏟아지는 정보들을 완전히 이해할 수 있을까? 비판적 사고를 충분히 갖춘 상태로 각각의 정보들을 객관적인 시선에서 바라볼 수 있을까?

많은 인지심리학자들이 이미 발견한 대로 인간은 '확증 편향'을 가지고 있다. 즉, 사람은 보고 싶어 하는 것만 골라서 보고, 믿고 싶은 것만 믿는다. 우리는 TV를 볼 때나, 스마트폰을 볼 때 무의식적으로 자신이 보고 싶은 것 위주로 찾아보게 된다. 당연히 비판적 사고가 생길 수가 없다. 비판적 사고는 영어 그대로 하면 Critical thinking이다. 서로 다른 지식이 충돌하면서 발생하는 것이 비판적 사고인데, 한 방향으로 치중된 정보들만 보고 듣다 보면 지식이 충돌할 일이 없다. 자연스레 편향적인 사고를 갖게 되는 것이다. 그렇다면 대체 어떻게 해야 비판적 사고를 향상시키고, 왜곡된 정보들과 편향된 오류에서 벗어날 수 있을까?

나는 20대 초반 한창 자기계발서와 동기부여에 대한 열정이 불타오르던 시절, 우연히 스티브 잡스의 스탠퍼드 대학 연설을 보게 되었다. 그는 자신의 인생 스토리를 논리 있게 풀어내며 마지막에는 이 말을 남겼다.

“당신의 시간은 한정되어 있습니다. 다른 사람의 인생을 사느라 시간을 낭비하지 마세요. 타인의 철학에 얽매이지 마세요. 타인의 잡음으로 여러분 내부의 소리가 묻히지 않게 하십시오.

그리고 가장 중요한 것은 자신의 직관을 따르는 용기를 가지는 것입니다. 우리의 마음은 당신이 진짜 요구하는 것을 알고 있는 것입니다. 그밖에 다른 것은 부차적입니다.”

나는 이 강연의 메시지와 스티브 잡스의 에너지에 완전히 매료되었다. 자신의 직관에 따라 살라니! 얼마나 멋진 말인가. 나는 꽤 오랫동안 이 말을 전적으로 믿으며 직관에 모든 것을 걸었다. 비록 내 경제적 수준에서 비싸더라도 사고 싶은 것은 바로 사고, 배우고 싶은 것은 고민하지 않고 배웠다. 오해하지 말길 바란다. 과거의 내 행동들을 후회하지 않는다. 스티브 잡스의 말대로 직관에 따라 산 덕분에 정말 많은 것을 얻었고, 배울 수 있었기 때문이다. 하지만 이 말은 꼭 해두고 싶다. 지금 와서 생각해보면 정말 운이 좋았다. 하마터면 큰 일이 날 수도 있었다. 내가 왜 이런 생각을 하게 됐냐고? 다음의 이야기를 애덤 그랜트 교수가 쓴 《오리지널스》라는 책에서 보게 되었기 때문이다.

'20세기가 막 역사 속으로 사라졌을 때, 실리콘밸리를 단번에 사로잡은 발명품이 하나 등장했다. (세그웨이.) 스티브 잡스는 그 발명품에 대해 PC가 발명된 이래로 가장 놀라운 기술 제품이라고 말했다. 시제품에 마음을 빼앗긴 잡스는 그 제품을 만든 발명가에게 회사 지분 10퍼센트에 6300만 달러를 주겠다고 제안했다. (중략) 세그웨이는 〈타임〉에서 지난 10년 동안 가장 실패한 10대 기술 가운데 하나로 꼽힐 정도로 완전히 망했다.'

대체 어떻게 된 일일까? 분명히 잡스는 직관을 따르라고 했지만, '직관을 따르다가 파산할지도 모릅니다'라는 말은 하지 않았다. 나는 혼란에 휩싸이기 시작했다. 하지만 동시에, 자연스러운 호기심이 생겼다. '과연 직관을 따르는 것이 옳은 것인가, 철저히 분석을 해서 1%라도 가능성이 높은 것을 결정해야 하는 것인가?'

운이 좋게도 얼마 후 이 질문에 대한 대답을 또 다른 책인 대니얼 카너먼Daniel Kahneman의 저서 《생각에 관한 생각》에서 찾을 수 있었다. 세계적으로 인정받는 행동경제학자 대니얼 카너먼은 '직관'에 대한 회의론자였고, 또 다른 훌륭한 학자였던 게리 클라인은 전문가의 직관을 옹호하는 편이었다. 카너먼과 클라인은 서로의 의견이 다른 이유를 알아보기 위해 합동 연구를 진행했는데, 그들이 내린 결론은 아래와 같다.

'직관을 따랐을 때 훌륭한 선택을 할 수 있는 분야가 있고, 그렇지 않은 분야가 있다.'

그렇다면 직관에 의한 판단이 힘이 실릴 때는 언제이고, 그렇지 않을 때는 언제일까? 대니얼 카너먼에 의하면, 직관이 힘을 발휘할 때는 다음 두 가지 경우에 해당된다고 한다.

– 주변 환경이 대단히 규칙적이어서 예측이 가능할 때
– 오랜 연습으로 그 규칙성을 익힐 수 있을 때

예를 들어, 비즈니스나 투자의 영역은 대표적인 복잡계의 영역이기 때문에 규칙적인 환경과는 정반대에 있다. 따라서 직관보다는 철저한 분석과 자료들을 토대로 결정을 내려야 한다는 것이다. 반면에 단순하거나 비슷한 환경에서 하는 업무일 경우 직관에 의한 결정은 큰 도움이 된다.

만약 내가 스티브 잡스의 연설을 듣지 않고, 《오리지널스》의 내용만 봤다면 어떻게 됐을까? 직관에 대한 회의론자가 되었을 것이다. 반대로 《오리지널스》를 보지 않고 스티브 잡스의 연설만 봤더라면, 계속해서 직관에 대한 맹목적인 신뢰를 가지고 있었을 것이다. 그러나 나는 두 가지를 모두 보았다. 때문에 두 개의 지식이 충돌했다. '직관을 따르는 것이 옳은 것인가, 아닌가?'라는 비판적 사고가 발생했다.

이 의문을 해소하기 위해 찾던 중 《생각에 관한 생각》을 알게 되었고, 해당 내용을 읽으면서 직관에 대한 확고한 논리가 생기게 되었다. 동시에 엄청난 희열을 느낄 수 있었다.

다시 본론으로 돌아가자. 비판적 사고를 향상시키려면 어떻게 해야 하는가? 절대적으로 관련 분야에 대한 배경지식을 키워야 한다. 배경지식을 키우기 위한 방법에는 여러 가지가 있지만 가장 효율이 좋은 것은 독서이다. 여러 책들을 읽다 보면, 다양한 논리와 의견들이 충돌하는 것을 경험한다. 어떤 책에서는 'A가 맞고 B가 틀리다'라고 하는데, 다른 책에서는 'A는 틀리고 B는 맞다'라고 하는 경우가 있다. 'A가 옳을까, B가 옳을까?'라는 질문이 생길 때 지식의 충돌이 일어나고 비판적 사고가 피어난다. 그렇게 질문에 대한 답을 찾아가다 보면 새로운 통찰이 생긴다. 또 다른 책에서 'A도 맞고 B도 맞다. 다만 적용되는 상황이 다를 뿐이다'라는 새로운 분석을 찾을 수 있기 때문이다.

02 요약 정리

우리는 하루 종일 끊임없이 TV와 스마트폰으로 무분별한 정보들을 접한다. 그러나 이런 정보들을 객관적으로 바라볼 수 있는 능력이 없기 때문에, 확증 편향과 일반화의 오류에 쉽게 빠지곤 한다. 비판적 사고를 기르기 위해서는 어떻게 해야 하는가? 지식의 충돌을 만들어내기 위해 배경지식을 키워야 한다. 배경지식을 키우는 데 가장 좋은 방법은 독서이다.

03

좋은 습관을 만드는 방법

: 무의식, 보상, 환경, 경험, 지식, 성과, 연결

습관에 대한 통찰

습관에 대한 중요한 통찰은 이것이다. 어떤 습관이든 효과가 단기간에 나타나지 않는다는 것이다. 그래서 나쁜 습관일수록 매력적이고, 좋은 습관일수록 덜 매력적인 경우가 많다. 운동을 하는 것은 힘들지만 효과가 단기간에 나오지 않는다. 최소 몇 주에서 몇 달은 꾸준히 해야 살이 빠지고 근육이 붙기 시작한다. 적어도 우리는 그렇게 생각한다. (실제로는 하루에 시간을 얼마나 투자하는지에 따라 다르다.)

집을 나서기 전에 이불 정리를 하거나 신발 정리를 하는 것은 크게 의미가 없어 보인다. 오래 걸리는 것도 아니고 힘든 것도 아니지만 명확한 이득이 안 느껴지기 때문이다. '어차피 밤에 다시 덮고 잘 건데 굳이 왜 정리해야 하지? 보는 사람도 없는데.' 이불 정리를 하지 않는 사람들의 가장 큰 이유다. 이번에는 먹는 습관을 살펴보자. 오늘 당장 샐러드를 먹는다고 해서 체력이 솟아나진 않는다. 반대로 탄산음료와 햄버거를 먹는다고 해서 건강이 안 좋아지는 것을 체감하지도 못한다.

아침에 일찍 일어나는 것을 습관화하는 '미라클 모닝'은 한동안 엄청나게 붐을 일으켰지만, 붐이 일어난 속도만큼 식는 것도 빠르다. 엄청나게 힘든 반면에 얻는 것이 명확하지 않기 때문이다. 실제로 아침에 일찍 일어나서 책을 읽거나 생산적인 활동을 하는 것 자체가 굉장한 뿌듯함을 준다. 그러나 어떤 사람들은 돈을 벌기 위해 직장에 있는 시간 외에 '생산적인 시간'의 필요성을 느끼지 못한다. 아침에 일찍 일어난다고 해서 갑자기 돈이 생기는 것도 아니고 인생이 바뀌는 것도 아니기 때문이다.

우리 모두가 좋은 습관을 생활화하고 나쁜 습관을 배제해야 한다고 생각한다. 하지만 실제로 실천에 옮기는 사람은 극소수에 지나지 않는다. 습관이란 본질적으로 '명확한 것'과 '빠른 변화'와는 거리가 멀다.

그렇다면 우리는 어떤 방식으로 좋은 습관들을 체화하고 나쁜 습관들을 피할 수 있을까? 습관에 대한 또 다른 통찰은 목표와 습관은 완전히 다르다는 것이다. 예를 들어 '올해 안에 10킬로그램을 감량한다'는 것은 목표다. 목표를 달성하는 것은 의식의 영역이기 때문에 명확하다. 목표라는 것은 가능, 불가능을 떠나 명확하기 때문에 구체적인 이유가 있다. '10킬로그램을 빼면 외모도 더 나아지고, 건강해진다'라는 구체적인 이유가 있다. 때문에 목표를 설정하고 달성하는 것은 습관을 만드는 것에 비하면 훨씬 쉽다.

반대로 습관을 만드는 것은 언제나 모호하다. 30일 동안 매일 헬스장을 갔는데 그다음 30일 동안 운동을 안 했다면 운동 습관이 만들어진 것일까, 아닐까? 답변을 하기가 어려울 것이다. 습관에 대한 명확한 정의가 없기 때문이다. '30일 동안 매일 한 시간씩 운동하기'라는 목표를 정하고 달성하는 것은 어렵지 않지만, '매일 운동하는 습관 만들기'는 애매모호하다. 애매모호하다는 것은 명확한 보상이 없다는 의미다. 목표를 달성하면 자존감이 올라가고, 성취감을 느끼며 자신감과 뿌듯함이 생긴다. 또한 목표를 설정한 이유가 있기 때문에, 목표 달성에 따른 보상까지 얻게 된다.

그래서 습관에 대해 생각할 때는 가장 먼저 좋은 습관이 왜(why) 좋은 습관인지, 나쁜 습관이 왜 나쁜 습관인지 정확히 알아야 한다. 정확히 안다는 것은 의식적으로 아는 것이 아니라 뇌와 몸이 무의식적으로 아는 것이다. 탄산음료를 먹을 때는 무의식적으로 찝찝함과 불편함을 느껴지게 하고, 이불 정리를 할 때는 무의식적으로 기분이 좋아야 한다.

습관은 무의식의 영역이다

이게 습관화의 기본이다. 좋은 습관을 만들고 나쁜 습관을 없애는 것은 무의식을 변화시키는 과정이라고 하면 정확하다. 어떤 행동에 관해 무의식적으로 느끼는 감정을 바꿔주는 것이다. 무의식을 바꾸기 위해서는 무의식을 조종하는 우리의 신념이 어떻게 형성되는지, 어떻게 신념을 바꾸는지에 대해서 알아야 한다.

세계 최고의 라이프 코치로 불리는 토니 로빈스Tony Robbins는 자신의 저서 《거인의 힘 무한능력(Unlimited Power)》에서 신념의 원천 5가지를 말해주었다. 이 5가지 원칙에 전적으로 동의한다.

첫 번째, 신념의 원천은 주위 환경이다. **[환경]**

두 번째, 신념을 형성하는 요인은 크고 작은 경험들이다. [경험]

세 번째, 신념은 지식을 통해 형성된다. [지식]

네 번째, 신념은 과거의 결과를 통해서 형성된다. [성과]

다섯 번째, 미래를 머릿속에서 현실처럼 경험하면 신념이 형성된다. [연결]

이 다섯 가지를 내 삶에 어떻게 적용할 수 있을지 좀 더 풀어서 말해보자. 가장 먼저 해야 할 것은 역시나 환경 설정이다. 의지가 약한 사람일수록 주변의 유혹에 쉽게 흔들리기 때문에 유혹 자체를 차단해야 한다. 매일 운동을 하고, 식단 조절을 하면서 다이어트를 하고 싶다면 1차적으로 해야 하는 것은 기존의 친구들과 약속을 안 잡는 것이다.

집 안의 냉장고를 비우고, 간식들을 버려라. 집 안에는 건강한 음식을 제외하고 아무것도 없어야 한다. 정말 간절하다면 평균적으로 한 달 동안 친구들과 놀면서 쓰는 돈과 간식에 투자하는 돈을 운동에 써버리는 것도 괜찮은 방법이다. 자신과 잘 맞는 트레이너와 전문가를 찾아 그에 합당한 금액을 투자해라. 돈이 없어서라도 친구들을 못 만날 것이고, 돈이 아까워서라도 열심히 운동을 할 것이다. 우리의 뇌는 생존에 최적화되어 있기 때문에 위험을 느끼기 전까지는 새로운 변화를 하기 싫어한다. 운동에 돈을 투자하고 나면, 돈을 잃는 것이 리스크로 여겨지기 때문에 뇌가 움직이도록 할 수 있다.

환경 설정을 한 이후에는 최대한 빨리 성과를 만들고, 경험을 쌓아야 한다. 초반의 열정은 금방 식어버리기 때문이다. 미국 최고의 자기계발 전문가이자 파워 블로거인 제임스 클리어는 저서《아주 작은 습관의 힘》에서 이렇게 말했다.

'습관이 학습되기 전, 처음에는 보상을 경험했을 때 도파민이 나온다. 다음 시기에는 행동을 취하기 전, 신호를 알아차린 직후에 도파민이 나온다. 이 활성화는 신호를 알아챘을 때 행동을 취하려는 욕구와 갈망을 느끼게 한다.'

습관은 도파민이라는 신경전달물질의 피드백 순환 작용이다. 그의 말에 따르면 습관이 형성되기 전에는, 보상을 경험한 이후에만 도파민이 생성된다. 그러나 한번 제대로 보상을 경험하게 되면 다음에는 비슷한 행동을 생각하기만 해도 도파민이 나오게 된다.

누구나 좋은 습관을 만들겠다고 결심한 지 얼마 되지 않아 포기한 경험이 있을 것이다. 작심삼일이라는 말이 괜히 있는 것은 아니다. 대부분의 작심삼일은 '3일 동안 열심히 했는데 힘들기만 하고 별로 변화(보상)가 없네. 하루 정도는 쉬어도 되겠지'에서 시작된다. 따라서 최단기간에 작은 보상이라도 확실히 체감해야 한다. 보통 습관을 만들겠다고 결심하는 사람들의 가장 큰 착각은 '처음에는 무리하지 말고 하루에 10분씩만 해야지. 갑자기 무리하면 금방 포기할지도 몰라'이다. 이런 식으로 하면 당연히 단기간에 성과를 볼 수 없다. 성과를 보지 못하면 열정은 금방 식어버리기 때문에 무리를 해보기도 전에 그만두게 된다.

만약 하루에 10분이 아니라 일하는 시간을 제외하고 모든 시간을 투자한다면 어떨까? 어떤 식으로든 조금의 변화는 생길 것이다. 직장을 다니고 있어서 운동할 시간이 많지 않다면, 운동과 일 외에는 정말 아무것도 안 하겠다는 각오를 해야 한다. 스마트폰 할 시간, 독서할 시간, TV 볼 시간, 커피 마실 시간, 간식 먹을 시간, 친구·가족들과 수다 떨 시간은 포기해야 한다. 몸이 좋아지는 결과(보상)를 최대한 빨리 경험하는 것이 가장 중요하다. 뱃살이 빠지든지, 매일 더부룩하던 속이 편안하다든지, 불면증이 사라지는 것 등 어떤 보상이라도 좋다. 처음으로 구체적인 보상을 만들어낼 때까지는 약간의 조급한 감정이 들어도 되고, 스트레스가 있어도 괜찮다. 적당한 스트레스는 오히려 뇌와 몸에 자극을 주어 활동적으로 만들기 때문이다.

마지막으로는 내가 원하는 미래와 좋은 습관을 구체적으로 연결시켜야 한다. 독서하는 나의 모습(좋은 습관)과 내가 원하는 미래(경제적 자유를 얻고 자유롭게 여행 다니는 모습)를 머릿속에 그려야 한다. 단순히 생각하는 것에 그쳐서는 무의식에 연결시킬 수가 없기 때문에, 확실한 근거가 있어야 한다.

독서를 하면 ____________ 때문에 경제적 자유를 얻을 수 있다.

빈칸을 자신감 있게 채울 수 있어야 한다. 아래의 예시를 보자.

'운동을 하면 뇌의 창의적 활동이 활발해지고, 아드레날린과 테스토스테론이 분비된다. 몸의 바른 자세를 유지할 수 있게 되며 이것은 나의 감정과 연결된다. 운동을 함으로써 자신감이 생기고, 공부를 할 때도 집중력, 암기력, 이해력이 좋아진다. 체력이 좋아지기 때문에 피곤함도 덜 느끼게 되는데, 이로 인해 스트레스와 예상치 못한 일들에 대해 평정심을 유지할 수 있게 된다. 연구에 따르면 평정심과 스트레스를 다루는 능력은 성공한 사람들이 모두 가지고 있는 특장점이다. 나는 운동을 통해 체력, 자신감, 이해력, 집중력, 감성지능, 창의력 등 모든 면을 향상시킬 수 있다. 따라서 운동은 일, 인간관계, 건강 등에 완벽히 도움이 된다.'

나는 인생에서 운동이 끼치는 영향에 대해서만 책 한 권을 쓸 자신이 있다. 그러다 보니 운동에 대해 약간 강박을 가지고 있을 정도이다. 오랫동안 운동을 하지 않으면 우울해지고, 나의 미래가 원하는 대로 상상되지 않는다. 이처럼 자신이 갖고 싶은 좋은 습관에 대해 정확히 이해하고, 자신의 미래와 연결시키는 것이 반드시 필요하다.

03 요약 정리

습관은 단기간에 효과가 나타나지 않고, 무의식의 영역이기 때문에 바꾸기가 어렵다. 나쁜 습관도 지금 당장 손해가 발생하지 않고, 좋은 습관도 당상 보상이 없기 때문이다. 따라서 우리는 습관을 바꾸려면 무의식의 영역을 변화시켜야 한다. 무의식 영역을 변화시키기 위해서는 환경, 경험, 지식, 성과, 연결 단계를 고루 진행해야 한다. 나쁜 습관을 생활화할 수 없는 환경을 설정하고, 모든 시간과 노력을 투자해서 빠른 성과를 만들어내야 한다. 또한, 좋은 습관과 자신이 원하는 미래를 완벽히 연결시켜야 한다.

04

시간 관리에서 성공하는 방법

: 메모, 탈완벽주의, 집중, 조언자, 시간 가계부

바쁜 현대인들은 항상 시간이 부족하다. 잡코리아는 남녀 직장인 753명을 대상으로 '건강 인식'에 대한 설문조사를 진행했다. 설문조사에서 건강관리를 하지 못한다고 답한 직장인들 중 77.8%의 사람들은 시간이 부족해서 운동을 하기 어렵다고 답했다. 전체 대상자들 중 96.2%의 직장인은 여건만 된다면 건강을 관리할 계획이 있다고 했다. 그렇다면 정말 직장인들은 시간이 없어서 운동을 하지 못하는 것일까? 여기에 대한 또 다른 설문조사 결과가 있다.

시장조사 전문 기업 트렌드모니터가 만 19~59세 성인남녀 2,000명을 대상으로 '개인 시간의 활용'과 관련한 조사를 실시한 결과, 전체 응답자의 75.1%가 평소 시간이 부족하다는 생각을 많이 하면서 살고 있는 것으로 조사되었다.

또한, 평소 시간이 부족하다고 느낀 사람들은 그 원인을 물리적인 시간의 부족(34.1%)보다 심리적인 시간의 부족(61.5%)에서 많이 경험했다고 답했다. 실제 직장 생활이나 학업 등으로 인해 시간이 없다기보다, 어딘가에 쫓기는 느낌이 들고 무언가를 꼭 해야 한다는 압박 때문에 심리적으로 시간이 부족하다고 느끼는 것이다. 시간이 없다고 느낀 사람들 중 가장 많은 비중(46.2%)을 차지한 사람들은 '해야 하는 일(공부)이 많다는 생각이 들 때' 심리적인 시간 부족을 체감한다고 말했다. 오죽하면 전체 조사 대상자들 중 절반 이상(55.6%)이 '시간을 살 수만 있다면 사고 싶다'고 말했을까.

안타까운 현실이다. 현재 우리나라의 업무 시간은 OECD 국가들 중에 높은 편에 속하고, 수면 시간은 하위에 속한다. 절대적으로 여가 시간이 적은 것이 사실이다. 그나마 최근에는 정부에서 내놓는 여러 정책들로 인해, 과거보다는 점점 근무시간이 줄어들고 있다. 그러나 진짜 문제는 이런 상황 속에서도 심리적 시간 압박을 느끼는 사람들이 점점 더 많아진다는 사실이다.

많은 사람들이 시간 압박을 느낀다면 사회적으로 부정적인 효과를 끼친다. 스트레스를 받아 건강이 안 좋아지는 것은 물론이고, 일을 할 때도 창의적 성과가 낮아지기 때문이다. 하버드 경영대학원은 시간과 창의성의 상관관계에 대해 연구를 진행했다. 연구팀은 7개 기업과 177명의 직원을 대상으로 시간 압박을 받는 상황에서 창의적 성과를 올릴 수 있는지 평가했다. 연구 결과는 예상대로였다. 시간 압박과 업무 창의성은 정확히 반비례 관계에 있었다. 단순한 업무를 할 때에는 시간 압박이 효과적으로 작용하여 더 많은 일을 하는 경우가 많았지만, 업무의 창의적 수준은 눈에 띄게 낮아졌다.

실제로도 시간이 부족하고, 심리적으로도 압박을 받아 창의성까지 떨어지는 상황에 우리는 어떻게 시간 관리를 해나가야 할까? 이전에는 시간 관리라고 하면 한 시간 단위로 시간을 쪼개고, 10분 단위로 쪼개고, 1분 단위로 쪼개면서 낭비하지 않는 것에 초점을 두었다. 사람들은 시간을 철저히 쪼개서 사는 것이 성공의 지름길이며, 정답인 것처럼 생각했다. 그러나 이제는 하루 24시간을 완벽하게 보낼 수는 없다는 사실을 인정해야 한다. 학생 때처럼 시간표를 만들고 시간별로 해야 할 일들을 정해서 하는 방식은 성인들의 세계에서 더 이상 통하지 않는다.

업무를 하는 와중에도 수없이 많은 전화가 쏟아지고, 열심히 몰입해서 일하다 보면 상사가 와서 다른 일을 시킨다. 이런 상황에서 어떻게 정해진 시간표대로 살 수 있다는 말인가? 현실감각이 조금이라도 있다면 이런 생각은 하지 않을 것이다.

여기에서 우리가 생각해야 할 것은 '시간 관리를 잘하고 싶은 이유'이다. 시간 관리를 잘하고 싶다고 생각하는 건 쌓여 있는 일에 비해 시간이 부족하다고 여겨서일 수도 있고, 귀찮아서 안 하고 있는 일을 더 이상 미루기 싫어서일 수도 있다. 해야 할 일은 많은데 머리가 복잡해서 어떻게 우선순위를 정하고 하나씩 풀어 나가야 할지 막막해서일 수도 있다. 나름 바쁘게 보냈는데도 잠자리에 들 때마다 '오늘 대체 뭘 한 거지?'라는 생각이 들어서일 수도 있다.

시간 관리를 잘하고 싶다고 하는 사람들의 특징은 이렇다. 뭔가 계속 바쁘긴 한데(시간 압박), 지금 하고 있는 게 맞는 방향으로 가고 있는지도 모르겠고(수동적 태도), 힘들거나 귀찮은 일은 자꾸 미루게 되고(일 미루기), 머리가 복잡해서 정리가 안 되고(과부하), 잠자리에 누웠을 때 뿌듯하지가 않다(무의미).

이제 이 문제를 하나씩 풀어 나가도록 하자. 풀릴 것 같지 않은 실타래처럼 보이지만, 해결책이 있다. 먼저 우리가 시간 압박을 느끼는 이유는 할 것이 많은데 비해 처리할 시간이 부족하다고 느끼기 때문이다. 혹은 단순히 조급함을 가지고 있을 수도 있다. 그러다 보니 머리가 답답하고 무언가 꽉 차 있다는 생각이 드는 것이다. 이럴 때는 뇌를 공사해서 확장이라도 시키고 싶은 기분이다. 다행히도, 우리의 선조들은 뇌 확장 장치를 개발해두었다. 인지심리학자이자 신경과학자인 대니얼 J. 레비틴은 저서 《정리하는 뇌》에서 이렇게 말한다.

'결정 과부하는 말할 것도 없고 정보 과부하까지 겹친 이 시대에 우리는 우리의 머리 바깥에서 우리를 도와줄 시스템이 필요하다. (중략) 달력, 스마트폰, 주소록 등도 뇌 확장 장치에 해당한다. 이런 것들을 이용하면 수많은 세부 사항을 종이나 컴퓨터 칩에 외부화할 수 있다.'

어떤 분야에서든지 최고의 성과를 내는 사람들은 항상 자신만의 뇌 확장 장치를 가지고 다닌다. 머릿속에 모든 정보들을 넣어놓기에는 우리의 뇌가 처리할 수 있는 정보의 양이 한계가 있기 때문이다. 우리가 매일 들고 다니는 스마트폰은 우리의 생각보다 더 스마트해서 메모장과 캘린더 기능이 타의 추종을 불허한다. 메모할 수첩을 들고 다니기 어렵다는 핑계는 더 이상 의미가 없다. 실제로 머릿속에 떠돌아다니는 생각들을 메모장이나 수첩(뇌 확장 장치)에 적어놓는 단순한 작업으로 머리의 답답함은 절반 이상 해소된다.

자신의 할 일을 수첩에 모두 적었는데도 불구하고 시간 압박을 느낄뿐더러 제대로 활용하고 있지 못한다는 생각이 들 수도 있다. 이럴 때는 두 가지를 체크해보아야 한다. 모든 일을 혼자서 완벽하게 처리해야 한다는 강박(완벽주의)이 있는지, 혹은 어렵거나 귀찮은 일은 계속 미루고 쉬운 일만 하려는 건 아닌지 말이다.

미루기 습관에 대한 세계적 권위자인 피어스 스틸 교수의 말에 따르면, 미루는 버릇을 가진 사람들의 95%가 자신의 이런 버릇을 매우 싫어한다고 한다. 그럼에도 불구하고 인간은 실망에 대한 내성이 매우 낮기 때문에, 자신감이 없거나 확신이 들지 않는 일은 자꾸 미루게 된다. 심리학자들은 이런 현상을 자존심 보호 술책(ego-protective maneuver)라고 부른다. 일을 미루는 것에는 2차적 이득이 존재한다. 어떠한 일을 끝내고 나면 필연적으로 스스로에 대한 평가 혹은 다른 사람의 평가를 받게 된다. 일을 하지 않으면 평가를 받을 일도, 실망을 받을 필요도 없다. 이런 사람들은 쉬운 것, 편한 것 위주로 일을 하고 불쾌하거나 어려운 일은 뒤로 계속 미룬다. 당연히 해야 할 일이 쌓이게 되어 머리가 복잡해진다.

그렇다면 우리는 완벽주의에서 벗어나 할 일을 대충이라도 끝내는 것에 집중해야 할까? 완벽을 추구하는 것은 잘못된 현상이 아니다. 오히려 응원을 받아야 마땅하다. 그러나 모든 분야에서 완벽한 사람은 없다는 사실을 인정해야 한다. 자신이 생각하는 자신의 핵심 경쟁력에 해당되는 분야는 완벽을 기하는 것이 맞다. (자신의 시간이 어느 정도의 가치가 있는지 최대한 객관적으로 환산해보라. 당신의 모든 노력을 투입해서 평생 동안 시급을 늘려가고 싶은 분야를 찾아

라. 그 영역이 당신의 핵심 경쟁력이다. 그 외의 영역은 모두 부차적이다.) 자신의 가치를 높여 나가야 하기 때문이다.

그러나 그 외적인 분야는 완벽보다 철저히 효율에 집중해야 한다. 자신의 커리어나 인간관계에 큰 타격을 입히는 일이 아니라면 어느 정도 타협점을 찾아야 한다. 예를 들어 나는 책을 쓰고 강의를 하는 사람이지 영상에 대한 전문가는 아니다. 그런데 유튜브를 시작하는 과정에서 영상 편집에 대한 완벽성을 가한다면 진짜 해야 할 일(연구, 자료 수집, 강의 등)에 지장을 받게 된다. 가능하다면 아웃소싱을 통해 다른 사람에게 맡기고, 커리어에 지장이 없을 정도로 합의점을 찾는 것이 효율적이다. (실제로 나는 컷 편집과 자막 이외의 편집은 전혀 다룰 줄 모른다.)

어떤 사람들은 완벽주의가 아님에도 불구하고, 일을 시작조차 하지 못하는 사람들이 있다. 착수 장애(initiation deficit)라고 불리는 것을 지닌 이 사람들은 얼핏 보면 일을 미루는 것처럼 보인다. 그러나 사실은 살면서 한 번도 경험해보지 못한 도전적 과제를 시도하는 상황에 부딪히다 보니 무엇을 어떻게 시작해야 할지 모르는 경우가 많다. 이런 사람들 또한 시간 압박에 시달리기 쉽다. 할 일은 많고 책임감도 있지만, 너무 막막하기 때문이다. 이럴 때는 도움을 받을 수 있는 상사나 동료, 전문가가 있으면 큰 도움이 된다. 도움이 된다고 하기보다는 필수에 가깝다.

예를 들어 책을 한 번도 써보지 않은 사람은 책을 써야 한다는 목표만 가지고 있을 뿐 어떻게 시작해야 하는지를 모른다. 제목을 먼저 정해야 하는지, 목차를 먼저 정해야 하는지, 본문을 먼저 써야 하는지, 자료 수집을 먼저 해야 하는지 모르기 때문에 시작을 하기가 막막하다. 그나마 실행력이 있는 사람들은 뭐라도 먼저 시작하긴 하지만, 대부분 시행착오를 겪기 마련이다. 따라서 자신이 처음 시작하는 일이고, 시간이 걸리지만 꼭 해야 할 가치가 있는 일이라면 조언자를 꼭 곁에 두고 시작하는 편이 좋다.

메모(뇌 확장 장치)를 통해 복잡한 머릿속을 정리하고, 완벽주의에서 탈피하고, 착수 장애에서 구원해줄 믿음직한 조언자까지 구했다면 이제 시간을 알차게 쓸 기본 단계를 갖춘 것이다. 다음으로는 하루 동안 불필요하게 소비하는 시간을 찾아서 제거해야 한다. 여기에 가장 효과적인 방법은 데일리 리포트를 쓰는 것이다. 베스트셀러 《일취월장》, 《완공》의 저자인 신영준 박사가 강력히 추천하는 방법이기도 한데, 꼭 특정한 양식을 지킬 필요는 없다. 말 그대로 자신의 하루를 어떻게 보냈는지 시간별로 체크하고, 할 일에 제대로 몰입하지 못했던 시간이나 어영부영 날려버린 시간을 인식하는 작업이다.

크게 3단계로 시간을 평가하는데, 아예 날려버린 시간은 '하', 하긴 했지만 몰입하지 못했다면 '중', 완벽히 몰입해서 했다면 '상'이라고 표시하면 된다. (표시 방법은 상, 중, 하 이외에 본인이 만들어도 된다.) 내가 하루의 시간을 어떻게 활용하고 있는지 정확히 인지하지 못하면 어떤 부분을 보완해야 하는지도 알 수 없다. 데일리 리포트는 시간을 효율적으로 활용할 수 있는 가장 완벽한 방법에 속한다. 그러나 딱 한 가지 문제가 있다. 습관이 되기 전까지 정말 힘든 방법이라는 것이다.

데일리 리포트를 쓰기 부담스럽다면, 1차적으로 권하는 것은 '효율적으로 쓰려고 노력하지 말고, 버리는 시간만 주워 담는' 방법이다. 이 전략은 직장인, 학생, 프리랜서, 사업가 등 모두에게 적용된다. 현재 가지고 있는 목표 중에서 가장 쉽고, 틈틈이 할 수 있는 것을 딱 하나만 정해서 하면 된다. 책 읽기, 글쓰기, 공부하기, 운동하기 등 어떤 것이라도 좋다. 정하는 기준은 '언제 어디서든 수시로 할 수 있는 것'이다. 한 가지를 정했다면 앞으로 생활하면서 남는 모든 시간마다 그것만 집중해서 해야 한다.

이 방법은 꽤나 효과적이다. 흘러가는 대로 살다 보면 하루 중에 버리는 시간이 얼마나 되는지 인식하지 못한다. 그러나 한 가지 목표를 정하고 비는 시간마다 단순히 그것만 하다 보면 하루의 시간을 되돌아보는 것이 수월해진다. 구체적으로 예를 들어보자. '내가 하루 종일 얼마나 많은 시간을 낭비했지?'라고 생각하면 대답이 모호해진다. 그러나 '내가 하루 종일 책을 얼마나 많이 읽었지?', '팔굽혀펴기를 얼마나 많이 했지?', '얼마나 많은 글을 썼지?'라고 생각하는 것은 더 명확하다. 평소에는 그냥 버리던 시간을 좀 더 생산적으로 쓸 수 있을 뿐만 아니라, 대략적으로라도 시간을 얼마나 더 효율적으로 쓸 수 있을지 계산이 된다.

04 요약 정리

많은 사람들이 시간이 없다고 느낀다. 물리적인 시간이 없는 경우도 있지만, 심리적으로 시간 압박을 느끼는 사람이 많다. 시간 압박을 해소하기 위해서는 뇌에 있는 과부하 정보들을 뇌 확장 장치(메모장, 수첩 등)에 옮겨서 눈으로 볼 수 있어야 한다. 일을 미루는 사람들은 완벽주의에서 벗어나서, 완벽을 추구해야 할 핵심 분야와 기준에 맞춰 효율적으로 끝내야 할 분야를 구분해야 한다. 처음 하는 일이라 일에 착수하는 것에 어려움을 겪고 있다면, 조언자를 구하여 해결하는 것이 좋다. 시간 압박을 해결한 후에는 데일리 리포트를 쓰면서 버리는 시간을 체크하라. 데일리 리포트가 부담스럽다면 딱 한 가지 목표를 정해서 비는 시간마다 실행하라.

05

메모와 글쓰기로
복잡한 생각을 정리하고
혁명적인 삶을 사는 비결

나는 머릿속이 복잡하거나 아이디어가 떠오를 때마다 수첩, 스마트폰 메모장을 꺼낸다. 뇌에서 자유롭게 돌아다니는 생각들을 꺼내서 글로 적어내는 순간 실타래가 풀리기 시작한다. 자기계발서를 보거나, 주변에 있는 부자들과 성공한 사람들, 일을 잘하는 사람들을 보면 항상 메모하는 습관을 가지고 있다. 그 메모장은 이후 책으로 출간이 되기도 한다. 나 또한 처음부터 메모하는 습관을 가졌던 것은 아니다. 학창 시절 때조차 필기 행위는 나와 거리가 멀었다. 심지어는 첫 책을 쓰기 전까지만 해도 독서를 하면서 메모를 하거나 독후감을 쓰지 않았다. 다음은 나의 첫 책《만나는 사람을 바꿔야 인생이 바뀐다》의 내용이다.

'처음 책을 읽기 시작할 때는 33권을 다 읽으면 머리에 지식이 엄청나게 습득될 줄 알았다. 그 지식들로 내 삶이 바뀌는 줄 알았다. 결론부터 말하자면 전혀 그렇지 않다. 원래 기억력이 좋은 편도 아닌데, 밑줄을 치거나 필사를 하거나 독후감조차 쓰지 않았다. 그래서 책의 세부적인 내용은 하나도 기억이 안 난다. 심지어 책의 제목과 저자도 기억을 못하는 경우가 많다. 그럼에도 불구하고 내가 100일

동안 책을 읽으면서 얻은 것은 따로 있다. 저자들의 가치관.

이것은 지금의 나를 만든 가장 큰 원동력이다. 저자들이 항상 강조하는 '독서 습관'은 책상에 1시간도 못 앉아 있던 나를 2시간 이상 앉아 있을 수 있도록 만들었다. 이 습관은 내가 무언가를 배우고 싶을 때 정보를 수집할 수 있게 도와주었고, 사람들을 만날 때는 내 이미지를 항상 좋은 방향으로 만들어주었다.'

기존에는 책을 읽는 것 자체만으로도 충분히 나에게 도움이 되었다. 그러나 본격적으로 일을 시작하고, 해야 할 것들이 압도적으로 많아지면서 생각이 복잡해지기 시작했다. 그때그때 떠오르는 아이디어들을 날려 보내기 싫어서 메모를 시작했다. 메모를 하기 전에는 '와! 이 내용은 진짜 적어두고 적용해봐야겠다'라고 생각만 하고, 책을 다 읽을 때 즈음에는 잊어버리는 경우가 다반사였다. 사람은 망각의 동물이다.

과학적으로 '기억'을 연구한 최초의 심리학자 헤르만 에빙하우스 Hermann Ebbinghaus는 현재까지도 우리의 교육과 삶에 밀접하게 적용되는 '망각곡선'을 발표했다. 그의 연구에 따르면 우리는 학습한 내용에 대해 10분 후부터 망각이 시작되며, 1시간 후에는 50%, 하루 뒤에는 70%, 한 달 뒤에는 80%를 망각한다고 한다. 굳이 에빙하우스의 망각곡선이 아니더라도 우리는 우리의 기억력이 그리 좋지 않다는 것을 충분히 자각하고 있다. 다만 귀찮아서 적지 않을 뿐이다.

메모는 생각을 정리하는 가장 첫 번째 단계이다. 배우는 과정에서 오는 통찰이나 잊어버리지 않기 위해 적는 것이 일반적이지만, 메모에는 그보다 더 큰 장점이 있다. 메모는 우리의 복잡한 생각들을 부호화하는 역할을 하고, 더 나아가 글쓰기 실력 또한 상승시킨다. '작가가 될 것도 아닌데 왜 글쓰기가 중요하나요?'라고 물을 수 있다. 글쓰기는 세계적인 리더들이 성공의 요인으로 가장 중요시하는 영역 중 하나다.

하버드 대학교는 학생들에게 글쓰기의 중요성을 인지시키고, 혹독하게 훈련시키는 대표적인 학교이다. 하버드 교육대학원의 리처드 라이트Richard Wright 교수는 《하버드 수재 1600명의 공부법》에서 이렇게 말하기도 했다.

'하버드생이 4년 동안 가장 신경 쓰는 분야가 바로 글쓰기다. 자신의 생각을 글로 표현할 줄 아는 능력은 대학 생활은 물론 직장에서도 가장 중요한 성공 요인이다.'

하버드 대학에서는 1977년 이후 1600명의 졸업생을 대상으로 '현재 일을 하면서 가장 중요한 능력은 무엇인가'에 대해 조사를 하기도 했는데, 실제로 90% 이상의 졸업생들이 '글쓰기'라고 답했다고 한다.

글쓰기는 업무의 효율을 늘리는 장점이 있을 뿐 아니라, 쓰는 행위 자체만으로도 머리를 가볍게 하고 불안감을 사라지게 하기도 한다. 아주대 심리학과 김경일 교수는 〈매일경제〉 인터뷰에서 "위대한 인물들은 대부분 일기를 쓴다. 일기를 10년간 쓰면 나를 창조적으로 만드는 요소를 쉽게 알 수 있다. 한민족의 영웅인 이순신 장군이 전쟁이라는 그 바쁜 상황에서도 꾸준히 《난중일기》를 집필한 것은 다 이유가 있다."라고 말한다. 김경일 교수 또한 글쓰기를 생활화하며 본인의 하루를 정리하고 스트레스를 날린다고 한다. 성공한 사람들 중 메모를 하지 않고 자신이 하는 일을 글로 정리하지 않는 사람은 정말 찾기 힘들다. 이들은 하루하루 해야 할 일이 너무 많아 글로 적어두고 하나씩 해결해 나가지 않으면 생활 자체가 불가능하다.

반면 '적당히 바쁜 사람들'은 메모를 하지 않아도 적당히 생활이 가능하다. 머리가 조금 복잡하고 무겁긴 하지만 직장 생활을 하고 집에 가서 적당히 쉬는 것에는 크게 지장이 없다. 그러다 보니 사실은 할 일이 그리 많지 않음에도 심리적으로 훨씬 더 많다고 느낀다. 할 일이 정리가 되어 있지 않고 머릿속에서 실타래처럼 엉켜 부풀어 있기 때문이다.

메모와 글쓰기의 중요성에 대해 이해했다면, 구체적으로 어떻게 시작해야 할지를 알아보자. 글을 쓰는 습관이 생활화되어 있지 않은 사람은, '글쓰기'라는 행위와 단어 자체에 부담감을 느낀다. 그래서 우리는 글쓰기보다는 메모를 처음 시작점으로 잡아야 한다.

대부분의 사람들은 메모보다는 필기를 하는 것에 더 익숙해져 있다. 메모는 '다른 사람들에게 말을 전하거나 자신의 기억을 돕기 위하여 핵심적인 문장을 남기는 생성(generative)적인 행위'이고, 필기는 '단순히 누가 말하는 내용(학교 수업, 직장 상사, 세미나, 회의 등)을 그대로 받아 적는 비생성적인(nongenerative) 행위'이다. 물론 필기도 안 하는 것보다는 훨씬 낫다. 기억이 안 날 때 들춰 볼 수 있기 때문이다. 그러나 우리는 단순히 필기에서 그치는 것이 아니라 메모의 단계로 넘어가야 진짜 글쓰기의 장점을 누릴 수 있다.

심리학자 팸 뮬러Pam Mueller와 대니얼 오펜하이머Daniel Oppenheimer는 UCLA와 프린스턴 대학의 학생 327명을 대상으로 연구를 진행한 결과, 교수들이 하는 말을 그대로 적는 학생들은 학습 효율이 급격히 떨어진다는 사실을 알게 되었다.

실험은 노트북으로 교수가 말하는 내용을 모두 적는 학생(필기)과, 손 필기를 통해 선별적으로 적는 학생(메모)으로 나누어 진행되었다. 연구진은 이 두 그룹의 학생들에게 동일한 TED 강연을 15분 동안 보여주고 필기를 하게 했다. 강의가 끝나고 난 후 학생들은 강의 내용에 대한 시험을 실시했다. 시험의 내용은 크게 사실 여부(암기)를 묻는 질문과, 분석하거나 비교하는 추상적(개념)인 문제도 있었다. 시험 결과는 어떻게 되었을까? 사실 여부를 묻는 질문에 대해서는 두 집단 모두 비슷한 결과를 보였다. 그러나 개념적인 문제를 푸는 능력은 손 필기를 한 학생들이 더 높은 결과를 얻었다.

이 연구 결과는 우리에게 두 가지 시사점을 준다. 단순히 기억을 위해 모든 내용을 필기하는 비생성적인 글쓰기는 안 쓰는 것보다는 낫지만, 특별히 효율적이지는 않다는 것이다. 반면에 중요한 내용을 선별하여 수기식으로 메모하는 것은 두뇌를 능동적으로 활용하게 하여 기억력뿐만 아니라 응용력까지 높여준다.

메모와 글쓰기는 물론 그 자체만으로도 우리의 두뇌를 활성화시키는 역할을 하고 스트레스를 줄여주지만, 더 좋은 방법은 실생활에 적용하는 것이다. 다음은 메모와 글쓰기에 대한 수많은 책과 연구들을 종합하여 개발한 '생각 정리 글쓰기 5단계'이다. 처음부터 5단계까지 하는 것은 쉽지 않겠지만 1단계부터라도 차근차근 시도해보길 바란다.

1단계(필기/필사)

기억을 위해 내용을 그대로 받아 적는다. 학생이라면 교사, 교수의 말을 그대로 받아 적는 것이다. 판서나 PPT 자료들을 최대한 그대로 적는 방법이다. 글을 쓰는 것 자체에 익숙하지 않은 상황이라면 처음에는 받아쓰기부터 습관으로 만들어야 한다. 직장인이라면 직장 상사가 지시하는 내용, 회의 세미나 때 나오는 내용들을 모두 받아 적어라.

2단계(수동적 메모)

중요한 내용을 요약해서 적는다. 업무에 관해서는 해야 할 일(To do list)을 적는다. 1단계에 익숙해졌다면 이제는 조금 더 효율적인 메모를 위해 나아가야 한다. 인지심리학자들의 여러 연구에 의하면, 모든 내용을 받아 적는 것은 중요한 내용만 받아 적는 것보다 개념적인 이해에서 딸릴 수밖에 없다. 모든 내용을 적다 보면 강의 자체에 집중하기보다 적는 것에 집중하기 때문이다. 강의를 집중해서 듣고 중요한 내용을 캐치하는 연습을 해야 한다. 직장에서라면 직장 상사의 모든 지시 사항을 적기보다 정확히 '내가 해야 할 일'만 캐치해서 적으면 된다. 상사의 지시가 명확하지 않다면 혼나는 한이 있더라도 꼭 다시 물어보라. 해야 할 일을 정확히 적을 수 없다면 머릿속에서도 정확히 인지하지 못할 확률이 크다. 메모는 내가 해야 할 일을 정확히 이해하고 있는지 확인을 하는 것에도 큰 도움이 된다.

3단계(공격적 메모)

중요한 내용을 메모함과 동시에, 깨달은 내용(주관적 아이디어)에 대해 적는다. 어떻게 행동으로 옮길 것인지도 적는다. 2단계까지 익숙해졌다면 이제는 좀 더 공격적으로 메모를 해도 된다. 단순히 핵심만 정리하는 것이 아니라, 내가 강의를 통해 깨달은 내용(적용할 부분)에 대해서도 재빨리 적어보는 것이다. 다른 사람이 말하는 내용을 메모해놓고, 나중에 수첩을 펴서 깨달은 내용을 정리해도 된다. 그러나 대부분의 사람들은 자신이 메모한 내용을 다시 펼쳐보지 않는다. 여행지에 가서 수많은 풍경 사진들을 찍곤 하지만, 돌아와서 다시 보는 사진은 결국 풍경만 나온 사진들이 아니라 내 얼굴이 나온 사진이다. 메모를 할 때도 마찬가지다. 나의 주관적 아이디어와 적용할 점들을 적어놓아야 나중에 다시 펼쳐보게 된다.

4단계(적용)

메모한 내용에 대해 구체적인 To do list(해야 할 일)를 작성하고, 실행에 옮긴다. 2단계에서는 직장 상사나 교수들이 숙제를 준 내용들을 수동적으로 메모했다면, 이번에는 내 주관적인 아이디어에서 나온 내용을 토대로 To do list를 작성하는 것이다. 남들이 시키는 것만 하면 절대 괄목할 만한 성과를 낼 수 없다. 생각하는 힘을 기르고, 어떤 것을 적용하고 셀프 피드백할 것인지 발췌하라. 그리고 그렇게 발췌한 내용은 반드시 실행하라.

5단계(반성적 글쓰기)

메모한 내용들을 실제로 적용하면서 느낀 점들을 적는다. 어떤 부분이 막히는지, 어떤 부분이 부족한지 적는다. 부족한 부분들을 채우기 위한 To do list를 적는다. 과거의 실수를 되돌아보지 않고 앞으로만 질주한다면 반드시 벽에 부딪히게 된다. 똑같은 실수를 계속 반복하는 것은 멍청한 일이다. 하루 동안 한 일에 대해 반성하면서 어떤 부분이 부족했고 어떻게 보완해 나갈 것인지 적어야 한다. 처음부터 매일매일 적을 필요는 없다. 중요한 일이 있었을 때만 적어도 좋고, 반성할 부분이 생길 때만 적어도 좋다. 어떤 반성이라도 안 하는 것보다는 훨씬 낫다.

05 요약 정리

인간은 망각의 동물이다. 머릿속에 있는 복잡한 생각과 아이디어들을 메모를 통해 효율적으로 정리하고 기억할 수 있다. 메모에 익숙해졌다면, 글 쓰는 능력을 배양하여 사고를 확장시키고 성과를 만들어낼 수 있다. 글쓰기에 아직 익숙하지 않다면, '생각 정리 글쓰기 5단계'를 통해 차근차근 실력을 키워 나가라.

06

목표를 성취하기 위한 5가지 기술

: 행복, 성장 목표와 결과 목표,
이상과 현실, 구체성, 기록

목표가 없으면 삶의 방향이 없는 것이다. 삶의 방향을 잃으면 쉽게 공허해진다. 삶의 방향이 없다는 것은 살아가는 이유가 없다는 것이기 때문이다. 목표가 없이 그저 흘러가는 대로 살다 보면 삶의 의미를 잃게 된다. 어떤 상황에서도 동기부여가 되지 않는다. 삶이 무료하고, 무기력해진다. 인생은 크게 보면 결국 성장하고 기여하는 과정의 연속이다. 자신에게 의미 있는 일을 목표로 설정하고 하나씩 달성해 나가며 성장해 나가야만 의미가 있다. 성장을 해나가는 과정에서 얻은 성취를 사람들과 공유하고, 기여하면서 사는 것이 인간이 태어난 이유다.

어렸을 때부터 목표를 잘 설정하고, 성취해가는 소수의 사람들이 있다. 그러나 대부분의 사람들은 목표를 머릿속으로만 구상한다. '올해는 건강에 좀 신경 써야지', '이제 진짜 열심히 공부해야지' 같은 식이다. 물론 아무런 목표 없이 사는 것보다는 낫겠지만, 목표는 반드시 기록을 해야 한다. 기록하지 않은 목표는 해도 그만, 안 해도 그만인 목표가 된다. 뇌에 각인되지 않기 때문이다.

캘리포니아 도미니칸 대학교 게일 매튜스 교수는 기업가, 임원,

예술가 등 여러 나라 각 분야의 전문가들 267명을 대상으로 연구를 진행했다. 목표의 성취율을 기준으로 보았을 때, 목표를 기록하는 것과 기록하지 않는 것 사이에 어느 정도 차이가 있는지가 연구의 목표였다. 결과는 예상대로였다. 목표를 기록하지 않고 머리로만 생각할 때보다, 기록했을 때의 성취율이 42% 더 높았다.

이 연구 결과는 사실 놀랍지 않다. 목표를 기록해야 한다는 것은 어렸을 때부터 수없이 많이 들어온 내용이기 때문이다. 사실 진짜 놀랄 만한 것은 '이렇게 공공연한 사실에도 불구하고 우리는 왜 목표를 기록하지 않는가'이다. 노벨경제학상을 받은 심리학자인 대니얼 카너먼은 인간이 목표를 설정하는 것에 의욕적이지 않은 이유에 대해 이렇게 말했다.

'인간은 이득을 얻는 것보다 손실을 회피하려는 성향이 더 강하다. 목표에 도달하지 못하는 것, 즉 실패에 대한 반감을 목표를 성취했을 때 얻는 보상보다 훨씬 더 크게 느끼기 때문이다.'

우리의 뇌는 생존을 위해 존재한다. 그렇기 때문에 사자가 쫓아오거나, 누군가가 머리에 총을 겨누는 정도가 아니면 능동적인 행동을 하려 하지 않는다. 많은 사람들이 자신은 열심히 바쁘게 살고 있기 때문에 능동적으로 살고 있다고 생각한다. 하지만 열심히 바쁘게 사는 것이 반드시 능동적이라고 볼 수는 없다. 한국청소년정책연구원에서 발표한 「아동·청소년의 생활 패턴에 관한 국제 비교 연구」에 따르면 우리나라 15~24세 청소년의 평일 학습 시간은 7시간 50분이다. OECD 국가의 평균적인 학습 시간에 비교하면 약 2시간이 길다. 핀란드는 6시간 6분, 스웨덴은 5시간 55분, 일본은 5시간 21분, 미국은 5시간 4분, 독일은 5시간 2분이었다.

우리나라 학생들은 세계에서 가장 열심히 바쁘게 사는 것에 속한다. 그렇지만 능동적으로 살고 있는 것은 아니다. 좋은 대학에 들어가야 좋은 삶을 살 수 있다고 하는 사회적 분위기에, 학부모들의 압박 때문에 수동적으로 공부를 한다. 우리는 어렸을 때부터 목표를 수동적으로 주입받는다. 그러다 보니 올바른 목표를 설정하고, 이뤄 나가는 방법에 대해 배워본 적이 없다. 이 현상은 성인이 되어서도 그대로 지속된다. 이런 식으로 나아가서는 안 된다. 우리는 삶을 능동적으로 개척해 나가야 하고, 더 나은 삶을 살도록 지향해야 한다. 그렇다면 이제 어떻게 목표를 설정하고 이뤄 나가야 하는지 구체적인 방법을 알아보자.

목표를 정할 때 절대 잊지 말아야 할 첫 번째는, 행복을 담보로 목표를 설정하지 말라는 것이다. '이 목표를 성취하면 행복해질 거야'라는 것은 굉장히 위험한 발상이다. 행복을 미루게 될뿐더러, 만약 목표를 이루지 못하게 되면 급격히 불행해지기 때문이다. 올림픽 시합에 나가는 대부분의 선수들은 금메달을 목표로 경기에 임하지만, 금메달이 주어지는 것은 단 한 명이다. 금메달을 못 땄을 때 불행해질 수밖에 없다면, 우리는 필연적으로 불행할 확률이 더 높은 삶을 살게 된다. 목표는 우리가 좀 더 나은 삶을 살 수 있도록 성장하게 하는 도구일 뿐이다. 이루지 못한다고 해서 불행해질 필요는 없다.

목표는 우리가 원하는 결과이다. 되고 싶은 나를 표방한다. 목표에는 크게 두 가지가 있는데 옳은 목표를 설정하기 위해 반드시 알아야 할 것들이다. 첫 번째는 성장을 위한 목표이고, 두 번째는 결과를 위한 목표이다. 학자들이나 저자들에 따라 쓰는 용어가 다르긴 하지만, 결국 크게 나누었을 때 성장 목표와 결과 목표로 나누어볼 수 있다. 성장 목표를 가진 사람은 배우고 성장하는 것 자체에 의미를 두고 하루하루 충실하게 자신의 목표를 수행한다. 결과 목표는 말 그대로 성과를 내는 것에 집중하는 것이다. 혹자는 결과 목표를 정하지 말고 성장 목표의 비중을 높여야 한다고 말한다. 성장 목표를 가진 사람들이 결과 목표만 가진 사람들보다 평균적으로 성과도 더 좋다는 연구 결과를 들이밀며 말이다.

그러나 성장 목표만으로는 열정을 불러일으키기에 부족한 감이 있다. '일주일에 세 번씩 한 시간 이상 운동하기'라는 성장 목표는 현실적이고 예측이 가능하다. 결과는 예측할 수 없어도 행동은 내 의지에 따라 100% 실행할 수 있기 때문이다. 그러나 성장 목표의 치명적인 단점은 큰 동기부여가 되지 않는다는 점이다. 따라서 목표를 설정할 때에는 성장 목표뿐만 아니라 좀 더 큰 틀의 결과 목표까지 정해두는 것이 좋다.

예)

성장 목표

– 일주일에 세 번씩 한 시간 이상 운동하기

– 1월 1일부터 1월 31일까지 새벽 5시에 일어나 6시까지 독서하기

결과 목표

– 12월 31일 전에 월급 실수령액 1000만 원 이상 만들기

– 6월 전에 책 한 권 출간하기

'12월 31일 전에 월급 실수령액 1000만 원 이상 만들기'라는 결과 목표는 결과를 확신할 수 없지만, 확실한 자극이 된다. 대신에 결과 목표는 '반드시 이뤄내야 한다'라는 것보다 '인생의 방향을 잡는다'라고 생각하며 적어야 한다. 예측할 수 없는 분야에서 반드시 이뤄내야 한다는 생각을 갖게 되면 부작용이 생길 수밖에 없다.

목표 설정의 방법 두 번째는, 목표의 크기에 대한 이야기다. 꿈과 목표에 대한 명언을 하나 대보라고 하면, 많은 사람들이 이 문구를 떠올릴 것이다.

'꿈을 크게 가져라. 깨져도 그 조각이 크다.'

물론 이 말도 틀리지는 않다. 《성공하는 기업들의 8가지 습관》의 저자 짐 콜린스는 비전 있는 기업들은 '크고 위험하고 대담한 목표(BHAG, Big Hairy Audacious Goal)'를 추구한다고 말했다. 높은 목표를 가지라고 하는 사람은 짐 콜린스뿐만이 아니다. 목표 이론가인 에드윈 로크Edwin A. Locke와 게리 레이섬Gary P. Latham 또한 400개의 연구 결과를 분석한 뒤 이렇게 말했다.

'가장 높은 목표를 지닌 참가자들의 성과가 가장 낮은 목표를 지닌 참가자들의 성과보다 250% 이상 높았다.'

성공한 저자의 말과, 연구 결과들을 토대로 큰 꿈과 목표를 설정해야 한다고 하면 상당히 일리가 있어 보인다. 나 또한 세계 최고의 강연자가 되는 것을 BHAG로 생각하고 있고, 그에 따른 세부 목표들을 하나씩 달성해 나가는 중이다. 하지만 현실 세계에서는 이 방법이 통하지 않는 경우가 더 많다. 어떤 사람들은 현실의 부족함을 큰 꿈과 목표로 포장하려 하기 때문이다. '나는 지금 이룬 것도 없고 가난하지만, 미래에는 크게 성공할 거니까 괜찮아'라는 식으로 스스로를 세뇌시키고, 실제로는 아무것도 하지 않는다. 모두가 그렇지는 않지만, 세부적인 목표 없이 막연하게 큰 꿈만 있는 사람들 중에는 이런 부류가 많다.

목표를 너무 현실감 없이 높게 설정하면, 오히려 성과를 떨어뜨린다는 연구 결과도 있다. 듀크 대학교 연구진은 운동선수들을 대상으로 실험을 진행했는데, 결과가 흥미롭다. 연구진은 운동선수들에게 트랙 한 바퀴를 편하게 돈 후 신호를 주면 결승점까지 10초 안에 들어오라고 주문을 했다. 그리고 한 번은 결승선을 100미터 남겨놓은 곳에서 신호를 보냈다. 선수들은 전력 질주를 하여 10초 동안 평균 63.1미터를 뛰었다. 그런데 200미터가 남겨진 지점에서 전력 질주를 하라고 했더니 이번에는 10초 동안 평균 59.6미터를 뛴 결과가 나왔다. 100미터 경기에서 4미터 차이는 선수들에게 꽤 큰 거리이다. 이게 어찌된 일일까? 에드윈 로크와 게리 레이섬의 연구 결과에 따르면 분명히 높은 목표를 잡았을 때 성과가 높아야 하는데 말이다.

운동선수들에게도 100미터를 10초 안에 뛰는 것은 힘든 일이다.

그러나 가능성이 전혀 없는 말은 아니다. 그러나 200미터는 가능성이 없다고 봐도 된다. 세계에서 가장 빠르다는 우사인 볼트의 200미터 기록이 19초이다. 선수들은 무의식중에 200미터를 10초 안에 뛰는 것은 현실적으로 불가능하다고 생각하고, 혼신을 다하지 않았을 것이다.

정리해보자. 목표는 높게 잡되, 현실적인 범위 내에서 높게 잡아야 한다. 처음 도전해보는 일이라서 현실적인 범위에 대해 잘 모르겠다면, 해당 분야에 한해서는 목표를 낮게 시작하는 것이 좋다. 일단 1차적으로 낮은 목표를 달성한 후, 현실적인 감각을 익히고 새로 목표를 설정하면 된다.

목표 설정 방법의 세 번째, 목표는 최대한 구체적으로 적어야 한다. 심리학자 피터 골위처Peter Gollwizer는 두 그룹의 학생들에게 크리스마스 연휴 동안 무엇을 했는지 보고서를 제출하라고 지시했다. A그룹의 학생들에게는 그냥 과제를 제출하라고만 했고, B그룹의 학생들에게는 보고서를 언제, 어디서 제출할 것인지 쓰라고 하였다. 크리스마스 연휴가 끝나고 나니 A그룹은 33%만 보고서를 제출한 반면, B그룹의 학생들은 무려 75%가 보고서를 제출했다.

목표를 명확하게 해야 한다고 말하는 것은 피터 골위처의 연구뿐만이 아니다. 영국에서 실시된 한 연구에서는, 목표에 시간 기준을 설정하는 것이 행동을 유발한다는 사실을 밝혀내기도 했다. 연구진은 실험 참가자들에게 심장병의 위험을 알린 뒤 운동을 해야 한다고 권장했다. 대부분의 일반적인 참가자들은 각자 운동을 하기로 하였지만, 역시나 그 결심을 유지하지 못했다. 성공률이 40%에도 미치지 못했다. 그러나 참가자들 중에서도 90% 이상의 성공률을 보인 특별한 그룹이 있었다. 그들은 목표를 세울 때 정확한 시간 기준을 정한 사람들이었다. 이 연구 결과들은 목표를 구체적으로, 정확한 기간을 정해서 적을수록 성취율이 높아진다는 사실을 말해준다.

여태까지 목표를 정할 때 고려해야 할 세 가지에 대해 알아보았다. 일반적으로는 이 세 가지의 방법만으로 충분히 좋은 목표를 설정하고 실행해 나갈 수 있다. 하지만 대니얼 카너먼이 말했듯이, 우리는 목표를 설정하고 실패할 것에 대해 미리 두려워한다. 그래서 목표를 설정하지 못하는 경우가 많다. 이 글을 읽는 사람들 중에 아직까지도 목표를 설정할 엄두가 나지 않는 사람이 있다면 마지막으로 이 방법을 권하고 싶다.

스코틀랜드의 한 병원에서 환자들을 놓고 한 가지의 실험을 진행했다. 한 그룹은 그냥 재활을 하게 하고, 다른 한 그룹은 딱 하나의 차이점을 두었다. 재활을 위해 해야 할 실천 목록들을 매일 쓰게 한 것이다. 아침에 일어나 하루 동안 해야 할 실천 목록을 적는 것만으로도 결과는 크게 달라졌다. 실천 목록을 쓴 환자들은 다른 환자들에 비해 두 배나 빨리 걷기 시작한 것이다. 또한 세 배나 빨리 휠체어를 타고 내릴 수 있게 되었다.

만약 '성장 목표, 결과 목표같이 거창한 건 잘 못 하겠어. 난 그렇게까지 열심히 살 수 있는 사람이 아니야'라고 생각한다면, 그냥 하루 동안에 할 일만이라도 꼭 적어보길 바란다. 하루하루를 낭비하지 않은 사람은 뚜렷한 목표가 없이 살더라도 성과가 날 수 있다. 어떤 분야에 종사하든, 학생이든 상관없다. 목표 설정의 가장 큰 목적은 하루를 충실하게 살아내는 것에 있다.

06 요약 정리

목표가 없는 삶은 방향과 의미가 없는 삶이다. 누구나 목표를 설정하는 것이 중요하다는 사실은 알고 있지만, 하지 않는 경우가 많다. 실패했을 때의 실망감이 성공했을 때의 성취감보다 크다고 느끼기 때문이다. 그럼에도 불구하고 우리는 반드시 목표를 설정하고, 성장하며 살아가야 한다. 그게 우리의 존재 이유이기 때문이다. 목표를 설정할 때에는 중요한 원칙들이 있다. 행복을 담보로 목표를 설정하지 않기. 성장 목표와 결과 목표 둘 다 진행하기. 높은 목표를 잡되 현실적인 범위 고려하기. 최대한 구체적으로 적기. 마지막으로, 아무것도 못할 것 같을 때는 단순하게 그날그날 하루 할 일만이라도 적어보기.

07

창의성을 키우는 3가지 방법

: 자료 융합력, 다양한 실험과 도전, 새로운 환경 접촉

'고정관념을 깨야 한다', '창의력을 키워야 한다'라는 주제는 오래전부터 회사, 학교, 부모님으로부터 끊임없이 들어온 말이다. 그러나 우리는 왜 창의성을 키워야 하는지 크게 생각해본 적이 없다. 창의성을 키우는 방법에 대해 많은 책, 강연, 논문들이 쏟아져 나옴에도 불구하고 학습하지 않는 이유는, '왜'라는 질문이 결여되어 있기 때문이다. 다음의 연구는 현대사회에서 왜 창의성이 반드시 필요한지에 대해 이야기해주고 있다.

대중들에게 '양초 문제(kindle problem)'라고 불리는 이 실험은, 1930년대에 심리학자 칼 던커Karl Duncker에 의해 고안되었다. 연구팀은 참가자들을 나무 벽 옆에 붙어 있는 탁자에 앉아 있게 한 후, 압정이 들어 있는 상자와 양초, 성냥갑을 주었다. 참가자들이 해결해야 할 문제는, 촛농이 탁자에 떨어지지 않게 양초를 벽에 고정하는 것이었다. 다니엘 핑크의 TED 강연으로 인해 이미 답을 알고 있는 사람들도 많을 것이다. 대부분의 사람들은 압정으로 양초를 벽에 고정시키려고 했지만 실패했다. 또 다른 사람들은 성냥불로 양초의 옆면을 녹여서 벽에 붙이려고 했지만 역시 실패했다. 일련의 과정 끝에 사람들은 5~10분이 지나서야 새로운 방법을 찾아내게 된다.

양초 문제를 해결하기 위해서는 고정관념을 탈피해야 한다. 우리는 압정 상자를 '압정을 보관하는 역할'이라고만 생각한다. 그러나 조금만 머리를 굴려보면 압정 상자를 다른 방식으로 활용할 수도 있다는 사실을 깨닫게 된다. 즉, 양초의 받침대로 사용을 하는 것이다. 압정 상자를 압정으로 벽에 확실히 고정시키고, 양초를 그 상자 위에 올려놓으면 이 문제는 완벽히 해결된다. 만약 고정관념을 깨지 못한다면, 이 문제는 풀기가 어렵다.

이 연구를 통해 전달하고 싶은 메시지는 이것이다. 창의성은 발명가나 사업가, 디자이너 등 아티스트들에게만 필요한 영역이 아니다. 모든 사람들이 반드시 창의력을 길러야 하는 이유는 '문제 해결 능력' 때문이다. 인생은 문제의 연속이다. 문제를 해결할 수 있는 능력이 없다면 끊임없이 벽에 가로막히게 된다. 인간관계, 일, 건강 등 모든 분야에서 그렇다. 특히 앞으로의 미래에서는 반복 업무가 사라지고 창의력이 필요한 일만 남게 될 것이다. 반복 업무는 인공지능과 로봇이 대체할 것이기 때문이다.

〈이코노미스트〉는 미래의 인재들이 갖춰야 할 핵심 역량 중 창의성을 대표적으로 꼽았다. 2017년 세계경제포럼에서는 창의성뿐만 아니라 정보검색 능력, 분석력, 호기심과 상상력까지 포함했다. 이를 정리하자면 결국 '문제 해결 능력'을 갖춰야 한다는 이야기다. 2017년 부산 벡스코에서 열린 글로벌산학협력포럼에서 또한 문제 해결 능력에 대한 언급이 끊임없이 이어졌다.

이진석 교육부 대학정책실장은 개회사를 통해 "인공지능 등이 대두되는 오늘날에는 자율 학습 능력과 문제 해결 능력을 갖춘 혁신적이고 창의적인 인재가 요구된다."라고 말했다. 최근 대학들은 PBL(Problem Based Learning: 문제 해결 중심 교육)을 앞다퉈 도입하고 있다. PBL의 세계적 권위자인 미국 델라웨어 대학 마크 서바 교수는 '교육의 목적은 단순히 머리로만 지식을 아는 것이 아니라 아는 것을 실생활에서 실천하는 것'이라고 말했다. 이제는 예전처럼 단순 암기식의 학습이 의미가 없어졌다는 뜻이다.

우리는 이제 창의성을 개발해야 하는 것도 알았고, 문제 해결 능력을 키워야 하는 이유도 알게 되었다. 이유를 알았으니 이번에는 어떻게 개발하는지 알아보자. 창의성이라고 하면 대표적으로 가지고 있는 고정관념은 이런 것이다. '완전히 새로운 것을 창작해야 한다.' 하지만 최근에 쏟아져 나오는 다양한 연구들을 토대로 보면, 역사적으로 창의성을 인정받았던 사람들 중 완전히 새로운 것을 창작해낸 사람은 많지 않다.

노스웨스턴 대학의 브라이언 우지Brain Uzzi 교수와 벤 존스Ben Jones 교수는 창의성 관련 연구를 위해 약 1만 2000개의 학술지에 발표된 1790만 편의 학술 논문을 조사했다. 논문의 인용 횟수, 논문에 담긴 개념의 양, 개념들의 과거 언급 횟수 등 다각도로 해당 논문들을 조사해본 결과, 창의성이 높은 논문들에서 한 가지 공통점을 발견했다. 뛰어난 논문에 나온 개념들은 이전에 이미 90% 이상 알려진 개념들이었던 것이다. 이미 알려진 90% 개념들을 유의미하게 융합하여 도출한 10%의 결론이 혁신적인 결과를 만들었을 뿐이었다.

창의성에서 가장 중요시 생각되는 것은 정보의 융합력이다. 아무것도 들어 있지 않은 머리에서 쥐어짜내 봐야 그 정도의 창의성만 나온다. 그리고 그 창의성은 이미 누군가가 발휘했을 가능성이 높다. 세계경제포럼에서 정보검색 능력, 분석력을 미래 인재의 핵심 자질이라고 꼽은 이유가 여기에 있다. 이미 세상에는 정보가 널려 있다. 정보 포화 시대이다. 서점에만 가도 수많은 분야의 전문 서적들이 나와 있다. 구글, 유튜브만 검색할 줄 알아도 웬만한 정보는 다 나온다. 이런 상황에서 가만히 앉아 '아이디어야, 솟아나라!' 하는 것은 멍청한 짓이다. 최대한 다양한 분야의 경험을 하고, 문제에 연관된 정보를 수집하면서 융합하는 것이 훨씬 현명하다.

좋은 아이디어를 창출하기 위해서는 가장 중요한 두 가지를 꼭 기억해야 한다. 첫 번째는 '내 아이디어가 최곤데 왜 아무도 안 알아주지?'라고 말하는 실수는 범하지 않아야 한다. 그럴 시간에 차라리 최대한 많은 아이디어들을 뽑아내는 것이 효율이 높다. 독창성을 발휘하는 데 실패하는 사람들의 대부분은 자신의 한 아이디어에 대해 과신하며 더 이상 다른 아이디어를 떠올리려 하지 않는다. 베토벤, 셰익스피어, 피카소, 아인슈타인, 에디슨 등 역사적으로 위대한 작품들을 남긴 사람들의 공통점은 '다작가'라는 사실을 명심하라.

두 번째는, 창의성에 관해서는 한 분야에 깊은 전문성과 경험을 쌓는 것보다 더 중요한 것이 있다는 사실이다. 라이스 대학 에릭 데인 교수는 창의성에 관한 연구를 진행했다. 그의 연구 결과에 따르면 특정 분야에서 지식과 경험을 깊게 쌓은 사람일수록 새로운 분야에 적응하기를 힘들어한다. 예를 들어, 브리지 게임의 고수들은 규칙이 바뀌면 바뀐 규칙에 적응하는 데 초보들보다 더 애를 먹었다. 또한 경험이 많은 회계사일수록 기존 규정을 무효화하는 새로운 세법이 적용되면 초보 회계사들보다 일을 서투르게 하는 경향을 보였다.

그러나 깊은 전문성과 경험을 쌓지 않을 수는 없다. 우리는 전문성과 경험도 깊게 쌓아가면서, 창의성도 높이는 방법을 찾고 싶은 것이다. 어떻게 하면 '기존의 전문성'에 매몰되지 않고 더 창의적이고 열린 사고를 할 수 있을까? 1901년부터 2005년까지 노벨상을 수상한 과학자들과 같은 시대에 활동한 다른 과학자들을 비교한 연구를 보면 이에 대한 답을 찾아볼 수 있다.

노벨상 수상자 집단과 일반적인 과학자 집단 모두 자기 분야에 대해서는 깊은 전문성과 오랜 경험을 가지고 있었다. 그러나 그들은 결정적인 차이가 있었다. 노벨상을 수상한 과학자들은 그렇지 않은 과학자들보다 예술 활동에 관여하는 확률이 훨씬 높았다. 음악(악기 연주, 작곡, 지휘)은 2배, 미술(스케치, 유화, 판화, 조각)은 7배, 공예(목공, 기계, 전기, 유리)는 7.5배, 글쓰기(시, 희곡, 소설, 단편, 에세이, 대중서)는 12배, 공연(아마추어 배우, 무용수, 마술사)은 22배의 차이가 났다.

전문성을 발휘하는 분야 이외에 다른 예술 활동을 한다는 것은 많은 점을 시사한다. 현재 자신이 가장 자신 있고 익숙한 것 말고도 계속 도전한다는 것이기 때문이다. 모든 분야에서 완벽하게 잘하는 사람은 없다. 역사적인 천재들 중에서는 엄청난 천재 수학자이지만 그림에는 소질이 전혀 없었던 사람도 있고, 춤을 신들린 것처럼 추지만 과학에 대해서는 문외한인 사람도 있었다. 노벨상 수상자들이 예술 활동을 하는 확률이 높다는 것은, 단순히 '예술 활동을 해야 창의력이 올라가는구나' 하고 생각하는 것이 아니다. 새로운 분야를 시작할 때 거부감이 없어야 하고, 관성에 의해 살아가는 것이 아니라 끊임없이 다양성을 찾고, 결과가 아니라 도전 자체에 의미를 둔다는 것이다. 그들은 실패하는 것에 대한 수용력이 크고 두려움이 적은 사람들이었다. 이를 증명하는 연구들이 있다.

경력이 상당한 40여 명의 과학자들을 연구한 결과, 혁신적인 논문을 계속해서 제출하는 과학자들은 대부분의 과학자들보다 다양한 프로젝트를 진행하는 것으로 드러났다. 알렉산더 플레밍Alexander Fleming과 루이스 파스퇴르Louis Pasteur는 지속적으로 훌륭한 과학적 업적을 낸 과학자들이다. 또한, 연구 주제를 자주 바꿨던 과학자들이기도 하다.

《몰입의 즐거움》의 저자인 미하이 칙센트미하이Mihaly Csikszentmihalyi는 창의적이라고 평가받는 100명의 사람들을 연구했다. 노벨문학상 수상자 나딘 고디머Nadine Gordimer, 유명한 논픽션 작가 스티븐 제이 굴드Stephen Jay Gould, 세계 최초의 인력 비행기를 만든 폴 맥크레디Paul MacCready 등 괄목할 만한 성과를 낸 사람들의 공통점 중에 하나는 여러 분야에 새로운 도전을 하는 경향이 있다는 것이었다.

이쯤에서 이런 반론을 들 수도 있다. '원래부터 창의성도 있고 똑똑한 사람들이 다양한 분야에 도전하는 것을 좋아하는 것 아닌가요? 저처럼 평범한 사람들이 다양한 분야의 경험을 하고 시도를 한다고 해서 창의력이 후천적으로 개발될 수도 있나요?' 이 질문을 좀 더 풀어보면 창의력이 타고난 재능인지, 후천적인 환경과 노력의 문제인지 궁금해하는 것이다. 충분히 나올 만한 질문이다. 여기에 대한 답을 하자면, 창의력과 도전적인 성향을 가지고 태어나는 사람들도 분명히 있다. 그러나 환경과 노력에 의해서도 길러진다는 사실이 다양한 연구들을 통해 충분히 입증되고 있다.

프레데릭 고다르 교수는 살아온 환경과 창의성의 연관관계를 입증하기 위해 한 연구를 진행했다. 연구팀은 21번 시즌에 걸쳐 진행된 수백 개의 패션 업체들의 컬렉션들을 분석했다. 컬렉션의 바이어들과 패션 비평가들이 해당 컬렉션에 대해 어떻게 평가했는지를 중점으로 조사했다. 또한 조르지오 아르마니, 도나 카란, 칼 라거펠트, 도나텔라 베르사체와 같이 우리가 알 만한 브랜드 디렉터들의 해외 경험을 추적하고, 경력을 꼼꼼히 살펴보았다.

연구 결과에 따르면 창의성이 높은 사람들과 해외에서 근무한 경험(해외에 '거주한 시간'은 중요하지 않았다. 해외에서 '근무한 시간'만이 영향을 끼쳤다)은 밀접하게 연관이 있었다. 또한 해외에서 근무를 할 때 해당 나라의 문화가 모국의 문화와 다르면 다를수록 더 창의력에 큰 영향을 미쳤다. 예를 들어 미국인이 캐나다에서 일을 하면 창의성에 거의 영향을 끼치지 않았지만, 한국이나 일본에 와서 근무를 했을 경우 창의력에 큰 영향을 끼쳤다.

가장 중요한 결과는, 단순히 다양한 해외 경험을 한다고 해서 창의력에 영향을 끼치지는 않았다는 점이다. 얼마나 오래, 충분한 경험을 했는지가 중요했다. 본인이 원래부터 가지고 있던 정보, 생각, 지식들이 새로운 문화와 융합되어 폭발적인 창의성을 발휘하려면 충분한 시간이 필요했다.

창의성은 환경의 변화(다양한 분야 경험: 예술 활동, 해외 근무, 새로운 프로젝트의 도전, 완전히 다른 문화 체험 등)를 통해 충분히 향상될 수 있다. 경험과 지식의 기반을 다양화하고, 의식적으로 융합하는 습관을 들여야 한다. 이를 통해 충분히 창의성을 향상시킬 수 있다.

07 요약 정리

고정관념을 깨고 창의성을 키워야 하는 것은 발명가나 사업가, 아티스트뿐만이 아니다. 창의성을 키워야 하는 가장 큰 이유는 우리가 문제 해결 능력이 가장 중요해지는 시대에 살고 있기 때문이다. 창의성을 기르려면 '새로운 것을 창작한다'라는 것보다 '다양한 것을 융합한다'라는 개념으로 접근해야 한다. 창의성에 관련된 역사적인 인물들과 다양한 연구들에 따르면 최대한 다양한 경험을 하고, 다양한 프로젝트를 진행하고, 새로운 도전을 해나가야 한다. 기존의 지식에 매몰되지 않고 환경의 변화(다양한 분야 경험)를 주면서 융합을 만들어내는 사람들이 창의성을 발휘할 수 있다.

08

고수를 만나
고급 노하우를 배우면
시간과 비용을
크게 아낄 수 있다

세계 최고의 라이프 코치인 토니 로빈스는 《거인의 힘 무한능력》에서 이렇게 말했다.

'본받기는 탁월성을 얻을 수 있는 지름길이다.'

위대한 업적을 만들어낸 사람들 중 본받기의 중요성을 언급한 사람은 토니 로빈스뿐만이 아니다. 미국 최대 할인마트인 월마트의 창업자 샘 월튼 또한 자신의 자서전에서 이렇게 말했다.

'나는 아이디어로 충만한 사람이 아니다. 내가 한 일의 태반은 다른 사람을 모방한 것이다.'

그가 월마트의 성공 비결에 대해 물어 온 기자에게 "난 그저 남을 따라 했을 뿐이네"라고 말한 것을 보면, 그가 생각하는 핵심 성공 전략이 무엇인지 단번에 파악할 수 있다.

모방, 본받기, 모델링, 벤치마킹 등 어떤 용어를 사용하든 본질은 같다. 자신이 성과를 내고 싶어 하는 분야에서 시행착오를 최소한으로 줄이기 위해서 가장 좋은 방법은 최고의 성과를 내고 있는 사람(혹은 기업 등)의 방식을 카피하는 것이다. 만약 처음부터 끝까지 완전히 자신의 머릿속에서만 나온 아이디어로만 큰 성공을 거둘 수 있다고 믿는 사람이 있다면 세계적인 패션 브랜드 자라(ZARA)의 사례를 눈여겨보길 바란다.

자라는 패스트 패션의 선두주자이자 대표적인 성공 사례로 꼽히는 브랜드이다. 1975년 스페인에 첫 매장을 연 자라는, 현재 전 세계적으로 매장을 가지고 있는 글로벌 패션 브랜드다. 자라는 일반 패션 브랜드들과 달리 독특한 전략을 사용한다. 이 전략은 패션 업계의 가장 큰 시장인 미국과 유럽이 경제위기를 겪고 있을 때에도 자라를 지속적인 성장으로 이끌어주었다. 이들은 대체 무슨 전략을 사용하고 있는 걸까?

일반적인 패션 브랜드의 경우 최소 6개월 전부터 상품을 기획하고 디자인에 들어간다. 그렇기 때문에 디자인이 결정되고 제조에 들어간 상품은 어떻게든 모두 팔아야 한다. 마케팅 비용을 엄청나게 쓰는 이유도 이것 때문이다. 그러나 유행이 급속도로 변하는 현시대에서 6개월이라는 시간은 엄청나게 긴 시간이다. 6개월 전에 기획하고 디자인했던 제품이 출시되는 시기의 유행과 맞는다는 보장이 없다. 만약 팔리지 않은 상품에 대해서는 폭탄 세일을 해서라도 어떻게든 재고떨이를 해야 한다.

자라는 기존의 패션업계에서 사용하는 전통적인 기획 운영 방식에서 완전히 탈피했다. 이게 바로 패스트 패션(Fast Fashion) 전략이다. 패스트 패션 전략은 사전 유행을 예측하는 방식이 아니다. 이미 다른 브랜드에서 만들어놓은 디자인을 사람들이 유행에 맞게 입고 다니면, 비슷한 디자인의 옷을 초스피드로 만들어낸다. 전형적인 모방 전략이다. 자라는 이러한 작업을 3주만에 완성시킨다. 유행을 캐치해서 비슷한 옷을 시장에 내놓는 데 3주밖에 걸리지 않기 때문에, 유행 예측의 오류에 빠질 위험이 현저히 적다. 제품군 또한 다른 패션 브랜드에 비해 다양해질 수밖에 없다. 일반적인 브랜드들은 한 시즌에 약 2,000~4,000개의 상품을 내놓는다. 자라는 1만 1,000개의 상품을 내놓는다. 유행을 예측하며 디자인과 기획에 힘을 쏟는 대신 빠르게 모방하여 시장에 내놓는 것에 집중하기 때문이다. 자라는 이러한 패스트 패션, 트렌드 모방 전략으로 현재까지도 엄청난 영업이익을 올리고 있다.

모방 전략이 공공연하게 활용되는 것은 패스트 패션 업계뿐만이 아니다. 벤치마킹은 비즈니스를 하는 사람이라면 효율적인 측면에서 반드시 해야 한다. 경제학자 에드윈 맨스필드가 동료들과 조사한 연구 결과에 따르면, 모방 기업이 새로운 제품을 내놓는 데 걸리는 시간은 혁신 기업이 제품을 개발하는 시간의 70%에 불과하다. 또한 이들은 화학, 처방 약품, 전자 및 기계 산업의 48개 제품 혁신 비용에 대해 연구했는데, 평균적으로 모방 기업은 혁신 기업이 사용하는 비용의 65%만을 사용했다는 사실을 밝혀냈다. 모방 기업이 혁신 기업보다 비용 측면에서도 효율적이라는 것이다.

'저는 기업가가 되고 싶은 것은 아닌데요'라고 말한다면 벤치마킹이 비단 기업 경영에만 적용되는 것은 아니라는 사실을 말해주고 싶다. 모방은 기본적으로 우리 삶의 모든 효율적인 부분에 녹아들어 있다. 과학자들은 실험을 진행하다가 막다른 벽에 부딪히게 되면,

'동종 유추'를 통해 문제를 해결하곤 한다. 동종 유추는 과학자들이 현재 자신이 진행하고 있는 실험과 비슷한 실험들을 비교해보는 방법이다. 수많은 연구자들, 대학원생들이 쓰는 논문은 어떤가. 논문을 쓰는 기본은 일단 자신이 정한 주제에 대해 선행 연구(과거에 진행되었던 연구)를 참조하는 것이다.

발명가, 과학자, 연구자, 디자이너들은 대표적으로 새로운 사실을 발견하거나, 창조해내야 하는 사람들이다. 아리스토텔레스는 '모방은 창조의 어머니'라고 말했으며, 피카소는 '훌륭한 예술가는 모방하고 위대한 예술가는 훔친다'라고 말했고, 스티브 잡스는 '애플은 위대한 아이디어를 훔치는 것에는 수치심을 느끼지 않는다'라고 말했다. 이처럼, 새로운 것을 창조해내는 것은 0에서 시작되지 않는다.

벤치마킹의 중요성과 필요성에 대해 알았다면, 이번에는 어떻게 해야 제대로 할 수 있는지 알아보자. 위의 내용들을 보면 벤치마킹은 언제나 효율적이고 훌륭한 결과만을 낳을 것 같지만, 실제로는 그렇지 않은 경우도 있기 때문이다. 겉모습만 어설프게 모방하는 경우가 대표적이다. 과정보다는 결과를 따라 하는 방식이다. 현상에는 항상 과정이 있기 마련이다. 우리가 벤치마킹해야 하는 부분은 외형이 아니라 좀 더 깊은 곳에 있다. 깊은 곳을 들여다보는 통찰력이 있어야 한다.

《창업자금 23만 원》의 저자 전지현 대표의 이야기는 벤치마킹을 할 때 어떤 관점으로 해야 하는지 잘 알려주고 있다. 그녀는 남양주 금곡점 GS25를 운영하면서 상권을 극복할 수 있는 방법을 찾아야만 했다. 유동 인구가 많지 않은 곳이었기 때문이다. 한번은 벤치마킹을 위해 GS25 본사의 직원과 함께 노원역 인근의 점포를 찾아간 적이 있었다. 그 점포는 특이한 점이 있었는데, 점포 자체가 '사람들의 약속 장소'로 유명했다. '노원역 GS25에서 만나.' 이런 식으로 말이다. 편의점이 지역의 랜드마크처럼 되다 보니 매출이 수직 상승할 수밖에 없었다.

하지만 노원역의 점포는 남양주 금곡점과 결정적인 차이가 존재했다. 지하철 인근이어서 입지 자체가 굉장히 좋았다는 점이다. 사람들이 모일 수 있는 여건을 이미 모두 갖추고 있는 상태였다. 만약 어설픈 관점에서 벤치마킹을 하려 했다면, '편의점의 위치를 더 좋은 곳으로 옮겨야 하나?' 혹은 '저기는 우리랑 상황이 달라' 하고 포기했을지도 모른다. 전지현 대표 역시 처음에는 포기할까 했지만, 다르게 생각하기 시작했다. 노원역의 점포가 입지가 좋아서 성공한 것도 있지만, '편의점도 사람들이 모이는 랜드마크가 될 수 있구나. 우리 편의점도 랜드마크로 만들어야겠다'라는 것에 초점을 맞춘 것이다.

이후 그녀는 동네 사람들이 'GS25 남양주 금곡점에서 만나자'라고 말하도록 하는 것을 목표로 잡고, 끊임없이 고민에 고민을 거쳤다. 고민 끝에 결국 사람들이 잠시나마 쉬어갈 수 있도록 매장 밖에 의자를 두자는 생각을 하게 되었다. 그녀는 생각을 바로 실천에 옮겼고, 사람들은 '여기 의자가 왜 있지?' 하면서 모이게 되었다. '사람들이 모이는 랜드마크'라는 개념을 벤치마킹하여 더 나은 결과를 만든 것이다.

외형으로 드러난 것을 따라만 하려는 것은 제대로 된 벤치마킹이 아니다. 과정과 원리를 이해하고, 그 과정과 원리 중에서 자신에게 적용 가능한 부분을 캐치하는 것이 포인트다. 모방을 통해 모든 문제를 해결할 수는 없다. 모방을 하는 그 대상이 성공한 시기적인 배경도 다르고, 그 사람이 나와 살아온 경험도 다르기 때문이다. 모방을 통해 통찰력을 얻고, 우리에게 적용할 수 있는 부분은 스스로 고민을 해보아야 한다. 그냥 되는 것은 하나도 없다.

자라의 예를 들자면, 다른 브랜드들에서 만든 디자인을 보고 모방하여 옷을 만들었다. 그러나 3주 만에 비슷한 옷을 만들고 시장에 내놓을 수 있으려면 물류와 유통이 뒷받침되어야 한다. 이 방법을 실행하기 전까지 무수히 많은 사람들의 고민이 있었을 것이다. 과학자, 연구자들 또한 선행 연구와 다양한 자료들을 토대로 동종 유추 하지만 100% 그대로 모방하지는 않는다. 그들 또한 선행 연구들을 토대로 자신만의 결과물을 만들어내기 위해 수없이 고민하고, 해결책을 찾는다. 우리는 적극적으로 벤치마킹하되 겉모습이 아니라 과정과 원리를 이해하기 위해 노력해야 한다. 그리고 반드시! 스스로 고민하며 다음 문제를 풀어내야 한다. 그래야만 벤치마킹은 진짜 빛을 발하게 된다.

만약 통찰력이 부족하여 아직까지 스스로 문제를 해결할 능력이 없다면, 고수들에게 직접적인 교육비를 내거나, 당신의 시간을 들여서 도움을 받는 것도 방법이다. 《식당으로 대박 내는 법》의 저자 권

세윤 대표는 이렇게 말한다.

'교육비와 겸손한 자세만 갖추면 고수로부터 오랜 세월 만들어진 조리법을 얻을 수도 있다는 사실을 명심하고, 시간과 노력을 단축시킬 수 있다는 것에 감사하라. 당구 선수가 목표라면 프로 당구 선수를 찾아가서 부탁하는 게 빠르고 정확하다.'

마지막으로 본받기, 벤치마킹에 대해서 꼭 알아두어야 할 것이 있다. 당신이 누군가를 벤치마킹했듯이, 누군가도 당신을 벤치마킹할 것이다. 그러나 불쾌해하거나 걱정할 필요는 없다. 굳이 그들이 아니더라도 인생에서 그대로 유지되는 것은 아무것도 없기 때문이다. 성장 아니면 퇴보뿐이다. 그들이 당신을 모방하는 이유는 당신이 그만큼 성과를 거뒀기 때문이니 오히려 기뻐해도 좋다. 대신에, 성장을 멈추지 말고 더 나은 사람들을 벤치마킹하면서 끊임없이 나아가야 한다.

08 요약 정리

어떤 분야에서든 성공한 사람들은 벤치마킹을 중요시하고 잘 하는 사람들이다. 완전히 처음부터 자신의 머릿속에서 생각하는 것은 오히려 미련하고 비효율적일 수 있다. 벤치마킹은 속도도 빠르고 비용도 절감시키기 때문에 안 할 이유가 없다. 벤치마킹을 할 때 주의할 점은, 외형적인 결과가 아니라 과정과 원리를 이해해야 한다는 것이다. 시대적 배경, 개인의 경험을 100% 카피할 수는 없기 때문이다. 그 대상이 겪어온 과정과 하고 있는 행동들의 원리를 캐치하고, 본인에게 적용할 수 있는 부분만 발췌해내라. 이후 그것을 적용하기 위해서는 스스로 엄청난 고민이 필요하다. 그냥 얻어지는 것은 없다. 만약 그 정도의 통찰력이 없다면 진짜 고수에게 가서 교육비와 시간을 들여 정정당당하게 배워라.

당신이 누군가를 벤치마킹했듯이, 누군가도 당신을 벤치마킹하는 시기가 올 것이다. 불쾌해하는 대신 본인의 성장에 대해 기분 좋게 받아들이고, 지속해서 다음 단계를 밟아나가라.

09

집중력과 몰입력을 높이는 방법이 있다

: 개인 프로젝트의 5가지 차원, 환경 조성

어떤 일에 깊게 몰입해 있다 보면, 나도 모르게 시간이 훌쩍 지나가 버리는 경우가 있다. 업무를 할 때, 친구들과 놀 때, 책을 읽을 때, 게임을 할 때 등 이런 순간은 인생의 곳곳에 찾아온다. 현재 클레어몬트 대학원의 교수이자 세계적인 심리학자인 미하이 칙센트미하이는 이 상태를 플로우(flow)라고 부른다. 칙센트미하이의 연구에 참여했던 사람들이 '몰입에 빠져 있을 때'를 표현하며 '물 흐르는 것처럼 편안한 느낌', '마치 하늘을 자유롭게 날아가는 느낌'으로 묘사했기 때문이다.

일반 대중들에게 유명한 경험 표집법 연구가 실행되기 이전인 1970년대 초, 칙센트미하이는 한 가지 실험을 진행했다. 그는 피실험자들에게 의무감이나 특정한 목표를 위해서가 아닌 그저 자신이 즐기면서 하는 모든 일들을 기록하라고 말했다. 평소처럼 해야 할 일은 모두 하되, 꼭 하지 않아도 되는 일에 대해서는 절대 하지 말라고 당부했다. 칙센트미하이가 연구를 통해 알아내고자 했던 것은, 일상에서 '몰입하는 순간'이 빠지면 어떻게 되는지에 대해서였다. 직장 업무를 좋아하던 사람들은 직장에서도 즐거움을 느낄 수 있는 부분을 의도적으로 피해야 했고, 심한 육체 운동을 즐기던 사람들은 운동을 중단해야 했다. 설거지를 하면서 공상하는 시간을 즐겼던 여성은 설거지를 더 이상 할 수 없었다. 이런 상황에서 사람들은 어떤 현상을 보였을까?

실험은 오래 진행되지 못했다. 사람들의 삶에서 불과 48시간(2일) 동안 몰입을 배제했을 뿐인데 나타나는 결과는 심각했다. 집중력이 떨어지고, 두통을 호소하며, 삶이 무기력해지고, 생각이 정리가 안 되고, 잠이 안 오거나 졸음이 쏟아져서 생활이 안 되는 수준에 이르렀기 때문이다.

칙센트미하이는 이 실험 이후에도 시카고 대학의 젊은 동료인 리드 라슨Reed Larson과 함께 일상적인 행동이 미치는 심리적 영향을 파악하는 실험을 진행했다. 당시에는 실시간으로 사람들이 느끼는 감정을 확인하기가 어려웠으나, 칙센트미하이는 '경험 표집법(experience sampling method)'이라는 새로운 연구방법을 개발하여 이를 가능하도록 했다. 연구팀은 피실험자들이 일주일 동안 들고 다닐 무선 호출기를 나누어 주었다.

이 호출기는 임의로 선택한 간격에 따라 울리는데, 피실험자들은 그 순간에 하던 일과 느낀 감정을 즉시 기록해야 했다. 정해진 시간 없이 불규칙하게 하루 7~8번씩 호출기가 울리기 때문에 사람들은 이를 무시하기가 어려웠다. 일기장에 기록을 하거나, 전화를 통해 연구팀의 질문에 답하는 경우도 있었다. 이 방법은 사람들이 일상생활을 하는 중간에 즉각적인 설문이 이루어지기 때문에 신빙성 있는 자료를 얻을 수 있었다.

이러한 일련의 연구들을 통해, 칙센트미하이는 사람들이 가장 행복감을 느끼는 순간이 우리의 일반적인 통념과는 완전히 다르다는 사실을 알게 되었다. 현재에도 그렇지만 연구 당시에 대다수의 사람들은 휴식과 여유만이 행복을 가져온다고 믿었다. 그러나 칙센트미하이는 연구 결과를 통해 최고의 순간들은 대개 어렵고 가치 있는 일을 이루기 위한 자발적인 노력 속에서 육체와 정신을 한계까지 밀어붙일 때 찾아온다고 말한다.

연구에 따르면 사람들이 가장 행복감을 느끼는 순간은 지금 하고 있는 일에 푹 빠져 있는 상태로 나타났다. 오히려 휴식을 취하면서 아무것도 안 하는 순간에는 행복감을 느끼는 확률이 현저히 줄어들었다. 휴식에는 목표와 피드백, 과제가 없기 때문에 몰입하기가 힘들다. 반면에 업무는 목표와 피드백, 과제가 내재되어 있기 때문에 몰입하기가 더 쉽다. 즉, 사람들은 쉽거나 무료한 일보다 어려운 일에 깊이 몰입할 때 최선의 상태(행복)를 느낀다는 것이다.

칙센트미하이 교수는 한 인터뷰에서 몰입에 대해 이렇게 말했다.

"몰입 상태에 들어가면 본인은 행복한지 그렇지 않은지 모릅니다. 하지만 그 상태가 끝나면 자아가 확장되는 느낌을 갖게 되죠."

몰입은 어떤 영역에서든 활용될 수 있다. 예를 들어 하루 종일 시간 가는 줄 모르고 게임에 몰입할 수도 있다. (물론 게임을 직업적으로 하는 경우에는 아주 좋은 케이스다.) 또한 하루 종일 독서와 글쓰기에 집중할 수도 있다. 실제로 나는 중요한 집필 시기에 시간 가는 줄 모르고 글을 쓴다. 아침 일찍 일어나 샤워를 하고 책상에 앉으면, 시간은커녕 배고픔조차 거의 못 느낄 정도이다. 화장실 가는 시간을 제외하고 최소 10시간에서 12시간 이상을 집필에 몰입한다.

몰입에 있어 중요한 것이 있다. 어떤 사람은 도둑질이나 살상 등 파괴적인 일에 몰입하기도 한다는 사실이다. 가정과 인간관계, 여가 등에는 전혀 눈길도 주지 않고 회사 일에만 몰입한다면 이 또한 큰 문제가 된다. 때문에 몰입을 할 때 가장 중요한 것은 '어디에 몰입할 것인가'이다. 이에 대한 대답은 세계적인 심리학자인 브라이언 리틀 Brian Little의 '개인 프로젝트(personal projects)'를 참고하면 된다. 개인 프로젝트란 글자 그대로 한 개인이 일상에서 목표로 하는 프로젝트이다. 리틀에 의하면 개인 프로젝트는 5가지 차원으로 구분될 수 있다. 또한 이 각각의 차원들은 인생에서 행복, 의미와 깊은 연관성을 보인다.

개인 프로젝트의 5가지 차원

1. 자신에게 도움이 되는 정도(self benefit)
2. 성공 가능성(efficacy): 프로젝트가 성공할 가능성에 대한 개인의 지각
3. 재미(fun)
4. 타인의 지지(support)
5. 통합(integrity): 자신의 개인 프로젝트가 자신의 정체성에 얼마나 부합하는지

개인 프로젝트의 5가지 차원이 많이 부합될수록 몰입하기에 좋은 과제가 된다. 나의 예를 들자면, 이전에는 책을 쓸 때와 강의를 할 때 깊은 몰입감을 느낀다. 수익과 직접적인 연관성이 있기 때문에 나에게 큰 도움이 되고, 이미 수차례 성공한 경험이 있기 때문에 성공 가능성도 높다. 책을 쓰는 것은 재미와는 거리가 멀지만, 출간되는 순간에는 어떤 것과도 비교할 수 없는 행복감을 느낀다. 책을 쓰고 강의를 하면 수강생, 가족, 친구들, 독자 등의 지지를 받는다.

내 인생의 사명은 '사람들이 자신의 일을 사랑하게 하고, 의미 있는 삶을 추구하도록 돕는 것'이다. 때문에 책을 쓰고 강의를 하면서 사람들에게 영향력을 끼치는 것은 나의 정체성과 완전히 일치되는 일이다. 당연히 몰입하기에 최적의 주제다. 이뿐만이 아니다. 운동을 할 때도 깊이 몰입하는 경우가 많다. 땀을 흘리고 몸을 건강하게 만드는 것은 당연히 나에게 도움이 되고 재미있기 때문에 시간 가는 줄 모르고 몰입할 때가 많다.

인생을 살면서 어떤 일에 몰입할 것인지, 어떤 것에 몰입하고 싶은지 생각해보는 것은 매우 중요한 일이다. 얼마나 많은 시간을 몰입하여 쓰는지가 행복에 직접적으로 연관되어 있기 때문이다. 특히 자신이 하는 일에 몰입할 수 있다면 전문성을 갖고 성과를 내기가 수월해진다.

어떤 분야에 몰입해야 하는지를 알아봤다면, 어떻게 몰입을 이끌어낼 수 있는지에 대해 알아보자. 자연스럽게 몰입이 되면 물론 좋겠지만, 몰입하기 힘든 상황에서 몰입을 하게 만드는 과정은 많은 성과와 행복을 창출해내기도 한다.

몰입을 하기 위해서 가장 중요한 것은 환경이다. 심리적으로 자신을 컨트롤하여 몰입을 경험할 수 있다면 더할 나위 없이 좋겠지만, 그런 숙련된 기술을 가지고 있는 사람은 얼마 되지 않는다. 때문에 우리가 추구해야 할 방법은 '환경주의자의 기술'이다. 특별하게 자신을 컨트롤할 수 있는 능력이 뛰어난 사람이 아니더라도 이 방법은 적극적인 활용이 가능하다. 수많은 방법들이 있지만 여기에서 소개할 방법은 가장 중요한 세 가지이다.

프로젝트 데드라인 수립, 스마트폰으로부터 멀어지기, 정신을 흩뜨리는 사람들을 멀리하기.

첫 번째, 목표 설정에 대한 이야기를 할 때에도 이미 언급했지만, 시간을 한정시키는 것은 우리의 모든 신경을 한 가지에 집중시키는 효과가 있다. 수많은 연구 결과들이 데드라인의 중요성에 대해 언급하고 있다. 현실적인 기준 안에서 데드라인을 정하라.

두 번째, 스마트폰은 몰입의 가장 큰 적이다. 스마트폰을 옆에 두고 일을 하거나 공부를 하는 것은 '나는 이 일에 몰입하고 싶은 생각도 없고, 연락이 오면 언제든 받을 준비가 되어 있다'라고 무의식에 이야기하는 것과 다름없다. 일을 하면서 SNS 혹은 메신저를 습관적으로 들여다보는 경우가 있다. 아주 잠깐의 시간일지라도 이것은 몰입 상태를 깨는 장본인이다.

캘리포니아 대학교에서 실시한 연구에 따르면 몰입을 깨는 외부 방해가 30초밖에 되지 않더라도 다시 몰입 상태에 빠지려면 20분이 걸린다. 스탠퍼드 대학의 뇌과학 교수 비노드 메논은 공상과 집중 상태의 전환이 섬엽(insula)이라 불리는 뇌 영역에서 일어난다는 사실을 알게 되었다. 이 영역은 두 상태 사이의 스위치처럼 작동한다. 메논은 이어진 연구에서 이 스위치를 자주 사용할수록 피곤함과 졸림을 자주 경험하고, 몰입에 빠지기가 어렵다는 사실을 밝혀냈다. 공부나 일을 하면서 스마트폰을 자주 볼수록 쉽게 피곤해지고, 몰입에 빠지기도 어렵다는 것이다. 따라서, 일적으로 중요한 연락을 받아야 하는 어쩔 수 없는 상황도 있겠지만, 효과적인 몰입을 위해 현실적인 한도 내에서 스마트폰을 최대한 멀리 두는 것이 좋다.

세 번째, 몰입을 깨려 하는 사람들을 멀리해야 한다. 공부를 할 때는 스마트폰과 멀어지고, 불필요한 약속들을 잡지 않아야 한다. 만나자고 하는 사람 다 만나면서 몰입을 이끌어낼 수는 없다. 직장에서 일에 몰입하고 있을 때마다 쓸데없는 말을 걸거나, 중간중간 잡일을 주는 상사가 있다면 불편하더라도 정확히 말해두는 것이 좋다. 그러기가 힘든 상황이라면, "제가 지금 제일 중요한 일을 하고 있어서, 이 일이 끝나는 대로 최대한 빨리 처리해드리겠습니다"라고 말해야 한다. (물론 상황에 따라 바로 해줘야 하는 일도 있다. 직장에서는 최대한 융통성을 발휘하라.)

회사에서 도저히 몰입을 할 수가 없는 분위기라면 진지하게 이직도 추천한다. 몰입이 안 되는 환경이라면 전문성을 쌓기도 어렵고, 일 자체에 애정을 느끼기도 어렵기 때문이다. 실제로 일하기를 싫어하는 사람들을 보면 일 자체의 난이도가 어려운 경우보다 몰입이 불가능한 환경인 경우가 많다. 이는 장기적으로 보았을 때 커리어적으로도, 인생에도 전혀 도움이 되지 않는다.

몰입을 위한 환경 조성이 끝났다면, 이번에는 해야 할 일들에 몰입하기 최적의 상태로 만들어주는 작업이 필요하다. 게임을 해본 사람이라면 이해하기가 쉬울 것이다. 게임은 인간의 심리를 완벽하게 이해하고 몰입할 수 있도록 만들어놓은 프로그램이다. 게임에서는 레벨 1부터 엄청나게 강한 몬스터를 잡으라고 시키지 않는다. 가장 약한 몬스터를 잡도록 시킨다. 레벨이 오르면 점점 더 강한 몬스터를 잡게 해주고, 보상도 점점 커진다. 만약 처음부터 가장 센 보스몹을 잡으러 간다면 절대 이길 수 없다. 하지만 하나씩 몬스터를 잡아가면서 경험치를 쌓고, 아이템들을 모으고, 기술들을 배운다면 보스몹을 잡는 순간이 반드시 온다. 이때의 보상은 엄청난 뿌듯함과 최고의 아이템들이다.

우리도 인생에서 크고 중요한 프로젝트들을 게임처럼 하나하나의 세부 목표로 나눌 필요가 있다. 가장 쉬운 목표부터 하나씩 처리해 나가고, 실력이 쌓이면서 다음 문제도 해결할 수 있게 된다. 몰입을 할 때에는 '충분히 할 수 있다는 생각은 들지만, 결코 쉽지만은 않은 목표'가 가장 좋다. 너무 쉬워도 몰입하지 못하고, 너무 어려우면 엄두가 나지 않기 때문이다. 현재 내 수준에 맞으면서도 적당히 힘든 목표를 정해야 한다. 적당히 힘든 목표를 정하기 위해서는 이전에 이야기한 것처럼 메타인지가 필요하다. (메타인지에 대해서는 뒤에서 더 자세히 다루도록 한다.)

09 요약 정리

인간은 아무것도 하지 않는 편안한 상태보다, 깊게 몰입하는 순간에 행복을 느낀다. 반대로, 삶에서 몰입할 수 있는 순간을 추출하는 것만으로도 쉽게 무기력해지고 엄청난 스트레스를 받기도 한다. 몰입을 했을 때 행복과 의미를 동시에 느끼려면 브라이언 리틀이 제시한 개인 프로젝트의 5가지 차원을 기준으로 삼아라. (자신에게 도움이 되는 정도, 성공 가능성, 재미, 타인의 지지, 통합.) 몰입할 주제를 정했다면, 몰입할 수 있는 최적의 환경을 만들어라. 마지막으로 게임의 원칙을 활용하여 세부적인 목표를 정하라.

10

스트레스 상황 속에서도 평정심을 잃지 않는 방법

현대인들은 너무나 많은 스트레스와 변덕스러운 상황에 놓여 있다. 가끔은 지나치게 바쁜 것이 아닌가 하는 생각도 든다. 그러나 생계적인 문제도 그렇고, 심리적인 공허함 때문에라도 가만히 있을 수가 없다. 한 가지 문제를 해결하고 나면 또 다른 문제가 닥치고, 이제 좀 괜찮아졌다 싶으면 새로운 일이 생긴다. 이런 상황에서 평정심을 유지하는 것은 거의 불가능에 가깝다.

그럼에도 불구하고 우리는 평정심을 유지하기 위해 노력해야 한다. 감정이 폭주하여 후회할 만한 행동을 하면 또 다른 문제를 만들어내는 것과 다르지 않기 때문이다. 비즈니스를 한다면 평정심을 잃었을 때 엄청난 금액을 손해 볼 가능성이 있다. 직장 생활이나 친구, 가족 관계에 있어서는 하지 말아야 할 말을 무의식중에 꺼내게 될지도 모른다. 평정심을 되찾지 못하고 스트레스가 극단적으로 치닫게 되면, 최악의 상황이 벌어지기도 한다. 정신을 차린 후에는 후회해도 이미 늦었다.

건강보험심사평가원에 따르면 최근 5년간 분노조절장애로 진료를 받기 위해 병원을 찾은 환자는 2만 8718명이다. 연도별로는 2014

년 4962명, 2015년 5390명, 2016년 5920명, 2017년 5986명, 2018년 6460명 등 매년 증가하고 있는 추세다. 본인이 분노조절장애가 있다는 사실을 깨닫고 병원을 찾은 사람들은 그나마 나은 편이다.

우발적으로 홧김에 저지르는 '묻지마 살인 사건'이 나날이 늘어나고 있다. 이전에는 사이코패스의 연쇄 살인 사건이 많았다고 한다면, 최근에는 분노조절장애로 인한 묻지마 범행들이 뉴스를 뒤덮는다. 2019년 10월, 범죄의 잔혹성에 사람들을 두려움과 분노에 떨게 했던 서울 강서구 PC방 살인 사건을 기억하는가? 이 사건의 피의자는 '화가 나 범행을 저질렀다'고 진술한 것으로 알려졌다. 자신을 무시했다는 사실이 화가 났고, 그게 잔혹한 살인의 이유였다는 것이다.

경찰청의 2018년 살인 범행 동기 통계자료에 따르면 살인의 이유 중 가장 큰 범위를 차지하는 것이 우발적 범죄(32.9%)이다. 현실불만(8.5%), 가정불화(9.4%), 기타(26.9%), 미상(22.3%)임을 감안하면 우발적 범죄 이외에도 현대인의 분노와 스트레스가 살인 사건의 대표적인 원인이라고 볼 수 있다. 이 현상은 현대인들이 얼마나 많은 분노와 스트레스 속에서 살고 있는지 경고를 주기도 한다.

모든 사람들이 자신이 해야 할 일에 집중하고, 긍정적인 생각만 하면서 살 수 있다면 좋겠지만, 인생이 그렇게 만만하지는 않다. 오죽하면 이 시대의 지성인이라고 불리는 토론토 대학 심리학과 조던 피터슨 교수가 젊은 세대에게 "인생은 고통이다"라는 말을 계속해서 할까. 분노조절장애가 아니더라도, 우리는 원하는 것을 이뤄내기 위해 감정을 통제할 줄 알아야 한다. 감정을 통제하지 못하는 사람은 어떤 분야에서도 성공하기 어렵다.

2016년 미국 직장 및 상사 평가 사이트 글래스도어에서 발표한 CEO 평점에 따르면 글로벌 컨설팅 기업인 베인앤컴퍼니의 밥 베첵이 지지율 99%로 1위를 기록했다. 글래스도어는 직원 1,000명 이상인 기업을 대상으로 직장과 CEO에 대한 직원의 평가를 집계하고 순위를 측정한다. 베첵은 자신이 CEO 평점 1위를 한 이유에 대해 어떻게 말했을까? 그는 옥스퍼드 대학 강연에서 자신의 리더십에 대해 이렇게 강조했다.

"위기 때에도 숨 한 번 들이쉬고 침착함을 유지하는 능력이 내게 있었다."

밥 베첵은 자신의 감정을 통제하는 것에 뛰어난 사람이다. 그렇다면 성공한 사람들과 감정 통제 능력은 직접적으로 연관이 있을까? 1966년, 심리학계에서 처음 사용하기 시작한 '감성지능'이라는 용어는 오늘날 리더십에서 가장 중요한 요소로 뽑힌다. 감성지능이란 '자신의 한계와 가능성을 객관적으로 판단해 자신의 감정을 잘 다스리며, 상대방의 입장에서 그 사람을 진정으로 이해하고, 타인과 좋은 관계를 유지할 수 있는 능력'이다. 자신의 감정을 잘 이해하는 것으로부터 시작해, 다른 사람의 감정까지 이해하는 전반적인 감정적 이해 능력이라고 할 수 있다. 컨설팅 기업 탤런트스마트(TalentSmart)가 100만 명 이상의 감성지능을 검사한 결과, 최고의 성과를 보인 사람들 중 90%가 스트레스가 심한 상황에서도 차분함을 지키는 능력이 뛰어나다는 사실을 밝혀냈다.

성공한 사람들은 평정심이 있고, 스트레스를 관리하는 능력이 뛰어나다. 여기에서 반발감이 생길 수도 있다. '어떻게 사람이 스트레스를 아예 안 받고 살 수 있나?'라는 것이다. 당연히 스트레스 없는 삶이란 존재하지 않는다. 스트레스를 무조건 피해야 한다는 것도 아니다. 실제로 여러 연구들에 따르면 간헐적인 적당한 스트레스는 오히려 뇌에 자극을 주어 암기력을 돕기도 하고, 실행력을 높이기도 한다.

대표적으로 앨러배마 버밍햄 대학의 리처드 셸톤Richard Shelton 박사의 연구에 따르면, 스트레스가 신체에 무조건 악영향만 끼치는 것은 아니다. 오히려 적당한 스트레스에는 몇 가지 장점이 있다고 한다.

첫 번째 장점, 스트레스로 인해 분비되는 뉴로트로핀(neuro-trophin)이라는 뇌 화학물질은 뇌 신경세포 간의 연결을 강화해주어 두뇌 기능을 향상시켜 준다.

두 번째, 스트레스를 느낀 신체가 부상이나 감염에 대비하기 위해 인터루킨(interleukin)을 분비하는데, 이로 인해 일시적인 면역력 향상 효과가 있다.

세 번째, 스트레스 자체에 대한 면역력이 생긴다. 낮은 수준의 스트레스에 반복적으로 노출되면 이후 큰 스트레스가 오더라도 대처할 수 있는 능력이 생기게 된다. 근육의 성장과 같은 원리이다.

네 번째, 주어진 업무에 대한 과도한 압박감은 성과를 떨어뜨리기도 하지만, 합리적으로 정해진 마감 기간은 일에 대한 집중력을 높여 몰입에 도움을 준다.

이처럼 적당한 스트레스와 불안감은 인간의 생존과 성장을 위해 꼭 필요한 감정이다.

진짜 문제는 스트레스를 만성적으로 받게 될 때 생긴다. 부정적인 감정이 뇌를 지배하고, 어떤 일이 생겨도 항상 부정적으로 생각하게 되면 뇌는 자기통제 능력을 잃게 된다. 일의 성과에 영향을 미치는 것은 물론이고, 몸에도 좋을 리가 없다. 이에 대한 근거로 미국 매사추세츠공대(MIT) 앤 그레이빌 교수팀은 연구를 통해 만성 스트레스를 받는 사람은 비정상적으로 고위험을 선택하는 경우가 많아진다고 밝히기도 했다. 연구팀이 쥐들을 대상으로 실험을 해본 결과, 만성적으로 스트레스를 받은 쥐들은 뇌의 최종 결정에 도움을 주는 신경회로에 장애가 있는 쥐들과 동일한 행동을 보였다.

여태까지의 내용들을 정리해보면 만성적인 스트레스는 자기통제 능력을 상실하게 한다. 또한 적당한 스트레스는 성장에 도움을 준다. 그렇다면 만성적인 스트레스를 관리하면서 평정심을 유지하고, 최고의 성과를 내는 방법에는 어떤 것이 있을까?

첫 번째로 가장 중요한 것은 숙면이다. 잠을 충분히 자지 못하면 스트레스에 대한 저항력이 줄어든다. 자제력, 집중력, 기억력이 떨어진다. 수면 부족 그 자체만으로도 스트레스 호르몬 수치가 올라가기도 한다. 잠을 잘 때는 많이 자는 것도 중요하지만, 얼마나 깊은 잠을 잤는지(수면의 질)가 더 중요하다. 과도한 카페인 섭취는 숙면을 방해하고, 아드레날린을 분출하게 하여 스트레스를 높일 수 있으므로 피해야 하고, 침대 위 스마트폰 사용도 최대한 배제해야 한다. 불을 끄고 스마트폰을 보게 되면 무의식적으로 한 곳에 집중하게 된다. 집중은 두뇌를 각성시켜 잠을 깨운다. 자는 시간이 늦어지고, 피곤하게 일어나는 습관이 반복되면 뇌는 밤을 자야 할 시간이 아니라 노는 시간이라고 여긴다. 따라서 침대에 누운 후에는 최대한 스마트폰을 보지 않는 것이 좋으며, 가능한 한 규칙적인 시간에 침대에 눕는 습관을 들여야 한다.

두 번째, 스트레스를 관리하는 데 가장 효과적인 훈련은 호흡이다. 호흡은 우리가 의식적으로도 조절할 수 있지만, 무의식적으로도 가능하다. 때문에 무의식과 감정적인 부분을 가장 직관적으로 변형시킬 수 있는 좋은 도구이기도 하다. 급격한 스트레스가 닥쳐 평정심을 잃을 위험에 처한다면, 잠시 하던 일을 멈추고 호흡에 집중하는 훈련을 해보라. 호흡 그 자체에만 집중하는 훈련은 뇌에 휴식을 주고, 스트레스를 떨치게 만든다.

스트레스, 긴장, 불안감은 몸속 교감신경을 활성화시킨다. 교감신경은 호흡과도 직접적인 관련이 있는데, 교감신경이 활성화되면 무의식적으로 호흡이 얕고, 거칠고, 빨라지게 된다. 따라서 이럴 때는 의식적으로 깊은 호흡을 천천히 하며 부교감신경을 활성화시켜야 한다. 익숙하지 않기 때문에 처음에는 1분 이상 지속하기가 어렵지만, 이 연습은 어떤 상황에서든 적용이 가능하기 때문에 스트레스를 관리하고 평정심을 되찾기 위해 가장 효율적인 방법이다.

세 번째 방법은 긍정적인 언어를 사용하는 습관이다. 누군가와 대화를 할 때만 긍정적인 언어를 쓰는 것이 아니라, 머릿속에서 일어나는 대화(생각)를 할 때도 긍정적으로 하기 위해 노력해야 한다. 현대인들이 가장 많이 하는 부정적인 생각은 대부분 일반화 오류에 속한다. '내 인생은 불행하다', '난 뭘 하든 절대 성공시키지 못할 거야', '나는 왜 이렇게 운이 안 좋지? 최악이야', '내 인생만 왜 이렇지?' 등의 생각이다. 하지만 실제로 여러분이 이 생각을 하게 된 이유는 다른 것에 있다. 나름대로 열심히 공부한 시험의 성적이 안 나오거나, 직장 상사에게 꾸중을 듣거나, 부모님에게 잔소리를 듣거나, 친구와 싸우거나, 여자 친구와 헤어지거나 등의 일련의 사건 때문에 이런 방식의 일반화를 하는 것이다.

최근 사람들이 자주 쓰는 말 중에 '나는 자존감이 낮은 편이다'가 있다. 진짜 문제는 '자존감'이 정확히 무엇인지 이해하지도 못하면서 본인의 자존감이 낮다고 평가를 내린다는 점이다. 자존감이 왜 낮다고 생각하는지 물어보면 구체적인 대답이 나온다. 외모에 대해 자신감이 없거나, 사람들이 많은 자리에만 가면 긴장하게 되거나, 취업이 안 되면서 계속 위축되는 기분이 들기 때문에 자존감이 낮다고 말한다.

이 사람들의 하루는 24시간 자존감이 낮을까? 절대 그렇지 않다. 친구들과 만나서 맛있는 음식을 먹고, 수다를 떠는 순간에는 자존감이 낮다고 생각하지 않는다. 자신이 전문성을 가진 분야에서 일을 할 때는 자존감이 낮다고 생각하지 않는다. 부정적인 현상에 집중하고 그 현상을 일반화하기 시작하면, 문제를 해결하기보다 부정적인 감정에 매달리게 된다. 따라서 일반화를 최대한 배제하고 부정적인 현상과 긍정적인 현상을 항상 구분해서 생각하는 습관을 들여야 한다.

그다음에 긍정적인 현상에 더 집중하고, 그런 상황들을 더 만들려는 의식적인 노력을 해나가야 한다.

마지막으로 꼭 해야 할 말이 있다. 이 글에 나오는 모든 방법을 사용하더라도 평정심을 찾기 어려울 수 있으며, 아무것도 할 수 없는 상황에 놓일 수도 있다. 예를 들어, 지금 다니고 있는 직장이나 하고 있는 일에서 매일매일 과도한 스트레스를 받을 수밖에 없다면 이직을 하거나 퇴직을 하는 것도 방법이다. 대신에 퇴사를 한다고 해서 '나는 쉽게 포기하는 사람이야'라고 일반화해서는 안 된다. '이 회사가 나에게 안 맞았을 뿐이야'라는 생각으로 스트레스를 줄일 수 있는 새로운 환경을 찾는 데 집중하는 것이 현명하다.

10 요약 정리

과도한 스트레스로 인해 평정심이 흐트러지는 경우, 일과 인간관계 등에 악영향을 끼치게 된다. 어떤 분야에서든 최고의 성과를 내는 사람들은 자신의 감정을 통제하는 능력이 높다. 그들은 스트레스를 관리하고 평정심을 찾는 방법을 안다. 충분한 숙면을 취하고, 의식적인 호흡 조절을 통해 스트레스를 완화하라. 일반화에서 벗어나 긍정적인 언어(생각) 습관을 가져라. 어떤 방법도 통하지 않을 때는 과감하게 새로운 환경을 조성하는 것이 현명하다.

11

비교에서 벗어나 의미를 발견하면 행복한 삶을 살 수 있다

비교하는 행위 자체만으로도 우리는 불행을 느낀다. 비교라는 특성 자체 때문에 부정적인 방향의 비교는 당신을 불행의 나락으로 빠뜨릴 수밖에 없다. 당신이 아무리 돈을 많이 벌고 성공한다 한들 누군가는 돈을 더 많이 벌고 있고, 당신의 배우자가 외모가 뛰어나다 한들 누군가는 더 아름답고 멋진 배우자를 곁에 두고 있을 것이기 때문이다. 그래서 비교는 끝이 없다.

서울대 행복연구센터의 최인철 교수는 사람들이 서로를 비교하는 것은 사회적 동물인 인간의 기본적인 욕구라고 보았다. 그는 행복한 사람들이 사회적 유대감을 더 중시하는지, 사회적 비교를 더 중시하는지 알아보기 위해 실험을 진행했다. 연구팀은 본격적인 실험에 앞서 참가자들의 행복 점수를 미리 측정해두었다. 이후 참가자들에게 중요한 시험의 가채점 결과를 알려주고, 두 명의 친구에게서 문자를 받았다고 가정하게 했다. 참가자들의 점수를 60점이라고 했을 때 문자를 보낸 한 친구는 90점, 다른 한 친구는 40점을 맞았다는 가정이었다.

이때, 참가자보다 높은 점수(90점)를 받은 친구는 나보다 똑똑하지만 만나면 기분이 좋은 친구였고, 40점을 받은 친구는 만나도 그리 유쾌하지 않은 친구였다. 연구팀은 참가자가 만약 자신보다 높은 점수를 받은 친구와 놀겠다고 하면 유대감을 중요시하는 사람이며, 낮은 점수의 친구를 만나겠다고 하면 비교를 통한 우월감을 더 중요시하는 사람이라고 설정했다. 60점을 받은 참가자들은 과연 어떤 친구와 더 놀고 싶어 했을까? 실험 결과에 따르면 행복 점수가 높은 사람일수록 유대감을 중시하는 선택을 했다. 반대로 행복 점수가 낮은 사람일수록 우월감을 느낄 수 있는 선택을 하는 경향을 보였다.

이 연구 결과를 통해 도출된 결론은, 행복한 사람들일수록 비교를 하는 경향이 적다는 것이다. 비교를 많이 할수록 불행해진다는 뜻이기도 하다. 그렇다면 비교를 안 하는 방법이 있을까? 이 문제를 해결할 수 있다면 우리나라의 행복지수까지 같이 올릴 수 있게 된다. 우리나라의 행복지수가 경제 수준에 비해 낮은 이유는, 비교하는 습관이 크기 때문이다.

아르바이트 포털사이트 알바천국은 20대 청년 616명을 대상으로 자존감에 대한 설문조사를 진행했다. 이 내용을 보면 우리나라 사회의 비교가 얼마나 심각한지를 알 수 있다. 조사 결과에 따르면, 20대 청년들의 자존감이 가장 낮아지는 때는 '행복해 보이는 친구들의 소셜 미디어를 볼 때'가 27.6%로 가장 높았다. 남들이 행복한 모습을 보면 자괴감이 느껴지고 불행하다는 것이다. 아이러니하다. 남들의 불행은 나의 행복이고, 남들의 행복은 나의 불행이 되는 사회이다. 건강한 사회라고 보기는 어려운 부분이다.

최인철 교수의 연구팀에 의하면 우리나라 사람들은 특히나 더 비교를 하는 경향이 있다고 한다. 연구팀은 행복 점수가 낮은 사람들일수록 비교를 하게 된다는 연구에 이어 후속 연구를 진행했다. 우리나라가 경제적 수준에 비해 행복감이 낮은 편인 이유가 비교하는 습관에 있다는 가설을 세웠다. 고려대 심리학과 연구팀과 공동으로 진행된 이 연구는 한국으로 이주한 지 2년 미만인 미국인들과 교육 수준·가족 관계 등이 유사한 한국인들을 모집하여 진행됐다. 좀 더 정확한 연구를 위해 뇌영상촬영(fMRI) 기법을 사용했다. 이 연구의 주된 목적은 뇌 중에서도 복내측 전전두피질이라고 불리는 '보상 영역'의 변화를 보는 것이었다. 연구팀은 미국인들과 한국인들의 뇌를 체크하여 자기 자신의 점수에 따라 보상 영역이 활성화되는지, 자신과 타인의 점수 차이에 따라 활성화되는지 비교하고자 했다. 최인철 교수는 자신의 저서 《굿 라이프》에서 이 연구에 대한 결과를 말해주었다.

'미국 사람들의 보상 영역은 자신의 점수에 강하게 반응했지만, 한국 사람들의 보상 영역은 다른 사람과의 점수 차이에 강하게 반응하는 것으로 나타났다. 다시 말해 한국 사람들의 보상 영역은 자기 점수가 높더라도 상대의 점수가 더 높으면 미미한 활동을 보였지만, 자기 점수가 낮더라도 상대 점수가 더 낮으면 강한 활동을 보였다. 한국인의 뇌는 불행히도 '비교하는 뇌'였다.'

비교하는 사람들은 불행할 확률이 높고, 우리나라 사람들은 대부분이 비교하는 뇌를 가지고 있다. 그렇다면 우리는 필연적으로 불행할 수밖에 없을까? 물론 여러 가지 연구 결과를 들이밀며 '이렇게 하면 비교를 안 하고 살 수 있습니다', '현재에 만족해야 합니다'라고 말하는 것은 크게 어렵지 않다. 그러나 나의 경우(내 주변 사람들 또한), 어떤 방법을 실행하더라도 다른 사람들과 비교를 전혀 안 하고 사는 것은 불가능했다. 불가능한 것을 가능하다고 말할 수는 없다.

그래서 이번에는 좀 더 다른 방향으로 접근해보기로 했다. 우리가 비교를 하지 않아야 되는 이유는 비교와 행복이 크게 연관이 있기 때문이다. 나는 인생을 살면서 비교를 아예 안 하는 사람을 본 적이 없다. 그러나 부정적인 비교(우월감이나 자괴감을 느끼는 비교)를 하는 것이 아니라 긍정적인 방향으로 좋은 비교를 하며 성장해 나가는 사람들이 있다는 점에서 실마리를 찾을 수 있었다. 일례로 건국대학교 국제학부 민병철 교수는 저서 《결국, 좋은 사람이 성공한다》에서 이렇게 말한다.

'전 지구에서 일어나는 다양한 일들을 보다 보면 가슴을 울리는 내용도 있고 고개를 끄덕이게 하는 내용도 있다. 그것은 곧바로 나의 삶을 다시 보게 하는 주요한 단초가 된다. 유명인이나 뛰어난 업적을 남긴 사람들의 인터뷰나 자서전을 보고 그동안 그들이 얼마나 많은 땀을 흘렸는가에 주목한다.'

민병철 교수뿐만이 아니라 세상에는 좋은 비교를 하면서 성장해 나가는 사람이 많다. 나 또한 20대 초반부터 자기계발서와 스승님들을 만나면서 끊임없이 그들과 나를 비교했다. '어떻게 하면 저분들처럼 될 수 있을까. 저분들은 어떻게, 무슨 노력을 해왔을까.' 물론 이 과정에서 좌절도 많이 했고 스트레스도 많이 받았다. 나는 비교를 안 하면서 산 적은 없다. 비교하지 않기 위해 수없이 연습해왔지만 다 실패했다. 대신에 비교를 할 때에는 주변 사람들보다 훨씬 더 의미 있는 삶을 살고 있는 사람들과 나를 비교하기로 마음먹었다. 그리고 이 전략은 완전히 성공했다. 내가 여태까지 만들어온 성과들의 대부분은 비교를 통해 달성한 것이다.

우리는 인간의 기본적인 욕구를 거스를 수 없다. 때문에 비교를 안 하기 위해서 노력해야 하는 것이 아니라, 좀 더 긍정적인 방향으로 사용하는 방법을 익혀야 한다. 예를 들어 인간은 주변 사람들의 영향을 많이 받는다. 때문에 '악영향을 받지 않으려면 사람을 만나지 마라' 하고 말도 안 되는 조언을 할 수도 있다. 그러나 그것보다 좀 더 나은 조언을 할 수도 있다. '좋은 사람들을 만나 좋은 영향을 받아라'처럼 말이다. 비교에서도 동일하게 적용이 될 수 있다. 비교를 하는 특성 자체를 나쁘게 생각하지 않고 사회적 동물인 인간의 어쩔 수 없는 본능이라고 인정을 해야 한다. 인정을 해야 해결책을 찾을 수 있다. 해결책은 나를 더 나은 방향으로 이끌어 나갈 수 있는 비교를 하는 것이다.

우리가 끊임없이 사람들과 비교를 하면서 불행해지는 이유는 삶이 행복하지 않으면 문제가 있다고 생각하는 태도 때문이다. 힘든 상황이 없어야 하고, 즐거운 상황만 있어야 완벽한 인생이라고 생각한다면 부정적인 비교를 피할 수가 없다. 사람들은 SNS에 자신의 가장 즐겁고 행복한 순간만 올린다. 하지만 인생에서 항상 즐거운 순간만 경험할 수는 없다. 힘든 상황에 SNS를 보게 되면 필연적으로 사람들의 행복한 모습을 보게 되고, 상대적 박탈감을 느끼게 된다.

심리학자 이선 맥머헨Ethan McMahan은 사람들이 행복의 본질을 '즐거움을 경험하는 것'과 '부정적인 경험을 하지 않는 것'에서 찾으려는 경향이 있다고 말한다. 인간의 행복에 대한 연구는 수십 년, 수백 년 동안 지속되어 왔다. 그러나 안타깝게도 행복에 대한 가장 의미있는 연구 결과는 '행복에 집착할수록 주변 사람들과 자신을 계속 비교하게 되고, 불행해진다'라는 것이다. 미국 심리학자 에밀리 에스파하니 스미스는 한 인터뷰에서 이렇게 말했다.

"인간은 행복을 위해 창조되지 않았다. 과거에 비해 삶의 지표는 나아졌지만, 인간은 여전히 다양한 고통을 겪고 있다. 사랑하는 사람을 잃고, 병들고, 불안해하고, 스스로를 의심하고, 가진 것이 적다고 느낀다. 행복은 왔다가 사라지는 덧없는 것이다. 행복한 상태로 오래 머물고 싶다면 행복이 아니라 삶의 의미를 추구해야 한다."

이 메시지는 나의 인생에 엄청난 변화를 가져오기 시작했다. 내 주변에는 누가 봐도 사회적, 경제적으로 충분한 성공을 거둔 사람들이 많다. 물론 그들 중에는 행복해 보이는 사람들도 많지만, 그렇지 않은 사람 또한 많다. 나는 행복해지기 위해 매주 여행을 떠나는 등 여러 노력들을 하지만, 오히려 행복해져야 한다는 강박에 쫓기는 것처럼 보이는 사람들을 주변에서 보면서 의구심이 생기곤 했다. 에스파하니 스미스는 이 질문에 대한 답을 명쾌하게 제시해주었다. 우리가 현재 겪고 있는 고통과 힘듦은 모두 다 의미가 있다. 특히 당장의 쾌락이 아니라 의미 있는 삶을 꿈꾼다면 더욱 그렇다.

토니 로빈스는 넷플릭스 다큐멘터리 〈I Am Not Your Guru〉에서 이렇게 말한다.

"당신이 살면서 겪은 고통의 깊이만큼, 많은 사람들을 도울 수 있습니다."

인간이라면 누구나 지금보다 더 나은 삶을 살고 싶어 하는 성장의 욕구가 있고, 다른 사람들을 돕고 싶은 기여의 욕구가 있다. 아무리 현재 돈이 많고 사회적으로 인정을 받고 있더라도 삶의 의미를 찾지 못하는 사람들은 성장과 기여를 멈추었기 때문이다. 성장을 하기 위해서는 필연적으로 고통이 따른다. 기여를 하기 위해서는 희생이 따른다.

나는 일을 할 때마다 이런 생각을 한다. '지금은 힘들지만 그만큼 성장할 수 있다. 더 많은 사람들에게 기여할 수 있다.'

SNS에서 보이는 행복해 보이는 사람들과 돈이 많아 보이는 사람들을 보면 경우에 따라 두 가지 생각이 동시에 든다. '저 사람은 얼마나 많은 노력을 해서 저렇게 의미 있는 삶을 살아가고 있을까?', '나는 저 사람들보다 돈이 없어봤기 때문에, 밤새 일해봤기 때문에 더 많은 사람들의 고통에 공감하고 기여할 수 있다.' 이런 생각을 하다 보면 부정적인 비교를 할 틈이 없어진다. 이기적인 이타심으로 좋은 비교만 하게 된다.

우리는 행복보다 의미에 집중하는 삶을 살아야 한다. 의미에 집중하면 좋은 삶의 기준이 달라진다. 돈을 많이 벌고 여행만 다니는 삶이 아니라, 의미 있는 일을 하는 것이 좋은 삶으로 느껴지게 된다. 우리는 언제 의미를 느끼는가? 힘들지만 성장할 수 있고 기여하는 일을 끝마쳤을 때 가장 의미를 느낀다. 삶의 아름다움을 느끼고 충만함을 느낀다. 에스파하니 스미스의 말처럼 행복한 상태로 오래 머물게 된다.

우리는 의미를 중시하는 삶의 태도를 지녀야 하고, 나와 비슷한 가치관을 가진 사람들 중에 본받을 사람을 정해서 모델링을 해나가야 한다. 여기서부터 긍정적인 비교가 시작된다. 부정적인 비교는 질투와 자괴감을 만들지만, 긍정적인 비교는 우리를 성장하게 만든다.

11 요약 정리

행복한 사람일수록 부정적인 비교를 하지 않는다. 행복하지 않은 사람일수록 더 비교를 하려는 성향이 강하다. 우리나라는 비교하는 뇌를 가지고 있는 사람이 많기 때문에 경제적인 수준에 비해 행복지수가 낮은 편이다. 안타깝게도 비교 자체를 안 하는 것은 불가능에 가깝다. 행복에 집착할수록 불행해진다는 연구 결과들이 쏟아지고 있다. 따라서 우리는 행복에 집착하기보다 의미를 추구해야 하고, 긍정적인 비교(모델링)를 해야 한다. 의미 있는 삶을 추구하는 순간 부정적인 비교보다 긍정적인 비교에 집중하게 된다. 이는 우리가 성장하고 기여하도록 돕는다.

12

자존감을 높이는 방법

: 집착 내려놓음, 문제 해결,
운동·수면·휴식, 치료

몇 년 전부터 자존감 열풍이 불고 있다. 모두가 자존감을 탓한다. 시대별로 유행을 타는 용어들이 있는데 지금은 자존감이 대세를 타고 있다. 한때는 서점에 가면 '○○의 독설', '○○○ 변명하지 마라' 등 직설적인 조언들이 담긴 제목의 책들이 쏟아졌다. 이것저것 핑계 대지 말라는 메시지다. 이후에는 너무 열심히 앞만 보고 질주하는 한국 사회를 비판하면서, 쉬어가자는 의미로 '힐링'이 유행했다. 시간이 지나고 지금은 '자존감'에 대한 책들이 쏟아져 나온다. 윤홍균 저자의 《자존감 수업》이 그 촉발제가 되었다.

자존감은 대체 무엇일까? 원래의 의미는 '자기 스스로를 존중할 수 있는 마음'이다. 아이러니한 것은 자존감에 대한 정의를 물어보면 정확히 대답하는 사람이 거의 없다. 그러나 어떤 설문조사에서든 우리나라 사람들의 자존감은 낮게 산출된다. 알바천국은 전국 10~20대 회원 1,648명을 대상으로 '2018 자존감을 말하다' 설문조사를 진행했는데, 응답자 중 47.9%가 현재 자신의 자존감 상태에 '낮다'라고 답했다. 그중 '매우 낮다'라고 한 사람도 16.6%에 달한다. 반면 자신의 자존감이 '높다' 혹은 '매우 높다'라고 한 응답자의 비율은

17.4%밖에 되지 않는다.

흥미로운 것은 자존감이 낮아지는 상황에 대한 조사 결과이다. 설문조사에 응한 사람들은 자존감이 가장 낮아질 때를 '행복해 보이는 지인들의 SNS를 볼 때'(26.8%)로 꼽았다. 다음으로는 '가족들의 기대에 부응하지 못할 때'(22.6%), '취업이 안 될 때'(20%), '외모가 만족스럽지 못할 때'(13.6%), '친구나 상사와 갈등이 생길 때'(9.4%), '이성 문제로 상처받을 때'(7.5%) 순이었다.

아르바이트 중 가장 자존감이 낮아졌던 순간은 '실수가 잦을 때'(37.4%)라고 말했다. 이외에는 '손님 및 상사의 폭언에 시달릴 때'(21.8%), '동료와 비교당할 때'(11.5%), '고용주에게 부당 대우를 받을 때'(9.7%), '낮은 임금을 받을 때'(9.6%), '고된 업무 강도에 시달릴 때'(6.6%), '근로 시간이 과다할 때'(3.3%) 등이 있었다.

자존감에 대한 설문조사는 이뿐만이 아니다. 취업 포털 인크루트는 취준생들의 취업 준비 기간 중 의식 변화를 조사하기 위해 '취업 준비생 자존감 실태조사' 설문조사를 실시했다. 조사 결과 취업 준비 중 자존감을 잃는다고 답한 비율은 91.2%였다. 답변자들은 '서류 전형에서 광탈했을 때'(28.8%), '나보다 훨씬 똑똑한 지원자들을 봤을 때'(21.6%), '친구들과 취업 얘기를 할 때'(19.3%), '친한 친구는 합격하고 나만 떨어졌을 때'(14.7%) 자존감이 떨어진다고 말했다.

이러한 알바천국과 인크루트의 조사 결과들은 자존감에 대해 중요한 특성을 파악하게 도와준다. 자존감은 상황에 따라 낮아질 때도 있고 높아질 때도 있다는 것이다. 이 사실은 정말 중요하다. 행복과 자존감 모두 상황에 따라 낮아질 수도 있고 높아질 수도 있다. 예를 들자면, 우리는 하루 종일 자존감의 높낮이를 다 경험한다. 친구들과 아무 걱정 없이 수다를 떨 때는 자존감에 대해 생각조차 하지 않는다. 아마 그 순간 자존감을 측정하라고 하면 대부분 높게 나올 것이다. 실제로 알바천국의 조사에서 응답자들은 자존감을 높이기 위한 활동으로 여행, 개인 취미 활동, 취업, 연애, 쇼핑 등 외모를 위한 투자, 친구와 만남, 대외 활동, 운동, 독서 등을 꼽았다.

이 사실은 왜 중요할까? 설문조사를 할 때 '자존감이 낮다'라고 답한 사람들은 인생 전체를 일반화하여 부정적으로 보고 있을 가능성이 있다. 사실은 전혀 그렇지 않은데도 말이다. 최근 강의를 나갔는데 한 수강자가 이런 고민을 털어놓았다.

"작가님, 제가 자존감이 낮아서 너무 걱정입니다. 계속 우울해지고 뭘 못하겠어요."

고민을 듣자마자 질문을 던졌다.

"본인이 왜 자존감이 낮다고 생각하시나요? 하루 종일 우울하시나요?"

만약 그 수강생이 '하루 종일 우울하다'고 대답했다면 나는 정중히 정신과에 가서 상담을 받아보라고 권했을 것이다. 하지만 이런 고민을 털어놓는 대부분의 사람들이 그렇듯이, 수강생은 하루 종일 우울하지는 않다고 말했다.

"하루 종일 우울하지는 않아요. 제가 이전에 다니던 회사가 너무 안 맞아서 그만두었거든요. 최근에 다시 일을 구하려고 하다 보니까

저를 받아주는 곳이 있을까 싶기도 하고, 받아준다고 해도 또 직장 생활을 하려니 답답하기도 하고 그래요."

대답을 듣고 나니, 상황이 충분히 그럴 법하다는 생각이 들었다. 마지막으로 확인차 다시 물어보았다.

"혹시 친한 친구분들과 이야기할 때나, 일상생활에 지장이 있을 정도로 답답하고 힘드신가요?"

그녀는 일상생활에는 지장이 없고, 친구들이랑 놀고 있을 때는 괜찮다가도 집에 혼자 있을 때마다 그런 생각이 든다고 대답했다. 이 대답을 듣자마자 정확히 답변을 줄 수 있었다.

"그럼 자존감이 낮으신 게 아니라 문제를 풀어야 할 고민이 있으신 것 같아요. 그 문제는 선생님에게 잘 맞는 회사로 취업을 하시든지, 개인 사업을 하면서 성과를 내셔야 고쳐질 겁니다. 그 전에는 아무리 상담 받아도 해결 안 됩니다. 하나의 문제를 자꾸 일반화시킬수록 문제 해결로부터 점점 멀어져요."

인생은 원래부터 예측 불가능의 연속이다. 하나의 문제를 해결하면 또 하나의 문제가 생긴다. 아무 문제 없이 평생을 살 수는 없다. 하나의 문제를 '자존감이 낮다', '삶이 불행하다', '사회생활이 너무 힘들다'라고 말하면서 일반화할수록 진짜 문제를 해결할 가능성은 줄어든다.

그렇다면 우리는 왜 자꾸 부정적인 방향으로 일반화를 시키는 것일까? 이왕 일반화를 시킬 바에는 긍정적인 방향이면 좋을 텐데 말이다. 실제로 자존감이 높다고 하는 사람들을 보면 대부분 자신감을 가지고 있고, 문제 해결 능력도 뛰어날뿐더러 긍정적인 마인드를 가지고 있다. 안타깝게도 인간은 긍정적인 정보보다 부정적인 정보를 훨씬 더 빠르게 접하고, 오래 기억하도록 시스템되어 있다. 이런 현상을 부정 편향(negativity bias)이라고 한다. 야생동물의 위협 등 부정적인 신호에 민감할수록 생존율이 높아지기 때문에, 우리의 두뇌는 계속해서 부정적인 신호를 더 빨리 받아들이도록 진화해왔다.

통계학 분야의 세계적 석학이자 의사인 한스 로슬링은 저서 《팩트풀니스》에서 인간이 부정 본능을 가지고 있다고 말하며 한 가지 실험을 소개했다. 그는 여러 국가의 사람들, 다양한 인종과 다양한 연령대의 사람들을 모아놓고 아래의 세 가지 중 어떤 말에 가장 동의하는지를 물었다.

– 세계는 점점 좋아진다.

– 세계는 점점 나빠진다.

– 세계는 점점 좋아지지도 점점 나빠지지도 않는다.

놀랍게도 과반수가 넘는 사람들이 '세계는 점점 나빠진다'를 선택했다. 세상에는 좋은 일도 많이 일어나지만, 우리는 나쁜 일이 더 많다고 인식한다는 것이다. 로슬링은 우리가 부정 본능을 가지고 있는 가장 큰 이유 중 하나가 언론 때문이라고 지적한다. 언론은 주로 자극적이거나 부정적인 일을 더 많이 다룬다. 좋은 일은 사람들의 시선을 끌지 못하기 때문이다. 시리아 내전, 테러, 해양 오염, 온실가스로 인해 얼음이 녹아서 해수면이 올라가는 것, 2008년의 미국 주택 시장 붕괴 등은 뉴스에서 자주 다뤄진다. 그러나 행복한 가족들이 여행을 가서 맛있는 음식을 먹고 행복한 시간을 보내는 것은 기사로 나오지 않는다.

우리는 행복한 상황이 기본적인 베이스라고 생각하고, 부정적인 상황에 대해서만 오래 기억한다. 자존감도 마찬가지다. 친구들과 재미있게 놀고 행복한 시간을 보내는 동안에는 자존감이 높겠지만 우리는 그 사실에 대해 기억하지 못한다. 취업 시험에 떨어지고, 친구와 싸우고, 직장 상사에게 혼난 사실에 더 집중한다. 그리고 이런 현상을 감정적으로 표현할 단어를 찾는다. '불행하다', '우울하다', '슬프다', '허무하다', '불쾌하다', '짜증 난다' 등이 대표적인 부정적 감정 표현이다. 최근 들어 이 목록에 추가된 것이 '자존감이 낮다', '자존감이 낮아졌다'일 뿐이다. 실제로 자존감이라는 단어가 대중들에게 널리 알려진 것은 얼마 되지 않았다. 자존감은 그냥 자존감일 뿐이다. '자기 스스로를 존중할 수 있는 마음'일 뿐이다.

자존감이라는 단어가 대두되고, '자존감을 높이는 방법'에 대해 알아보는 사람들이 많아지자 시장에는 자존감 향상 프로그램 등의 교육이 생겨나기 시작했다. 자존감 설문조사를 통해 점수를 측정하고, 낮은 사람들은 자존감을 높이기 위해 뭐라도 해야 하는 것처럼 말한다. 정말 자존감을 높이기 위해 우리가 할 것은 아래와 같다.

첫 번째, 자존감이라는 단어에 집착하지 않기. 우리가 자존감이라는 단어와 자존감의 크기에 집착할수록, 우리의 삶은 오히려 부정적인 감정에 집착하게 된다. 모든 부정적인 상황이 자존감이 낮기 때문에 발생한다고 믿어버리기 때문이다. 부정적인 상황이 많이 발생할수록 본인의 삶이 불행하다고 느끼고, 이로 인해 자존감이 낮다고 생각하게 된다. 인생은 원래 행복하지만은 않다는 사실을 인정해야 한다.

두 번째, 특정한 현상을 부정적인 방향으로 일반화하지 않을 것. 시험 점수가 낮아서 우울하다면 공부를 하라. 업무 능력 때문에 직장 상사에게 매일 혼난다면 더 열심히 일하고 전문성을 쌓기 위해 노력하라. 현재의 직장이 너무 권위적이고 힘들다면 실력을 키워서 이직을 하든지 개인 사업을 해라. 인생의 진짜 문제는 '자존감이 낮은 것'에서 오는 게 아니라 '현상 그 자체'에서 오는 경우가 대부분이다. 자존감이라는 단어로 진짜 문제를 회피하지 말아야 한다.

세 번째, 만약 부정적인 감정이 하루 종일 혹은 너무 오랫동안 지속된다면 전문가와 상의 후 문제를 해결해야 한다. 자신의 감정을 잘 컨트롤하기 위한 방법으로는 (첫 번째, 두 번째를 수행했다는 가정하에) 운동을 꾸준히 하고, 충분한 수면을 취하고, 건강한 음식을 먹고, 휴식을 취하는 것만으로도 대부분 호전이 된다. 그러나 이 모든 것을 해도 부정적인 감정이 사라지지 않고 일상에 지장을 줄 정도라면 반드시 전문가를 찾아가라. 많은 사람들이 외상이나 내상에 대해서는 조금만 아파도 병원에 가지만, 정신적인 문제에 대해서는 방치하는 경우가 많다.

12 요약 정리

자존감은 최근 우리의 일상 속에서 엄청나게 많이 쓰이고 있는 단어이지만, 그 의미를 정확히 아는 사람들은 많지 않다. '자존감이 낮다'라고 하는 사람들은 대부분 인생을 부정적인 방향에서 보는 경우가 많고, 행복하지 않으면 무언가 문제가 있다고 생각한다. 대부분의 자존감 문제는 부정적인 방향에서의 일반화로 시작된다. 하나의 현상을 일반화하게 되면, 문제 해결과는 점점 멀어진다. 자존감은 반드시 높아야 하는 것도 아니고 낮다고 평가할 수 있는 것도 아니다. 그냥 감정 상태를 말한다. 따라서 우리는 자존감이라는 단어에 집착하지 않고, 부정적인 일반화를 배제하며, 문제 해결적 접근을 해야 한다. 만약 어떤 방법으로도 부정적인 감정이 사라지지 않는다면 전문가를 찾아 도움을 청하라.

13

슬럼프의 원인과 슬럼프를 이겨내는 7가지 방법

슬럼프에 빠지면 심리적, 육체적으로 무기력해진다. 슬럼프에 빠진 운동선수는 평소 능숙하게 했던 동작들마저 실수를 한다. 슬럼프에 빠진 작가는 아무리 책상 앞에 앉아 있어도 글이 써지지 않는다. 슬럼프에 빠진 강사는 수강생들과 커뮤니케이션이 되지 않는다. 슬럼프에 빠진 직장인은 무슨 일을 해도 진행이 안 되고, 무기력함과 답답함이 온다.

많은 자기계발서 작가들, 세계적인 운동선수들, 동기부여 강연자들은 슬럼프에 대해 이야기한다. "슬럼프를 겪는다는 것은 성장하고 있다는 뜻입니다. 절망하지 마세요. 슬럼프를 사랑하세요." 그럼에도 불구하고 가라앉은 마음은 다시 불타오르지 않는다. 슬럼프는 전혀 예상치 못한 순간, 갑자기 들이닥친다. 마음의 준비를 할 시간도 주지 않는다. 어제 최고의 성과를 올렸다가도, 오늘은 평소보다 더 안 되는 것이 슬럼프다.

롯데 자이언츠 손아섭 선수의 이야기를 해보자. 그는 데뷔 2년차이던 2008년에 타자로서 최고의 기량을 선보였다. 80경기에 출전해 3할 3리를 치면서 몸값이 뛰고 팬들의 기대를 한몸에 받기 시작했다. 그러나 이듬해 그는 깊은 슬럼프에 빠졌다. 타율이 1할 8푼까지 떨어진 것이다. 최악의 상황엔 2군으로 내려가야 할 정도였다. 손 선수가 당시를 회상하며 말했다.

"갑자기 공이 잘 맞지 않는 이유를 모르겠더라고요. 이전 성적에 자만하지 않았고, 자신도 있었고, 무엇보다 열심히 했거든요. 나중엔 내 실력이 정말 이 정도밖에 안 되는 게 아닐까 자책하게 됐어요."

그는 시즌을 마치자마자 타격 코치를 찾아갔다. 이후 타격 폼을 고쳐 잡았고, 다행히 2010년 시즌에서 3할대로 다시 올라갈 수 있었다. 현재 그는 KBO리그 연봉 TOP 5 안에 들어갈 정도로 인정을 받는 국내 최고의 선수가 되었다.

최고의 기량을 내는 선수들 중에 슬럼프를 겪는 것은 한두 명이 아니다. 운동선수들은 한번 슬럼프에 빠지게 되면 스폰서, 구단에서 보는 손해가 막심하기 때문에 철저히 대비를 한다. 그럼에도 불구하고 예고 없이 슬럼프가 온다. 선수 시절에 LPGA 투어 12년간 25회 우승 기록을 세운 박세리 감독 또한 인터뷰에서 본인도 선수 시절 슬럼프를 겪은 적이 있다고 털어놓았다.

"슬럼프가 있었죠. 첫 라운드에서 스윙을 하는데 내가 갖고 있던 감의 스윙이 아닌 거예요. 그러고는 둘째 라운드부터 못 쳤죠. '피곤해서 그런가 보다' 하고 대회 끝난 뒤에 일주일쯤 쉬고 다음 대회에 나갔는데 똑같은 거예요. 그래도 슬럼프는 아니라고 생각했어요. 그런데 그게 슬럼프였던 거죠. 저는 운동선수니까 슬럼프가 올 것을 알고 그것마저도 대비할 정도로 완벽주의자처럼 생활을 했거든요. 그런데 그게 아무런 소용이 없었던 거예요. 마치 내 인생의 모든 게 골프에 담긴 것처럼 살았는데, 골프가 내 인생의 전부는 아니었던 거죠. 돌이켜보면 슬럼프가 있었기 때문에 많은 걸 배웠고 그간 보지 못한 걸 보게 됐어요."

운동선수들은 슬럼프에 취약하고, 가장 많이 접한다. 만약 슬럼프를 예상하고 준비하면, 우리는 이를 방지할 수 있을까? 최고의 선수들은 슬럼프에 대비하는 방법이 따로 있을까? 서울대 심리학과 김수안 박사는 6시즌 이상 뛴 프로야구 선수 175명(타자 104명, 투수 71명)을 대상으로 매 시즌 성적을 분석하여 논문 「프로야구 선수의 탄력성 연구: 역경 극복 과정을 중심으로」를 제출했다. 그의 연구에 따르면 슬럼프의 횟수나 기간은 선수의 성적과 무관하다. 유명한 선수라고 슬럼프를 덜 겪거나, 무명 선수라고 해서 슬럼프를 더 자주 겪는 것은 아니었다.

슬럼프의 원인에 대해 분석해놓은 글들은 참 많지만, 이유가 가지각색이다. 정확히 밝혀진 것도 없고 각각의 주관적인 입장만을 내놓는 상태이기 때문이다. 우리는 어떠한 문제가 생기면 'OOO 문제가 생겼다'라고 하지 '슬럼프가 왔다'라고 하지 않는다. (간혹 문제를 회피하면서 사람들의 위로를 받기 위해 그러는 사람이 있긴 하다.) 슬럼프가 왔다는 것은 본인도 이유를 모르는 것이다. 열심히 무언가를 해내고 있던 와중에 갑자기 생각지도 못한 벽에 부딪히는 상황이다.

슬럼프를 경험하는 것은 운동선수들뿐만이 아니다. 학생들도 공부를 하면서 갑자기 문제가 이해되지 않거나, 풀리지 않는 경험을 한다. 평소 같았으면 분명히 쉽게 풀릴 만한 문제인데 도저히 공식이 떠오르지 않거나, 머리 회전이 되지 않는다. 직장인들의 경우도 마찬가지다. 어제까지만 해도 분명히 일도 잘되고 상사에게 칭찬도 받았는데, 오늘은 일도 손에 안 잡히고 아이디어도 전혀 떠오르지 않는다. 구인·구직 플랫폼 사람인이 직장인 994명을 대상으로 '직장 생활 슬럼프'에 대해 설문조사를 한 결과, 61.6%의 사람들이 주기적인 슬럼프를 경험하고 있다고 대답했다.

영업직, 사업가들은 더 심각하다. 고객들만 만났다 하면 불티나게 팔렸던 상품들이, 어느 순간부터 도저히 팔리지 않는다. 이전과 달라진 것은 하나도 없는데 갑자기 고객들의 발길이 끊기고, 매출이 줄어들기 시작한다. 이런 상황에서는 아무리 스스로 동기부여를 하려고 해도 쉽게 되지 않는다. 구체적으로 어떤 문제인지, 놓치고 있는 것이 무엇인지 발 벗고 찾아봐도 찾을 수가 없다. 그저 망연자실할 뿐이다.

결론적으로 말하면 슬럼프의 원인은 찾을 수가 없다. 미리 예측하고 대비할 수도 없다. 만약 어떤 문제를 미리 준비하여 대비할 수 있었다면 그건 애초에 슬럼프가 아니었던 것이다. 슬럼프는 보통 박세리 선수가 경험했던 방식으로 온다. 하루에 수십 번, 수백 번, 수천 번 같은 자세로 같은 환경에서 연습을 하는데, 갑자기 어느 순간 온몸에 신경이 달라지는 느낌이 든다.

밥 먹듯이 편하고 익숙했던 자세가 1초 만에 낯설고 어색한 자세처럼 느껴지는 것이다. 무의식의 영역으로 몸에 저장되어 있던 스윙이, 갑자기 날아가버린다. 일을 하다가 컴퓨터에 저장되어 있던 모든 파일들과 소프트웨어들이 갑자기 날아가는 것이다. 아무리 파일을 잘 저장하고, 정리를 잘 해둔들 이것을 어떻게 대비하는가? 혼신을 쏟아 만들었던 모든 자료들이 갑자기 통째로 사라지는데 말이다.

슬럼프에 대한 너무 막막하고 우울한 이야기만 했다면, 이번에는 슬럼프의 긍정적인 측면을 살펴보자. '슬럼프에 긍정적인 면이 어디 있냐'고 따지고 싶겠지만, 정말로 존재한다. KBO리그 야구선수들을 대상으로 연구했던 김수안 박사의 자료에 따르면, 슬럼프를 극복한 선수들은 대부분 이전 시즌에 비해 오히려 성적이 향상되었다. 슬럼프 전 선수들의 평균 타율은 0.278이었지만 슬럼프 시기 0.215의 타율을 겪고 나면 0.293으로 타율이 향상되었다. 또한 슬럼프를 겪기 전 투수들의 평균 방어율은 3.31이었는데, 슬럼프 상황에서 6.11로 치솟았다가 다시 3.25로 슬럼프 이전보다 떨어지는 경향을 보였다. 선수들은 슬럼프 전보다 성적이 올랐을 뿐만 아니라, 심리적으로도 훨씬 더 단단하고 긍정적으로 변했다.

박세리 선수 또한 마찬가지다. 박세리 선수는 2년여 간의 긴 슬럼프를 딛고 재기에 완전히 성공했다. 은퇴 직전까지 갔던 그녀는 재기 이후 한층 더 안정감 있고 성숙한 모습으로 나타났다.

이것은 무엇을 의미하는가? 슬럼프의 원인도 모르고 어떤 형태로 올지도 우리는 예측할 수가 없다. 대비할 수가 없다는 뜻이다. 대신에 어떤 방식으로 극복하고 이겨낼지에 집중해야 한다. 만약 슬럼프를 넘기게 된다면 우리는 이전보다 한 계단 더 성장할 수 있다.

슬럼프 극복 방법에는 수많은 주관적인 의견들이 있지만, 사람들에게 가장 신뢰를 얻는 것은 '21세기 최고의 강연자 21명'에 뽑히기도 했던 쉴라 머레이 베델 박사의 '슬럼프 극복의 7가지 지혜'이다. 베델 박사는 약 20년간 10만 명이 넘는 영업직 사원들을 대상으로 성공 요인들을 정리하고 분석했다. 그 결과 성공한 영업사원들의 가장 큰 요인이 '슬럼프 극복 방법'이라는 사실을 깨달았다. 이후 슬럼프에 관련된 자료들과, 인터뷰들을 모아 7가지의 슬럼프 극복 방법을 체계화시켰다.

첫 번째, 하던 일을 멈추고 아무것도 하지 말라.

두 번째, 초심으로 돌아가라.

세 번째, 슬럼프가 왔을 때의 기준으로 자신을 평가하지 말라.

네 번째, 다른 사람들과 경쟁하지 마라.

다섯 번째, 긍정적인 대화로 삶을 채워라.

여섯 번째, 의사결정을 내리지 마라.

일곱 번째, 당신에게 자신감을 심어줄 만한 사람을 만나라.

아마도 지금 이 글을 읽고 있는 많은 독자들이 그렇게 느낄지 모르지만, 나 또한 7가지 극복 방법을 처음 봤을 때는 너무 당연하고 뜬구름 잡는 이야기처럼 느껴졌다. 그냥 이론적이고 좋은 얘기처럼 느껴졌다. 실제로 슬럼프가 왔을 때 적용해보려고 했으나 당연히 쉽지 않았다.

첫 번째, 하던 일을 멈추고 아무것도 하지 않았더니 부정적인 감정이 점점 더 거세졌다. 머릿속은 부정적인 생각으로 가득했다. '나는 이제 망했어', '큰일 났다', '최악이네' 등등.

두 번째, 초심으로 돌아가려 했으나 쉽지 않았다. 인간은 당장 눈앞의 성과가 떨어지게 되면 심리적 압박감과 조급함을 느낀다. 나 또한 마찬가지였다.

세 번째, 슬럼프가 왔을 때의 기준으로 자신을 평가하지 않는 것은 사실상 불가능했다. 인간의 뇌는 항상 자신의 성과를 무의식적으로 평가한다. 아무리 긍정적인 생각을 해보려고 해도 쉽지 않았다. '긍정적으로 생각하자'라고 생각할수록 머릿속은 점점 더 부정적으로 변해갔다.

네 번째, 다른 사람들과 경쟁하지 말라? 이거야 말로 말도 안 되는 소리였다. 내 주변에는 훌륭한 성과를 내고 있는 파워 퍼포머들이 수두룩했고, 그들과 나를 비교하지 않는 것은 절대 불가능했다.

다섯 번째, 긍정적인 대화를 하려고 의식적으로 노력했고, 실제로 긍정적인 대화를 했다. 그러나 긍정적인 대화를 하는 중간에서도 머릿속에는 '이렇게 해서 대체 슬럼프가 어떻게 극복된다는 거지?'라는 생각으로 가득했다.

여섯 번째 방법은 솔직히 상대적으로 적용하기가 쉬웠다. 슬럼프에 빠지게 되면 무의식적으로 부정적인 생각이 머릿속을 휘감게 된다. 그러나 무의식적으로 드는 부정적인 생각과 별개로, '의사결정'이라는 행위는 의식적으로 행하는 것이다. 때문에 중요한 의사결정을 하지 않기로 결정하면 하지 않을 수 있었다.

일곱 번째 방법 또한 매번 큰 도움이 됐다. 아마도 내가 첫 책《만나는 사람을 바꿔야 인생이 바뀐다》를 쓰면서, 이 방법이 효과적이라는 사실을 무의식적으로 확신하게 된 것 같다. 나는 인간은 절대 365일 긍정적이고 행복할 수 없고, 인간의 감정은 쉽게 전염된다는 사실을 알고 있었다. 따라서 조금은 이기적일지라도 내가 슬럼프에 빠졌을 때는 긍정적인 생각을 심어줄 수 있는 사람을 만나기 위해 노력했다. 그러나 아무리 긍정적인 사람이더라도 만나서 자기자랑만 일삼는 사람은 절대 만나지 않았다. 배만 아프고 속만 더 쓰리기 때문이다.

베델 박사의 7가지 방법은 나뿐만이 아니라 주변인들에게도 임상 실험(?)을 해보았다. 그 과정에서 확실하게 느낀 것이 있다. 7개를 모두 완벽하게 적용한 사람은 나를 포함해서 단 한 명도 없었다. 그러나 모두 7개 중 한 개 이상은 적용할 수 있었다. 그리고 한 개만 제대로 적용하더라도 큰 효과를 보았다. 이 과정을 통해 슬럼프를 극복한 사람들을 인터뷰 해보니 놀랍게도 하나의 결론이 나왔다. 중요한 것은 이 '7가지 방법' 자체가 아니었다.

'슬럼프가 오면 가장 무서운 것은 아무런 해결 방법이 떠오르지 않는다는 점이다. 앞이 캄캄하고 모든 게 너무 막막해진다. 그런데 이 7가지 방법을 실행하는 것 자체에 집중하다 보니 막막함이 조금 사라지고, 새롭게 집중할 것이 생기는 느낌이다. 이 문제를 해결할 방법이 있고, 그 방법이 쉽지 않더라도 내가 하나씩 해나가고 있다는 느낌이 든다. 그 사실 자체가 정신적 위로가 되었고, 다시 초심으로 돌아갈 수 있는 원동력이 되었다.'

인간은 어떠한 상황에서도 집중하고 몰입할 것이 필요한데, 슬럼프는 몰입을 완전히 산산조각낸다. 그 과정에서 가시적으로 보이는 것은 성과의 하락이지만, 사실 우리의 감정을 부정적으로 만드는 것은 성과의 하락보다 '몰입의 깨짐'이다. 따라서 슬럼프 때일수록 빠르게 다른 몰입할 거리를 찾아야 하고, 그것을 통해 슬럼프를 해결할 수 있다면 선순환을 이끌어낼 수 있다.

따라서 슬럼프가 왔다면 위의 7가지의 지혜를 천천히 살펴볼 것을 추천한다. 그리고 본인에게 잘 맞는 방법부터 하나씩 적용하라. 그 과정에 몰입하다 보면 어느 순간 슬럼프가 사라지고 한 계단 더 성장한 자신의 모습을 상상할 수 있을 것이다.

13 요약 정리

성공한 사람들에게는 누구나 슬럼프가 있었다. 만약 당신이 무언가를 성취하기 위해 열심히 달려가고 있다면 반드시 슬럼프가 찾아올 것이다. 슬럼프는 예측할 수 없고, 원인도 알 수 없다. 당연히 대비할 수도 없다. 그렇기 때문에 슬럼프라고 불리는 것이다. 막연하긴 하지만 한편으로 슬럼프는 우리에게 축복이 될 수도 있다. 슬럼프를 극복하고 나면 우리는 기존보다 한 단계 더 성장할 수 있기 때문이다. 슬럼프를 극복하기 위해서는 쉴라 머레이 베델 박사의 '슬럼프 극복의 7가지 지혜'를 본인에게 잘 맞는 것부터 순차적으로 활용해보라. 중요한 것은 성과가 아니라 몰입의 정도다. 그 과정에 몰입하다보면 어느 순간 슬럼프가 사라지고 한 계단 더 성장한 자신의 모습을 볼 수 있다.

14

내향적인 성격에는 많은 장점이 있으며 중요한 것은 정서 안정을 통한 실력 향상이다

언론매체와 대중들은 외향적인 성격을 긍정적이라고 보고, 내향적인 성격을 부정적으로 판단하는 경향이 있다. 특정한 사건 사고들의 경우(사이코패스, 묻지마 살인, 성폭행 등), 이 범죄자들의 성향을 분석하는 과정에서 흔히 쓰이는 말이 있다.

“이 범죄자가 평소에도 내성적이었다고 합니다. 그러다 보니 사회와 소통하지 못하고 단절된 생활을 했던 것으로 보입니다. 내면에 억제된…….”

뉴스 등 TV 프로그램을 통해 우리는 이런 말들을 자연스럽게 접하게 된다. 이런 말들은 우리의 무의식 속에 내향성에 대한 부정적인 인식을 심어놓는다.

이번에는 주변에서 겪을 수 있는 구체적인 예시를 들어보자. “나는 내향적인 성격이 나쁘다고 생각하지 않아”라고 말하는 사람들도 실제 상황이 닥치면 그렇지 못하다. 신나는 회식 자리에서 거의 말을 하지 않고 조용히 있는 사람을 보면 어떤 생각이 드는가? 만약 본인은 그렇지 않더라도 그 술자리에 있는 누군가는 내향적으로 보이는 사람에게 계속 말을 건다. 회사를 다니는 사람이라면 누구나 한 번씩은 이런 장면을 보았거나 직접 경험하게 된다.

"왜 이렇게 말이 없어? 낯을 많이 가려? 재미없어? 술 안 좋아해? 친구들이랑은 많이 먹으면서 여기서만 안 마시는 거야? 회식 자리 오면 사람들한테 술도 한 잔씩 따라주고 해야지 더 친해지는 거야. 안 그러면 나중에 같이 일하기 힘들다."

외향적인 사람들은 사람들과 적극적인 사회적 관계를 만든다. 회식과 회의, 토론 등 팀플레이를 선호한다. 일을 할 때에도 사람들과의 관계를 중요시한다. 이처럼 외향적인 성격을 중시하는 문화는 직장에서뿐만이 아니다. 학교에서도 마찬가지이다. 친구들과 잘 어울려야 하고, 장기자랑이나 발표를 시켰을 때 수줍음을 타거나 망설이면 부정적인 낙인이 찍힌다. 외향적이지 못하고 사교성이 없다는 이유에서다. 물론 내향적인 성격을 가진 사람들이 모두 발표나 장기자랑, 회식을 싫어하고 사교성이 낮은 것은 아니다. 중요한 것은 사회적 인식이다. 내향적 성격이 좋지 않다는 인식과 외향적 성격이 좋다는 인식은 사람들을 혼란스럽게 만든다.

통상적으로 알고 있는 내향적인 사람들의 특징은 이러하다. 낮은 자신감, 불안, 융통성 없음, 우울, 비관적, 수줍음, 사교성 없음, 소심함, 무기력함 등이다. 반대로 외향적인 사람들의 특징은 사교적, 개방적, 생기, 스트레스 면역, 주도적 등이다. 이 특징들만 고려한다면 당연히 외향적 성격이 되기 위해 노력해야 한다. 하지만 진짜 비밀은 여기에 있다. 사람들은 내향적인 성격의 장점과, 외향적인 성격의 단점은 제대로 살펴보지 않는다는 것이다.

외향성과 내향성이라는 말은 심리학자 칼 융이 1921년에 출간한 《심리유형》이라는 책에서 시작되었다. 그는 외향성과 내향성을 긍정적이고 부정적이라고 양극화시키지 않았다. 그는 외향성에 대해서는 '사교적이고 활발하며 상황에 쉽게 적응하고, 잠정적 불안 요소에 아랑곳하지 않고 미지의 상황으로 돌진해 나가는 특성'이라고 말했다. 또한, 내향성에 대해서는 '사려 깊고 대상으로부터 물러나 관조하며, 방어적이어서 신뢰할 수 없는 상황에 대해서는 뒤로 물러나 신중히 검토하는 특성'이라고 하였다.

1940년대, 영국의 심리학자였던 한스 아이젠크는 융의 외향성-내향성 이론을 실험에 의해 더욱 체계화시켰다. 그의 말에 따르면 내향적 성격은 많은 장점을 가지고 있다.

'조용히 홀로 활동하거나 생각을 많이 하며 혼자 있기를 좋아하고 다른 사람과 접촉하길 꺼린다. 보수적이며 친한 친구 외에는 다른 사람과 일정한 거리를 두려 한다. 일을 할 때는 계획을 세워서 체계적으로 하고 신중하며, 순간적인 충동에 좌지우지되지 않는다. 일상이 규칙적이고 엄격하다. 윤리적인 관념을 따르고 믿음직스럽게 일을 처리한다. 공격적인 행동은 거의 하지 않지만 다소 비관적이다.'

아이젠크의 성격유형론(아래의 4분면 그림)에 따르면, 단순히 내향적인 성격과 외향적인 성격으로 나눌 것이 아니라, 정서적 안정을 중요시해야 한다는 사실을 알 수 있다.

■ **아이젠크의 성격유형론**

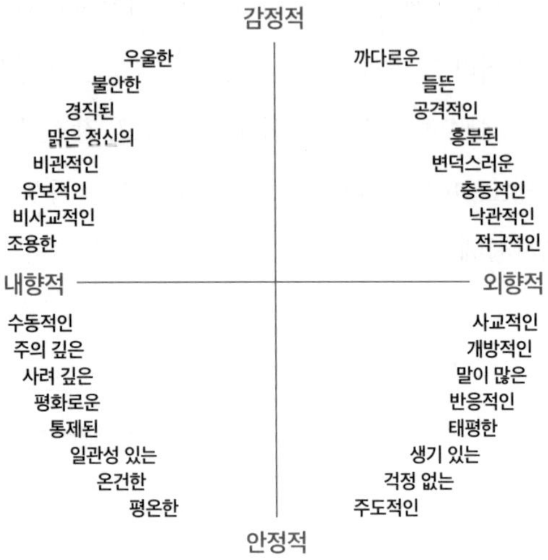

내향성과 외향성은 각각의 장단점을 가지고 있다. 우리가 대중매체와 언론, 교육 등에서 주로 접하는 모습은 내향-감정적인 영역과 외향-안정적인 영역이다. 아이젠크가 말한 것처럼, 정서적으로 안정된 내향적인 사람은 엄청나게 많은 장점을 가지고 있다. 게다가 이들 중에서는 수많은 사람들에게 영향력을 끼치는 톱스타, 리더의 자리에 올라간 사람들이 많다. 빌 게이츠, 에이브러햄 링컨, 크리스티나 아길레라, 버락 오바마, 힐러리 클린턴, 마크 저커버그, 일론 머스크, 매릴린 먼로, 제이 지Jay Z, 레오나르도 디카프리오, 레이디 가가 등 수많은 유명인, 리더들이 대표적인 내향적인 성격으로 꼽힌다.

반대로 외향적인 성향이지만 공격적이고, 변덕스럽고, 충동적인 사람들은 인간관계에서나 직업적으로도 큰 실패를 하는 경우가 많다. 우리가 이 글을 통해 확실히 해야 할 것이 있다. '타고난 성향이 외향적이냐 내향적이냐'가 아니라 '정서적으로 안정되어 있는지'가 더 중요하다는 사실이다.

내향적인 사람들이 외향적인 사람들보다 더 높은 성과를 낼 수 있다는 연구는 이미 수도 없이 쏟아지고 있다. 대표적으로 와튼 경영대학원 교수이자 세계적인 베스트셀러의 저자이기도 한 애덤 그랜트의 연구가 있다. 그는 130개의 가맹점을 보유한 피자 회사를 대상으로 조사를 진행했다. 가장 먼저 각 점포별 리더들의 성격을 점수로 측정하고, 직원들이 얼마나 업무에 적극적인지 측정했다. 결과가 굉장히 흥미로운데, 직원들이 업무에 적극적인 성향을 가지고 있을수록 외향적인 리더의 성과가 급격히 낮아졌다. 평균보다 14%나 낮은 성과였다. 반면에 직원들이 업무에 소극적인 성향을 가지고 있을 경우에는 외향적인 리더가 평균보다 16% 높은 성과를 보였다.

이 말은 직원들이 적극적으로 아이디어를 내고 능동적으로 일하는 회사일수록, 외향적인 리더보다 내향적인 리더가 더 높은 성과를 낸다는 뜻이다. 이와 비슷한 후속 연구들에서도 결과는 마찬가지였다. 애덤 그랜트 교수는 163명의 대학생들을 그룹으로 나누어 '티셔츠 접기' 실험을 진행했다. 각 그룹은 한 명의 리더와 네 명의 직원으로 구성되었고, 10분 동안 얼마나 많은 수의 티셔츠를 접는지가 관건이었다. 이 실험에서도 적극적인 직원들이 있는 그룹들이 내성적인 리더 밑에서 있을 경우 평균보다 28% 높은 실적을 보였다.

외향적인 사람이 사회에서 리더가 되고, 업무에서도 성과를 낼 확률이 높다는 사실은 완전히 틀렸다. 물론 그런 사람들도 있겠지만, 중요한 것은 내향적 성격 대 외향적 성격의 구도가 아니다. 정서적 안정이 뒷받침된다면 어떤 성향의 사람이든 자신의 강점을 활용하여 인생을 원하는 대로 이끌어 나갈 수 있다. 내향성이란 하나의 특징일 뿐 고치거나 개선해야만 하는 단점이 아니다. 내향성은 상황에 따라서 무언가를 시도할 때 방해가 되기도 한다. 그러나 이를 상쇄할 만한 충분한 장점들이 존재한다. 따라서 우리는 내향성을 억지로 외향성으로 바꾸려 하지 말고, 정서적 안정을 높임으로써 내향성의 강점을 최대한 끌어내는 방향으로 나아가야 한다.

그렇다면 어떻게 해야 내향적인 성격의 강점을 최대한 활용할 수 있을까? 첫 번째로 가장 중요한 것은 자신이 가진 성격(내향성)의 강점을 활용할 수 있는 환경을 만드는 것이다. '내성적인 사람들의 힘'이라는 주제로 TED 강의를 한 연사이자 《콰이어트》의 저자인 수전 케인은 자신의 저서에서 이렇게 말했다. '200명이 앉아 있는 강의실에서라면 절대로 손을 들지 않을 사람이 두 번 생각하지 않고 2천 명, 아니 200만 명이 보는 블로그에 글을 쓰기도 한다.'

이전의 글에서도 꾸준히 환경 설정의 중요성을 언급해왔다. 자신이 가진 강점을 최대한으로 발휘할 수 있는 환경을 만드는 것은 어떤 무엇보다 중요하다. 환경에 따라 엄청난 잠재력을 가진 사람이 평범하게 자신을 억눌러가며 살기도 하고, 평범한 사람이 엄청난 성과를 내기도 한다는 사실을 수많은 연구들이 입증해주고 있다.

두 번째, 성격을 바꾸려 하지 말고 실력을 키워야 한다. 외향적인 사람이 잘할 수 있는 것과 내향적인 사람이 잘할 수 있는 것을 명확히 구분하기는 현실적으로 어렵다. 그런 것이 있을지도 의문이다. 나는 MBTI 성격 유형 검사를 해보아도 그렇고, 다른 사람들이 볼 때도 그렇고, 내 스스로를 생각해도 외향적 성격에 가깝다. 그러나 글 쓰는 것에 자신이 있고, 실제로 오랜 시간 동안 글을 써왔다. 책을 읽고 글을 쓰는 것은 외향적인 사람보다 내향적인 사람에게 더 어울리지만, 나는 대부분의 내향적인 성향을 가진 사람들보다 훨씬 더 많은 책을 읽고 좋은 글을 쓴다.

게다가 이런 현상은 나뿐만 아니라 수많은 성공한 사람들에게서도 나타난다. 오바마 미국 전 대통령은 내향적인 성격을 가졌지만, 그의 연설은 세계적으로 주목을 받는다. 그가 대외적으로 보여주었던 모습을 고려하면 '정말 이 사람이 내향적이라고?' 하는 생각이 들 정도이다. 또한 수전 케인은 TED 강연 '내성적인 사람들의 힘'에서 이렇게 말했다.

"내성적인 성격에 관한 책을 출판했습니다. 집필하는 데에 대략 7년 정도 걸렸어요. 저에게 그 7년은 정말 행복했습니다. 왜냐하면 독서하고, 글 쓰고, 생각하고, 연구하는 시간이었기 때문입니다. 이 책은 제 할아버지가 서재에서 보내신 외로운 시간의 제 버전입니다. 하지만 지금 제 일은 아주 다릅니다. 제 일은 여기 나와서 말하는 거죠. 내향적 성격에 대해서 말이죠. 그게 저에게는 훨씬 더 어렵습니다. 제가 바로 이 순간에 영광스럽게도 여러분과 함께 있지만, 저에게는 자연스러운 환경은 아닙니다.

그래서 오랫동안 최선을 다해서 이 강연을 준비했습니다. 제가 할 수 있을 때마다 지난 1년간 대중 앞에서 연설하는 것을 연습했습니다. 저는 지난 한 해를 '위험스럽게 연설하는 해'라고 부릅니다. 사실 그게 많은 도움을 줬어요."

그녀는 자신이 내향적인 성격을 가지고 있다고 말했지만 1년간의 준비 끝에, 많은 사람들에게 영향을 끼치는 강연을 성공적으로 해냈다.

만약 '성격이 내향적이라서 무엇을 못하겠다'라는 생각이 든다면, 사실은 성격에 문제가 있는 것이 아니라 실력이 없는 것이다. 내향적인 성격은 문제가 되지 않는다. 본인의 강점을 적극적으로 활용할 수 있는 환경을 조성하고, 필요한 실력은 키우면 된다.

이것은 외향적인 사람들에게도 마찬가지다. 나는 외향적인 성격에 가까운 편이다. 처음에는 하루 종일 앉아 책을 읽고 글을 쓰는 것이 엄청나게 고역이었지만, 의미 있는 일을 해내기 위해서는 실력을 키워야 한다는 생각으로 책을 썼다. 나의 성향을 잘 아는 주변 사람들은 "네가 책을 읽어?", "심지어 책을 썼다고?"라는 말을 하지만 나더러 내향적이라는 이야기는 절대 하지 않는다.

14 요약 정리

언론매체와 대중, 교육 시스템 자체가 외향적인 성향을 선호하는 경향이 있다. 그러나 내향성과 외향성은 성격일 뿐 각각의 장단점이 존재한다. 자신에 대한 이해를 통해 정서적 안정을 높이면, 오히려 내향성의 장점을 끌어낼 수 있다. 내향적인 사람이 자신의 강점을 끌어내기 위해서는, 강점을 활용할 수 있는 환경을 설정하고 자신이 부족한 부분에 대해서는 실력을 키워야 한다. 타고난 성격 탓을 하면서 '나는 원래 내향적이라 이런 것은 잘 못해'라고 하는 말은 의미가 없다. 이미 너무나 많은 내향적인 사람들이 자신의 분야에서 성과를 내고 리더의 자리에 있기 때문이다. 그들은 자신의 강점을 적극 활용하고, 부족한 점에 대해서는 끈기 있게 실력을 키워왔다.

15

콤플렉스를 극복하는 3가지 방법

: 원인 파악, 무관심, 장점 발견

우리는 일상에서 흔히 콤플렉스라는 말을 쓴다. 콤플렉스라고 하면 부정적인 의미가 강한데 정말 그럴까? 콤플렉스가 있다는 것은 무조건 좋지 않을까?

2019년 스마트학생복이 756명의 청소년을 대상으로 '청소년 화장 실태 설문조사'를 실시한 결과, 절반이 넘는 58.5%(442명)이 화장을 하는 것으로 나타났다. 청소년들이 화장을 하는 가장 큰 이유로는 '자기만족을 위해서'가 1위(31.1%), '외모나 피부 등 콤플렉스를 가리기 위해서'가 2위(22.6%)로 꼽혔다.

화장으로 해결되는 정도의 콤플렉스라면 차라리 다행이다. 바노바기 성형외과는 2018년 내방객들을 대상으로 환자들의 성향 및 트렌드를 분석했다. 조사 결과 10대 환자의 수가 전년 대비 30% 급등한 것으로 밝혀졌다. 10대의 경우 성장이 덜 끝난 경우가 많아 무리하게 수술할 경우 부작용이 나타날 수 있다. 그럼에도 불구하고 자신의 콤플렉스를 없애기 위해 성형수술을 받는다.

성인이 된 이후로는 콤플렉스가 점점 복잡해지기 시작한다. 외모는 기본이고, 전공과 연봉 등 수많은 비교 요소들이 형성되기 때문이다. 취업 포털 인크루트와 알바콜의 설문조사 결과, 전체 응답자의 69.7%가 '출신 전공에 대해 스트레스나 콤플렉스를 갖고 있다'라고 답했다. 사람인에서 직장인 800명을 대상으로 '직장인이 느끼는 콤플렉스'에 대해 설문조사를 실시한 결과, 85.1%가 '콤플렉스가 있다'고 답했다. 콤플렉스의 이유도 다양하다. 연봉(48%, 복수 응답), 외국어(35.5%), 학벌(28.8%), 업무 역량(26.4%), 인맥(23.2%), 처세술(18.5%), 집안 경제력(17.9%) 순으로 나타났다.

콤플렉스는 끝이 없다. 외모, 전공, 연봉, 외국어, 학벌, 업무 역량, 인맥, 처세술, 집안 경제력 등 모든 분야에서 자신이 완벽하다고 생각하는 사람이 있을까? 평범한 사람이라면 누구나 저마다의 콤플렉스를 가지고 있다. 사실 콤플렉스 그 자체는 문제가 되지 않는다. 오히려 콤플렉스가 전혀 없다면 그것이 더 문제가 될 수도 있다. 스스로를 돌아보았을 때 어떠한 부분도 개선할 필요가 없다고 느끼기 때문이다.

콤플렉스를 극복하기 위해서 가장 중요한 것은, 콤플렉스에 대한 오해를 해결하는 것이다. 콤플렉스를 가지고 있다는 것은 꼭 어떤 정신과적 문제, 심리적 문제를 가지고 있다는 뜻은 아니다. 인간은 콤플렉스를 극복하며 성장해 나가는 것이다. 적당한 콤플렉스는 한 개인을 한 단계 더 발전시키는 데 훌륭한 재료가 되기도 한다.

물론 콤플렉스가 자신의 일상에 지장을 끼칠 정도로 큰 압박감을 준다면 이야기는 달라진다. 끊임없이 남과 비교하게 되고, 자신감을 잃어서 의기소침해진다. 정말 심각한 경우 성형중독, 정신질환, 우울증 등의 증상이 나타날 수도 있다. 심지어 외모 콤플렉스가 심한 사람들은 온라인상에서 타인을 공격하거나 심한 악플을 다는 사이버 폭력 가해자가 될 확률이 높다는 조사 결과도 있다.

우리는 스스로가 어떤 콤플렉스를 가지고 있는지 잘 알아야 한다. 콤플렉스가 나를 성장시키는 요인인지, 나를 파괴시키는 요인인지 들여다보아야 한다. 이를 통해 콤플렉스를 잘 관리하고 극복해야 한다.

콤플렉스에 대해 자세히 들여다보자. 대체 콤플렉스란 뭘까? 콤플렉스란 감정, 행동에 강한 영향을 주는 무의식적인 마음의 반응이다. 가장 대표적인 것이 '열등감 콤플렉스'이다. 자기가 다른 사람보다 못하거나 부족하다고 생각하는 것이다. 위에서 살펴본 외모, 전공, 연봉 등 우리가 주변에서 보고, 직접 경험하는 대부분의 콤플렉스는 모두 열등감 콤플렉스에 속한다.

"주변에 잘나가는 사람들에 비해 제 능력이 부족하고 연봉도 적아서 자신감이 떨어져요."

"다른 사람들은 내 외모에 크게 관심이 없다는 사실을 알면서도 밖에 나갈 때마다 신경 쓰여요."

"콤플렉스가 심해서 성형을 했는데, 사람들이 예쁘다는 말을 해도 제 눈에는 만족이 되지 않아요."

"다른 사람들에게 매력적으로 보이기 위해서 자꾸 연기를 하게 돼요. 제 진짜 모습을 보여주면 실망하고 저를 떠날까 봐 걱정돼요."

"다른 사람들이 다 저의 출신 학교를 보고 무시하는 것처럼 느껴져요."

이처럼 콤플렉스는 상황을 왜곡해서 보게 만든다. 하나의 현상을 중립적이고 객관적으로 보기 어렵게 만들뿐더러, 부정적으로 일반화시킨다. 인생의 모든 부정적인 현상들이 다 나의 콤플렉스 때문에 생겼다고 느끼게 된다. 부정적 생각, 부정적 감정, 부정적 행동을 유발한다. 이런 상황에서는 아무런 조언도 무용지물이다.

'외모는 중요하지 않아. 중요한 건 내면이야', '학벌보다 실력이 중요해', '인생에 돈이 전부가 아니야. 자신감을 가져' 등등의 수많은 조언들은 머릿속으로 이해할지언정 콤플렉스로 인한 스트레스를 줄여주지 않는다.

심지어는 우리가 사회적, 경제적으로 성공했다고 여기는 사람들도 이러한 콤플렉스 때문에 많은 스트레스를 받는다. 2015년 5월 27일, 세계적인 사랑을 받는 배우 나탈리 포트만은 자신의 모교인 하버드 대학교에서 졸업생들을 대상으로 연설을 했다. 그녀는 연설을 통해 자신이 하버드 대학 재학생 시절, 콤플렉스로 인해 굉장히 많은 시간과 감정을 소모했다는 사실을 밝혔다.

"1999년 하버드 대학교 신입생으로 섰을 때와 같은 기분이 드네요. 입학식 날 느꼈어요. 이건 실수라고. 난 여기 있는 사람들 사이에 있기엔 충분히 똑똑하지 못했거든요. 그 후 입을 열 때마다 매 순간 '난 멍청한 여배우가 아니야!'라는 걸 증명하는 데 너무 많은 애를 쓰고 시간을 소비했어요. 일부러 신경생물학이나 고급 히브리어 문학처럼 어려운 수업만 골라 들었죠. 사실 내가 유명했기 때문에 입학한 거였어요. 남들도 그렇게 봤고, 나도 그렇게 생각했어요."

아역 배우 시절부터 연기력을 인정받은 나탈리 포트만은 6개 국어를 구사하고 하버드 대학에서 심리학을 전공했을 만큼 충분히 뛰어나고 노력하면서 살아왔다. 그럼에도 불구하고 그녀는 왜 이렇게 스트레스를 받았을까? 콤플렉스가 무의식을 지배하게 되면, 포트만처럼 당당하게 얻어낸 성취마저도 '나의 실력이 아니라 운이 좋았어. 다른 사람들이 나를 사기꾼이라고 생각하면 어떻게 하지? 나의 본모습을 알고 실망하면 어쩌지?'라는 생각을 하게 된다. 심리학에서는 이런 현상을 '가면 증후군' 혹은 '사기꾼 증후군'이라고 부른다.

이러한 경험을 하는 것은 포트만뿐만이 아니다. 할리우드 배우 엠마 왓슨 또한 한 인터뷰에서 "무언가를 잘 해낼수록 내가 무능력하다는 느낌이 커졌다"라고 말한 적이 있으며, 개그맨 정형돈 씨 역시 압박감으로 인해 잠시 방송을 그만두겠다고 말했다. 한 인터뷰에서 그가 한 말이다. "웃기지 못할까 봐 두렵고 운으로 이 자리에 온 것이라고 생각해 언젠가 대중들에게 웃음거리가 될 것 같아 불안하다."

이처럼 과도한 콤플렉스는 우리의 삶을 갉아먹고, 영혼을 다치게 한다. 어떻게 해야 자신을 망가뜨리는 콤플렉스로부터 자유로워질 수 있을까?

첫 번째로는, 내가 어떤 콤플렉스를 가지고 있고, 이 콤플렉스가 나에게 무슨 악영향을 주고 있는지 파악해야 한다. 스트레스의 원인을 찾아보는 것이다. 무의식의 영역에서 자연스럽게 만들어내는 부정적인 감정을 인식하는 것으로부터 콤플렉스 극복에 대한 실마리를 찾을 수 있다. 사람들은 자신이 콤플렉스를 가지고 있다는 사실조차 모르는 경우가 많다. 대인기피증, 우울증, 사회부적응 등 일상생활에서 많은 문제를 가지고 있음에도 불구하고 자신이 구체적으로 어떤 문제를 가지고 있는지 명확히 정의하지 못한다.

때문에 '내가 ○○ 콤플렉스를 가지고 있구나'라고 인식하는 그 자체만 해도 굉장히 큰 의미가 있다. 내가 언제, 어떻게, 왜 부정적인 감정을 느끼는지 의식적으로 생각할 수 있다면 콤플렉스를 극복하기 위한 첫 단추를 꿰기 시작한 것이다.

두 번째, 자신이 어떤 콤플렉스를 가지고 있는지 알았다면 이제 그 콤플렉스에 대해 신경 쓰지 않는 노력을 해야 한다. 물론 이것은 생각만으로는 절대 불가능하다. '파란 코끼리 실험'이 대표적인 예시이다. 사람들에게 "파란 코끼리를 생각하지 마세요"라고 말하면, 사람들의 머릿속은 오히려 파란 코끼리로 가득 차게 된다. 이처럼 자신이 가지고 있는 콤플렉스를 생각하지 않으려고 노력하게 되면 오히려 더 집착하게 된다.

따라서 이러한 생각들과 멀어지는 가장 효과적인 방법은 생활 패턴을 평소보다 훨씬 더 바쁘게 지내는 것이다. 콤플렉스를 생각할 겨를이 최대한 없어지도록 할 일을 만들어야 한다. 운동이나 독서와 같이 좋은 방향의 취미 생활을 만드는 것이 가장 좋겠지만, 흥미가 없는 분야의 일을 갑자기 시작하려고 하면 오히려 잡생각이 많이 들게 된다. 따라서 자신이 가장 좋아하고 몰입할 수 있는 일의 시간을 늘리는 것이 좋다. 몸과 마음이 바쁘면, 자연스레 콤플렉스를 떠올리는 시간이 줄어들고, 바쁜 생활이 안정되면 무의식 속에서 점점 콤플렉스가 멀어지게 된다.

세 번째, 콤플렉스에 집중하기보다 자신의 장점을 찾아 집요하게 실행한다. 일단 움직여야 한다. 인간이라면 누구나 장점을 가지고 있다. 자신이 가진 장점이 단 하나도 없다고 생각한다면 진지하게 정신과 진료를 받아보는 것을 권한다. 여기에서 장점은 엄청나게 클 필요가 없다. 우리가 작은 콤플렉스를 크게 여기는 것처럼, 하나의 작은 장점도 우리의 인생에서 큰 무기가 될 수 있다. '방 청소를 잘한다', '요리를 잘한다', '글을 잘 쓴다' 등등 어떠한 부분에서든 작은 장점이라도 가지고 있을 것이다. 가만히 앉아서 아무것도 하지 않고 생각에 매몰되다 보면, 자꾸 콤플렉스에 대해 떠올리기 쉽다.

그럴 시간에 자신이 잘하는 장점을 찾고, 비교적 수월하게 성공할 수 있을 정도의 목표를 설정하라. 작은 일을 하나씩 성공시켜 나가다 보면 자신감이 향상된다. 작은 목표를 달성하고 나면 그보다 조금 더 큰 목표, 그 다음 큰 목표를 설정하면서 하나씩 해나가면 된다. 자신의 장점에 집중하며 하나씩 성취를 해나가는 것보다 자존감을 높이고 열등감을 줄이는 효과적인 방법은 없다.

15 요약 정리

남녀노소를 막론하고 과도한 콤플렉스가 사회적인 문제가 되고 있다. 적당한 콤플렉스는 우리의 인생에 악영향을 끼치지 않는다. 오히려 콤플렉스를 극복해 나가는 과정에서 성장을 이끌어내기도 한다. 그러나 과도한 콤플렉스는 정신적인 장애를 유발하기도 하며, 일상생활이 힘들어지게 만든다. 또한 자신이 열심히 노력해서 얻은 성과에 대해 인정하지 못하고, 가면 증후군에 빠지기도 한다. 나 자신을 망치는 콤플렉스로부터 벗어나기 위해서는 먼저 자신이 어떤 콤플렉스를 가지고 있는지 명확히 인지하고, 몸과 마음을 평소보다 바쁘게 해서 몰입할 수 있는 환경을 만들고, 콤플렉스보다 자신의 장점에 집중하며 하나씩 성취를 해보는 경험이 중요하다.

16

불안감을 조절하는 4가지 방법

강의를 하거나 컨설팅을 진행하다 보면, 정말 막연한 질문을 하는 사람들이 있다. "계속 바쁘게 살고는 있는데 끊임없이 불안해요"라고 말하는 사람들이 대표적이다. 이런 질문을 하는 사람들이 한둘이 아닌 것을 보면, 사회적 불안감은 큰 문제 중 하나임에 틀림없다.

2016년 잡코리아에서 성인남녀 1,924명을 대상으로 진행한 '현대인들의 걱정과 불안감' 설문조사에 의하면 성인들 중 약 64.4%가 '매우 걱정이 많다'라고 대답했다. 이러한 불안감의 실체는 무엇일까? 걱정이 많다고 대답한 응답자들 중 77.7%가 '막연한 미래에 대한 두려움'을 불안감의 가장 큰 이유로 뽑았다. 그 외에는 '타인과 비교하며 쌓여가는 열등감'이 2위에 해당했다.

현대인들은 끊임없이 불안하다. 우리나라는 이례적인 경제 성장 끝에 꽤나 잘살게 되었음에도 불구하고 취업, 생계, 노후에 대한 걱정과 불안이 끊이질 않는다. 중고등학교 때는 '좋은 대학을 가야 한다', '시험을 잘 봐야 한다'라는 불안감이 있다. 대학교에 가서는 '좋은 곳에 취업해야 한다', '다른 친구들에 비해 뒤처지면 안 되는데'라는 불안감이 있다. 취업을 하면 '결혼해야 하는데', '돈 모아야 하는

데' 하며 불안하다. 결혼 이후에는 '아이는 언제 낳아서 어떻게 키우지?', '내가 아이를 잘 키우고 있는 건가?', '결혼 생활을 잘 하고 있는 걸까?', '노후 대비는 어떻게 해야 하지?', '지금 회사를 계속 다녀야 하나?' 등등 고민이 꼬리에 꼬리를 물고 이어진다.

이처럼 불안감이 불안감을 낳는 이유는 무엇일까? 불안감은 혈액 검사나 엑스레이로 정확하게 나오는 것이 아니다. 측정이 불가능하기 때문에 직접 확인을 할 수가 없다. 그래서 더 불안해질 수밖에 없다. 그래서 불안감에 대처하는 가장 첫 번째 단계는 불안에 대해 이해하는 것이다.

기본적으로 불안이라는 것의 정의는 '안전하지 않다'는 뜻이다. 평소에 무의식적으로 우리가 불안감을 느끼고, 반응하는 상황을 생각해보자. 한강변의 정중앙에 돗자리를 펴고 누워 있으면 시원한 바람도 좋고 햇살도 좋게 느껴진다. 그런데 이 완벽한 상황에서 잠을 자려고 눈을 감으면 이상하게 불안하고 잠이 잘 오지 않는다. 그러나 똑같은 위치에서 텐트를 치거나, 담요를 덮거나, 돗자리를 나무 아래 그늘진 곳에 가져가면 잠이 온다. 이와 비슷하게 침대에 누워서도 이불을 덮지 않고는 불안해서 잠이 안 오는 사람도 있다.

카페에 가도 마찬가지이다. 카페 안이 텅텅 비어 있는 경우 무의식적으로 벽쪽에 앉고 싶어 하는 사람들이 많다. 지하철 자리가 다 비어 있어도 정중앙에 앉는 사람은 거의 없다. 대부분은 가장 끝자락에 앉는다. 대체 왜 이런 현상이 일어나는 걸까? 한강변의 중앙에 누워 잠을 자거나, 카페, 지하철 중간에 앉는다고 해서 현실적으로 위험한 일이 벌어질 확률은 극히 드물다. 그럼에도 불구하고 우리는 본능적으로 구석진 곳, 다시 말해 안정감이 드는 곳으로 자리를 선택한다.

불안감은 인간의 생존을 위해 존재하는 감정이다. 인간은 낯선 상황에 부딪히게 되면 본능적으로 불안감을 느낀다. 이것을 과학적 용어로는 스트레스라고 한다. 1930년대, 캐나다 맥길 대학의 교수였던 한스 셀리에는 호르몬 연구를 진행하다가 우연히 '스트레스'를 발견하게 되었다. 그는 자신의 옆 실험실의 생화학자가 동물의 난소에서 분리한 물질을 가지고 쥐에게 주사하며 변화를 관찰했다. 그 결과 쥐들의 부신(신장 바로 위에 붙어 있는 분비샘)이 커지고, 면역 조직이 위축되며 위궤양이 생기는 것을 목격했다. 셀리에는 자신이 새로운 호르몬을 발견했다고 생각하고, 본격적인 실험에 돌입했다.

그는 추출물과 식염수를 각각 다른 쥐들에게 주입하는 대조군 실험을 진행했다. 추출물을 주입한 쥐들에게만 이러한 특정 증상이 나타난다는 사실을 증명하기 위함이었다. 그러나 식염수를 주입한 쥐들에게도 똑같은 증상이 일어났다. 믿기 힘들었지만, 그는 여기에서 포기하지 않고 완전히 새로운 실험을 하기에 이른다. 쥐들에게서 나타난 증상이 특정 추출물과 연관된 것이 아니라고 판단하고, 두 집단이 공통으로 경험한 무언가를 찾기 시작한 것이다.

셀리에 교수는 사실 쥐를 다루는데 굉장히 서투른 편이었다. 식염수나 난소 추출물을 주입할 때마다 쥐들과 싸움을 벌이며, 한바탕 소동을 일으키기 일쑤였다. 이러한 사실을 깨닫게 된 그는 쥐들이 '불쾌한 경험'을 할 때 특정 신체 변화가 나타났다고 가정하며 실험을 진행했다. 한겨울에 쥐들을 연구소 건물 지붕 위에 올려놓기도 하고, 못 견디게 더운 보일러실에 두기도 했다. 상처를 낸 뒤 치료하기도 하는 등 엄청나게 불쾌한 경험들을 겪게 했고, 그의 예상대로 이러한 경험을 한 쥐들은 비슷한 신체 변화를 보였다.

1936년, 셀리에 교수는 과학 저널 〈네이처〉에 발표한 자신의 논문 「다양한 유해 자극으로 생긴 증후군」에서 이렇게 밝혔다. '손상을 입히는 자극의 유형에 무관하게 전형적인 증상이 나타난다.' 그는 이 증상을 스트레스 반응이라고 부르기 시작했다.

불안감은 스트레스 반응 중 하나에 속한다. 앞에서도 언급했지만, 적당한 스트레스는 인간의 생존에 필요하다. 불안감도 마찬가지이다. 따라서 우리가 반드시 알아야 할 것은 '불안감을 느끼는 것은 당연하다'라는 사실이다. 만약 불안감을 느끼지 못한다면 오히려 문제가 생긴다. 8차선 도로를 아무런 불안감 없이 건너가고, 낯선 사람이 쫓아와도 불안감을 느끼지 못한다면 생존에 치명적인 위협이 된다.

정말 피해야 할 것은 '과도한' 걱정과 불안감, 스트레스이다. 과도한 불안감으로 오는 정신적인 증상 중 대표적인 것이 공황장애이다. 공황장애란 불안장애의 일환으로 뚜렷한 이유가 없이 갑자기 극도의 두려움과 불안감을 느끼는 것이다. 우울증과 더불어 가장 많이 나타나는 정신병 중 하나이기도 하다. 그렇다면 어느 정도로 불안감을 느끼는 것이 정상이고, 어떤 정도가 심각한 것일까?

정신건강의학과 의사이자 한국정신분석학회 이사인 건국대 하지현 교수는 그랜드 마스터 클래스에서 '불안은 사라질 수 있는가'

라는 주제로 강의를 진행했다. 수많은 정신병 환자들을 만나면서 그는 불안감에 대한 정상 범위 기준을 정했다고 한다. 그의 말을 살펴보자.

"나의 생존에 있어서 내 가족 안에만 머물러 있으면, 이때부터 저는 기능에 문제가 있다고 봅니다. 밖에 못 나가고, 집에만 있고, 방에만 6개월 동안 있다가 오시는 분들을 많이 봅니다. 기본적으로 친구들을 만나고 학교는 다니지만 일을 시작 못 하는 경우도 있어요. 성인의 경우 이 정도까지 비정상입니다.

제가 정상이라 보는 것은 이 정도입니다. 기본적인 일은 하고, 시험 스트레스 정도는 잘 견뎌냅니다. 그러나 새로운 일을 하거나 이사를 하는 것에는 두려움이 있어요. 이 정도면 정상입니다. 이 정도면 요즘 약간 불안해하는 사람들의 전형적인 패턴입니다.

이 이상이 되는 분들은 아주 건강한 '수월성의 세계'에 있는 사람들입니다. 매일매일 새로운 사업을 하고, 6개월에 한 번씩 이직을 하고, 새로운 스트레스에 정면 돌파하는 사람들은 이상한 사람들이에요. 그러니까 이런 사람들을 좇아가려고 하지 마세요."

어떤 분야에서든지 재능을 타고난 사람들이 있다. 하지현 교수가 하는 말에 따르면 정말 비정상적으로 불안감을 많이 느끼는 사람들보다, 평범한 정도의 불안감을 느끼는 사람들이 불안감을 느끼는 것 자체에 불안감을 느끼는 경우가 더 많다고 한다. 수월성의 세계에 있는 사람들과 비교하면서 자신이 과도하게 불안감을 느끼는 것은 아닌지 걱정한다는 것이다. 사람들을 힘들게 하는 것은 불안감과 긴장,

스트레스 그 자체가 아니라, 그에 대한 부정적인 반응이다. 한스 셀리에 교수 또한 스트레스에 대한 수많은 연구 끝에 이렇게 말했다.

'스트레스가 아니라, 그에 대한 반응이 우리를 힘들게 한다.'

불안 그 자체는 인생에서 사라지지 않는다. 불안이 없는 삶이야말로 정말 위험한 삶이다. 그러나 불안감이 자신을 뒤덮고, 너무 힘들게 한다면 이 또한 문제가 된다. 따라서 불안감을 사라지게 하는 것이 아니라 다스릴 줄 알아야 한다. 삶의 태도로 조절해 나가야 한다.

이번에는 불안감을 조절하기 위해 어떤 삶의 태도를 가져야 하는지 하나씩 알아보자.

첫 번째, 슈퍼맨 콤플렉스에서 벗어나기. 25년간 하버드 의대 심리학과 교수로 재직한 스티븐 버글라스Steven Berglas는 이렇게 말했다.

'항상 똑똑한 사람처럼 보여야 한다는 강박관념을 버려라. 능력 있는 많은 사람들이 바보처럼 보여선 안 된다는 생각에 많은 시간을 허비한다.'

자신이 가진 능력 이상을 자신에게 기대하면, 당연히 불안감이 생기기 마련이다. 정말 많은 사람들이 슈퍼맨 콤플렉스를 가지고 있다. 가장으로서의 역할, 직장에서의 역할, 애인으로서의 역할, 친구로서의 역할 모두 잘 해내야 한다는 압박감이 있는 것이다. 이런 상황에서 불안감을 안 느끼는 것이 이상할 정도이다.

불안감을 느끼는 가장 큰 이유는 딱 하나의 핵심 문제가 있는 경우보다, 가랑비에 옷 젖듯이 여러 문제들에 대한 책임을 혼자 과도하게 떠안고 있기 때문이다. 자신이 가진 모든 역할에 대해 높은 기준치를 가지고 있으면 당연히 불안감이 닥친다. 당신은 슈퍼맨이 아니라는 사실을 명심하라. 세상에 완벽한 사람은 없다.

두 번째, 모든 욕망을 채우지 못해도 내 생존에는 전혀 지장이 없다는 사실 깨닫기. 우리는 생존을 위한 욕구와 단순한 욕망을 분리할 줄 알아야 한다. 바라는 것을 갖지 못하면 엄청나게 불안감을 느끼는 경우가 있다. 좋은 차, 좋은 집, 좋은 가방 등 이런 것은 생계와 연관되지 않는다. 없다고 해서 당연히 안전과 직결되지도 않는다. 생존을 위해서는 누울 곳이 있고 밥 먹을 수 있으면 되는데, 욕망은 절대 끝이 없다. 재벌들이 탈세하거나 범죄를 저지르면 '돈도 많은데 왜 저렇게까지 할까?'라는 생각이 들지 않는가? 그들도 인간이기 때문에 욕망에는 끝이 없다.

일반적으로 인간이 생존하기 위해 필요하다고 여겨지는 것은 의식주이다. 외부의 자극이나 낮은 온도에서도 나를 지켜줄 수 있는 옷, 생계를 유지할 수 있는 밥, 그리고 위협으로부터 안전해질 수 있는 집이다. 즉, 의식주가 해결이 되면 생존에는 큰 무리가 없다.

세 번째, '○○살 되면 대학 가야지', '○○살 되면 취업해야지', '○○살 되면 결혼해야지', '○○살 되면 애 낳아야지'라는 사회적 기준에서 벗어나기. 이는 우리 사회의 불안감을 조장하는 가장 큰 원인이다. 비교와 열등감, 정답처럼 정해진 삶의 기준은 사람들의 불안감을 끊임없이 조장한다.

불안은 본래 인간의 생존을 위해 있는 감각이다. 사회적인 기준을 맞추려고 하는 것 또한 인간의 기본 욕구다. 그렇다면 무엇이 잘못되었는가? 사회적 기준이 너무 높은 것이 문제다. 특히 불안감을 가지고 있는 사람들은 사회적 기준을 맞추려고 노력하는 사람들이 대부분이다. 그러나 이런 모든 사회적 기준을 따라갈 수 있는 사람은 극소수에 불과하다. 쉽지 않겠지만, 사회적 기준에서 벗어나 자신만의 기준을 세우려는 의식적인 노력이 필요하다.

네 번째, 처음부터 최고가 되려고 하지 말 것. 어떤 일이든지 처음부터 최고가 되겠다는 압박감을 가지면 시간과 비용, 감정적인 소비가 생긴다. 이런 상황이 지속되면 아무리 좋은 목표를 가지고 노력하더라도 지속하기가 어렵다. 미래를 통제하지 못한다는 생각이 들면 불안감은 점점 더 커지기 때문이다. 최고가 되려면 실력과 노력도 중요하지만 운도 따라주어야 한다. 그러나 불안감을 조절하지 못하는 상태에서 무작정 노력만 하면 운이 찾아올 때까지 버텨내기가 어렵다.

따라서 처음 시작할 때에는 과도한 불안감을 억지로 참고 이겨내기보다 최악만 면한다는 생각으로 목표의 기준을 낮추어야 한다. 최악을 면하는 상태에서 불안감을 조절하고, 꾸준히 지속해 나가면서 목표를 점차 올려가야 한다.

16 요약 정리

현대인들은 끊임없이 불안하다. 생계적으로 문제가 있지 않음에도 과도한 자신만의 기준을 세워놓고, 도달하지 못하면 과도한 불안감을 느낀다. 불안감을 해결하려면 가장 먼저 불안감 자체가 나쁜 것이 아니고, 우리 자신의 생존을 위해 반드시 필요하다는 것을 이해해야 한다. 만약 불안감이 자신의 일상생활에 직접적인 악영향을 끼친다면 불안감을 조절하기 위해 삶의 태도를 재설정해야 한다. 슈퍼맨 콤플렉스에서 벗어나고, 모든 욕망을 채울 수는 없다는 사실을 인정하고, 사회적 기준에서 벗어나 자신만의 기준을 세우기 위해 노력하고, 처음부터 최고가 되려고 하지 말 것.

17

좋은 스승을 만나는 것만으로도 문제의 70%가 해결된다

아이작 뉴턴은 이렇게 말했다.

'내가 남들보다 더 넓은 시야를 가지고 더 멀리 볼 수 있었던 건, 거인의 어깨 위에 올라서 있었기 때문이다.'

인생을 살다 보면 인생 선배들의 도움이 필요할 때가 있다. 사업, 커리어, 인간관계, 건강, 취미, 여행 등 어떤 분야에서든지 마찬가지이다. 이럴 때 사람들은 누구에게 고민 상담을 할까? 대부분은 가장 친한 사람에게 고민을 털어놓는다. 심지어는 부모님의 영향을 가장 많이 받는 청소년기에도 마찬가지이다. 2018년 통계청 자료(청소년백서)에 따르면 10대들은 고민 상담 대상으로 친구나 동료(49.1%)를 1순위로 꼽았다. 부모님과 상담하는 경우는 28.0%에 불과했다.

문제는 당신의 친구들이 어떤 분야에서도 전문가가 아니라는 사실이다. 연애에 대해서도 그렇고, 인간관계에 대해서도 그렇고, 당신이 하는 일에 대해서는 더더욱 그렇다. 그렇다면 부모님에게 조언을 구해야 할까? 물론 부모님 또한 인생의 선배이지만, 모든 분야의 전문가는 아니다.

특별한 경우가 아니라면 우리 주변에는 우리 상황과 비슷한 사람들이 대거 포진되어 있다. 만약 당신이 직장인이라면, 회사에서 우울감을 경험할 확률이 크다. 주변에도 우울한 사람들로 가득할 것이다. 취업 포털 잡코리아가 남녀 직장인 547명을 상대로 설문조사를 벌인 결과, 전체 응답자의 83.5%가 '출근만 하면 무기력해지고 우울해지는 회사 우울증에 시달린 적이 있다'라고 답했다. 이뿐만이 아니다.

추천 이직 플랫폼 원티드와 직장인 SNS인 블라인드가 '직장 생활 만족도 조사와 이직 활동' 등에 대한 설문조사 결과를 발표했는데 내용이 흥미롭다. 응답자 9,470명 중 58%가 현재 직장에 불만족한다고 밝혔다. 그러나 실제로 이직 활동을 하고 있는 사람은 24%에 불과했다. 이 조사가 의미하는 것은 무엇일까? 당신이 직장인이라면 주변에는 회사에 출근할 때마다 우울한 사람들이 가득하다는 뜻이고, 현재의 직장에 불만족하지만 이직할 능력은 없는 사람들이 포진되어 있다.

이런 상황에서 자신과 가까운 사람들(선후배, 친구들)에게 커리어, 회사, 일에 관련된 질문을 한다면 제대로 된 답을 들을 수 있을까? 택도 없다. 도움이 되는 답변은커녕 부정적인 답변만 돌아올 것이다. 평생 동안 성실하게 회사를 다니셨던 부모님, 중소기업이나 대기업을 다니거나 공무원 시험을 준비하고 있는 형제자매, 학창 시절부터 열심히 스펙을 쌓아서 대기업에 취업한 친구들 모두 다 마찬가지이다. 주변 사람들의 라이프스타일은 대부분 우리 자신과 비슷하다.

그렇다면 우리는 고민이 있을 때 누구에게 털어놓고 조언을 구해야 할까? 세상에는 우리의 문제를 해결해줄 능력이 있는 전문가들이 충분히 존재한다. 우리가 찾아보려고 노력조차 하지 않았을 뿐이다. 물론 인터넷에는 전문가를 사칭하는 사람들이 넘쳐난다. 그중에서도 진짜 실력이 있는 전문가를 찾고, 고민에 대한 해결책을 들을 수 있다면 시간을 들일 가치가 있다.

이해를 돕기 위해 '전문가'라고 표현을 하긴 했지만, 우리가 일반적으로 아는 것처럼 관련 분야의 자격증이 있거나 학위가 있다고 해서 전문가는 아니다. 누군가는 당신이 지금 경험하고 고민하는 것들을 이미 경험했을 것이고, 여러 가지 선택들 중에 옳은 선택을 했을 것이다. 그리고 당신이 꿈꾸는 삶을 살고 있을 것이다. 그런 사람들을 찾아 조언을 구해야 한다. '어떻게 이 상황에서 벗어나서 성공하셨습니까? 구체적인 방법은 무엇입니까? 그러기 위해서 제가 지금 당장 해야 할 것은 무엇입니까?'라고 정확히 질문해야 한다.

그렇다면 어떻게 우리의 스승이 되어줄 진짜 전문가를 찾을 수 있을까? 다음의 방법들은 전혀 어렵지 않으니 하나씩 꼭 따라 해보기 바란다.

첫 번째, 책을 읽는다. 책을 만난다는 것은 스승 한 명을 만나는 것과 같다. 물론 모든 책이 좋은 책은 아니다. (좋은 책의 기준은 주관적이지만, 이 경우에는 고민을 해결해주는 스승을 찾고 있다. 해결책은 없이 듣기 좋은 말들만 늘어놓은 책들은 안 좋은 책에 속한다.) 한 살이라도 젊을 때 좋은 책을 고를 수 있는 안목만 길러두어도, 수많은 스승들의 조언을 손쉽게 접할 수 있다.

우리나라의 독서율은 기존에도 높은 편이 아니었지만, 스마트폰이 발달된 이후에는 본격적으로 땅에 곤두박질치고 있다. 문화체육관광부가 발표한 '2017 국민 독서실태 조사' 결과에 따르면 성인들 중 1년간 일반도서(교과서, 학습참고서, 수험서, 잡지, 만화를 제외한 종이책)를 한 권이라도 읽은 사람의 비율은 59.5%에 불과하다. 또한 KB국민카드 결제 데이터로 분석한 결과에 따르면 책 구매율 상위 20%의 사람들이 구매하는 책의 비중이 56.4%를 차지하고, 하위 20%의 사람들이 구매하는 책의 비중은 전체 책 판매량의 4.3%밖에 되지 않는다. 쉽게 말해, 성인 10명 중 4명은 1년에 책을 한 권도 읽지 않고, 실제로 책을 읽는 것은 상위 20%에 집중되어 있다는 의미이다. 책을 읽는 사람은 점점 더 많이 읽고, 책을 안 읽는 사람들은 점점 더 안 읽게 된다.

독서는 각 분야의 최고 전문가들을 가장 저렴하고 빠른 시간 내에 만날 수 있는 방법이다. 평소 책을 읽지 않는다면, 정말 큰 고민이 생겼을 때 좋은 책(고민을 해결해줄 수 있는 책)을 고를 능력이 안 된다. 또한 문해력이 낮아져 있는 상태이기 때문에 좋은 책을 읽더라도 이해를 하지 못한다. 이를 방지하기 위해서라도 평소부터 책을 자주 읽고, 다양한 배경지식과 문해력을 높여두어야 한다.

두 번째, 온라인 강의를 듣는다. 유튜브의 발전으로 높은 퀄리티의 강의와 강연 영상들을 손쉽게 접할 수 있게 되었다. 바야흐로 정보의 홍수 시대다. 예전에는 정보들을 얻기가 어려웠다면, 지금은 정보가 너무 넘쳐서 나에게 필요한 정보만 얻기가 어려워졌다. 유튜브는 좋은 정보들이 넘쳐나는 곳이지만, 반대로 비판적 사고가 부족한 사람들에게는 위험한 곳이기도 하다. 심리학자이자 UCLA의 교수였던 앨버트 메라비언Albert Mehrabian의 연구 결과에 따르면, 의사소통에서 말의 내용은 7%밖에 관여하지 않는다고 한다. 이외 시각적 요소(용모, 표정, 제스처)가 55%, 청각적 요소(발음, 억양, 톤)가 의사소통의 38%를 차지한다.

언어적 요소인 글만 적혀 있는 책 또한 비판적 사고가 반드시 필요한데, 비언어적 표현이 모두 포함되어 있는 영상은 오죽할까? 배경지식이 없는 사람들은 '신뢰가 가는 말투와 표정'에 따라 그 사람이 하는 말을 믿게 된다. 따라서 온라인에서 영상 강의를 들을 때에는 반드시 한 사람의 말만 절대적으로 믿지 않고, 해당 정보에 대해 여러 전문가들의 말을 들어보아야 한다. 유튜브는 배경지식이 충분하고 비판적 사고가 가능한 사람들에게는 최고의 정보 창고이지만, 그렇지 않은 사람들에게는 TV와 크게 다를 것이 없다.

세 번째, 오프라인에서 만난다. 만약 스승으로 삼고 싶은 누군가가 오프라인에서 강의를 하고 있다면 일생일대의 기회로 삼아야 한다. 납득이 가는 수강 비용이라면 당장 지출하라고 권하고 싶다. 특히 경제적인 고민(커리어, 비즈니스, 투자)에 관해서는 더욱 그렇다. 오프라인에서 만나는 것은 온라인에서 만나는 것과 완전히 다르다. 일방적으로 듣고 보는 것이 아니라 내가 원하는 질문을 하고 즉석에서 피드백이 가능하기 때문이다.

오프라인 강의를 하지 않는 경우나, 일대일로 만나서 조언을 듣고 싶다면 어떻게 해야 할까? 정해진 방법은 없지만 시간을 들여서 그 사람의 연락처, 이메일을 알아내야 한다. 모든 인맥을 동원해서 그 사람의 연락처를 알아낼 수 있는 방법을 찾아야 한다. 사업을 운영하고 있는 사람이라면 회사에 전화해서 어떻게 해야 약속을 잡을 수 있는지 물어보는 것도 좋다. 책을 쓴 저자라면 책에 이메일, SNS 채널 등이 쓰여 있을 것이다.

그렇지 않다면 출판사에 연락을 해볼 수도 있다. 이메일 주소를 알아내면 진솔하게 메일을 보내고, 답장이 안 온다면 일주일 후 다시 보낸다. 안 온다면 다시 보내고, 또 보낸다. 이메일을 한 번만 보내고 답장이 안 온다고 해서 낙담할 필요는 없다. 많은 이메일을 받다 보면 모든 메일에 답장을 보낼 수 없는 것이 당연하다. 메일을 계속해서 보내라. 메일을 열 번씩 보내는 사람은 거의 없으므로, 딱 한 사람에게 답장을 해준다면 당신이 될 확률이 높다.

만약 이메일이나 문자, 전화를 통해 연락이 안 된다면 그 사람이 참석하는 모임이나, 나타날 만한 곳을 정리해서 찾아가는 것도 방법이다. 이미 메일이나 문자를 보낸 상황이기 때문에 당신의 이름을 기억하고 있을 것이다. 메일에는 답장을 안 했을지 몰라도, 메일을 수십 번 보낸 사람이 갑자기 나타나서 "잠깐이라도 조언을 구하고 싶습니다"라고 한다면 들어줄 확률이 크다.

이렇게 기회가 닿아 질문을 할 때에는 그때그때 생각나는 질문을 하는 것이 아니라, 스승에 맞는 예우를 갖추어야 한다. 그 사람이 쓴 책들, 온라인에 써둔 글들, 영상들을 모두 봐야 한다. 만나기 전에는 질문할 내용들을 수첩에 미리 정리해서 가야 한다. 자신의 상황과 고민들, 두려움들을 최대한 솔직하게 털어놓을 마음의 준비를 해야 한다. 그러고 나서 피드백을 요청해야 한다.

스승을 만날 때 주의해야 할 점이 있다. 인간관계는 언제나 기브 앤드테이크다. 스승에게 돈을 주고 조언이나 컨설팅을 구할 수도 있고, 무료로 받을 수도 있다. 하지만 금전적인 지불을 하지 않는다고 해서 우리가 해야 할 것이 아무것도 없는 것은 아니다. 무료로 조언을 받았다면, 조언에 대한 고마움으로라도 어떻게든 모든 노력과 자원을 총 동원하여 실행을 해야 한다.

인본주의 심리학의 창시자인 에이브러햄 매슬로Abraham Maslow는 인간의 욕구 위계론을 발표했다. 여기서 가장 중요한 것은 욕구의 가장 상위 단계인 자기 초월(8단계)이다. 자기 초월이란, 자아실현의 단계를 넘어 타인과 세계에 기여하고자 하는 욕구를 말한다.

스승의 입장에서 돈을 받지 않고 조언을 해주는 이유는, 인간이라면 누구나 기여하고 싶은 마음이 있기 때문이다. 성공한 사람들이 봉사활동을 하고, 기부를 하는 이유가 여기에 있다. 사람들은 다양한 방법으로 사회적 공헌이나 기여를 하는데, 그중 하나가 누군가의 스승이 되어 제자들에게 조언을 해주는 것이다.

따라서 스승에게 조언을 구했다면, 그 조언에 대해 반드시! 감사 표현을 적극적으로 해야 한다. 금전적인 선물이 힘들다면 최소한 성의 표시라도 해야 한다. 비싼 금액이 아니더라도 사람의 성의가 느껴진 선물은 티가 난다. 또한, 스승이 준 조언에 따라 실천에 옮긴 뒤 최단시간 내로 피드백을 드려야 한다. 실천하는 와중 힘든 부분이 있다면, '어떤 부분을 실행해보았고, 어떤 부분은 해결되었는데, 어떤 부분이 왜 막히는 것인지 도저히 모르겠다'라고 정확히 말씀드려야 한다.

시키는 것을 실행조차 하지 않고 다짜고짜 "제가 이것저것 생각해봤는데…… 잘 못하겠습니다"라고 한다면 더 이상 조언을 해줄 마음이 생기지 않을 것이다. 조언을 받을 때부터 이해가 안 되는 부분은 무례하다고 생각하지 말고 과감히 물어봐야 한다. 예의를 갖추는 것과, 꼭 해야 할 질문을 피하는 것은 천지 차이이다. (인터넷에 검색하자마자 나올 만한 기본적인 내용들조차 물어보라는 뜻은 아니다. 그 정도는 직접 찾아봐라.)

17 요약 정리

책을 찾아 읽고, 온라인에서 강의를 들어라. 배경지식이 없는 상태에서는 좋은 강의와 책을 판단하기가 어렵기 때문에 최대한 여러 책과 강의를 들으면서 비판적 사고를 길러야 한다. 이후 오프라인 강의를 듣거나, 여러 방법들을 통해 오프라인에서 만나라. 그리고 미리 준비해둔 질문을 하고 피드백을 받아라. 피드백에 대해서는 감사 표현을 철저히 하고, 반드시 실행에 옮겨라.

18

집단의 압력에서 벗어나 나의 생각을 줏대 있게 밀고 나가는 법

내가 공군에서 직업군인이었던 시절, 전역을 하겠다고 말하자 주변 사람들은 하나같이 이렇게 말하기 시작했다. “세상이 어느 시댄데 그런 좋은 직장을 그만둬?”, “안정적인 직장이 최고야. 성공은 아무나 하는 줄 알아?”, “일을 좋아서 하는 사람이 어디 있어? 그냥 다 먹고살려고 하는 거지.” 어른들뿐만이 아니었다. 내 또래의 친구들과 심지어는 더 어린 친구들조차 이렇게 생각하는 경우가 적지 않았다. 다행히도 나는 이 말을 믿지 않았다. 대신에 ‘지금이야말로 성공하기 가장 좋은 시대다’, ‘일은 먹고살려고 하는 것이 아니라, 삶의 의미를 찾기 위해서 하는 것이다’라고 믿었다. 내가 이 말을 하고 다니자 부모님은 한숨을 쉬고, 주변 또래들은 형식적인 응원만 해줄 뿐이었다.

1955년 사회심리학자인 솔로몬 애시는 미국인들이 얼마나 독립적인지에 대해 연구하기 위해, 동조 실험을 진행했다. 애시는 실제로 자신과 다른 생각을 하고 있는 다수의 사람들을 만났을 때조차 미국인은 자주적으로 행동할 수 있다고 믿었다. 하지만 실험을 통해 이 가설은 처참히 무너졌다. 애시는 참가자들을 의자에 앉혀놓고 길이가 제각기 다른 세 개의 선이 그려져 있는 카드를 보여주었다. 그러고 나서 한 개의 선이 그려져 있는 다른 하나의 카드를 보여주었다. 참가자의 임무는 간단했다. 세 개의 선 중, 다른 카드에 있는 한 개의 선과 길이가 같은 것을 고르는 것뿐이었다. 너무나 간단한 문제였다. 당연히 거의 모든 참가자들이 정답을 손쉽게 맞힐 수 있었다.

하지만 실험은 지금부터이다. 애시는 실험 참가자를 다른 참가자 7명(애시가 배치해놓은 연구팀 배우들)과 같은 방에 넣어두고, 똑같은 문제를 주었다. 처음 몇 문제 동안, 방에 있는 사람들은 모두 다 같은 정답을 이야기했다. 그러다가 점점 이상한 일이 벌어지기 시작했다. 실제 참가자를 제외한 7명의 배우들이 일관성 있게 다른 정답을 이야기하는 것이다. 그러고 나서 실험 참가자를 일제히 쳐다보았다. 분명히 그들이 생각하는 답과 참가자가 생각하는 정답은 다르다. 이런 상황에서 참가자는 진짜 정답을 소신 있게 말했을까? 아니면 다른 사람들이 다 같이 정답이라고 말한 것을 정답이라고 말했을까?

애시의 연구에 실제로 참가했던 123명의 참가자 중 약 70%가 집단의 압력에 굴복하고 잘못된 정답을 말했다. 인터뷰 중 일부 참가자들은 자신이 본 정답이 확실하다고 생각했지만 그럼에도 불구하고 집단과 동일한 답을 말하는 것이 편하기 때문에 그렇게 했다고 답했다. 또한, 집단의 압력에 굴복해서 오답을 이야기했던 사람들은 자신이 집단의 압력에 굴복당하지 않으며, 독립적인 편이라고 평가했다. 스스로조차 본인이 얼마나 집단 압력에 취약한지 잘 모르고 있었다.

이 실험을 통해 깨달을 수 있는 것은 명확하다. 인생을 살면서 우리 스스로 정답이라고 믿는 것들을 밀고 나갈 힘이 있을까? 사회적으로 따가운 시선을 감내하면서도 집단의 압력에 굴복하지 않고 살아갈 수 있을까? 위의 실험에서는 정말 단순히 두 개의 카드에 있는 똑같은 길이의 선만 고르면 되었지만, 인생은 훨씬 더 복잡하다. 정답을 명확히 알고 있는 상황에서도 집단의 압력에 굴복하는 경우가 많은데, 인생에는 정답이 없다. 때문에 내 의견은 더 쉽게 묵살되고, 어느 순간 나다움이 사라져 있는 경우가 많다. 그냥 흘러가듯이 산다. 부모님 말을 잘 듣고, 선생님 말을 잘 듣고, TV에 나오는 뉴스를 믿고, SNS에 있는 나와 비슷한 사람들을 보면서 위안을 얻는다.

이번에는 더 중요한 이야기를 해보려고 한다. 인간은 감정의 동물이다. 긍정적인 감정을 가지고 있으면 무슨 일이라도 해낼 수 있겠다는 자신감이 생기고, 부정적인 감정을 가지면 어떤 것도 할 수 없겠다는 불안감이 생긴다. 그렇다면 우리의 감정은 어떻게 형성되고 있을까? 긍정적인 감정을 유지한다면 좋겠지만 실제로는 전혀 그렇지 않다. 아침에 일어나면 출근할 생각에 우울하고, 출근하는 중에는 지옥철 안의 사람들에 끼여 있어서 우울하고, 출근해서는 하루 종일 할 일에 숨이 턱 막힌다. 옆에 있는 동료들도 마찬가지이다. 퇴근을 하면 기분은 잠시 좋아지지만, 얼마 지나지 않아 똑같은 내일이 다가온다는 사실을 깨닫고 우울해진다.

영국 셰필드 대학교의 심리학 교수 피터 토터델은 간호사와 경찰관 같은 교대 근무자들의 심리 상태에 대해 연구하고 있었다. 그러던 어느 날, 사람들의 기분이 비슷한 흐름으로 똑같이 변화한다는 사실을 알게 되었다. 마치 감정 기복이 한 사람처럼 느껴질 정도로 유사한 흐름을 보였다. 그 뒤 토터델은 회계사, 경비원, 교사, 생산 라인 근로자, 고객서비스 직원과 크리켓 프로선수에게서도 비슷한 양상을 확인할 수 있었다.

이런 사실을 우연히 알게 된 토터델은 감정의 전염성에 대해 확인하기 위해 크리켓 선수들을 대상으로 본격적인 연구를 진행했다. 그는 잉글리시 카운티 선수권 대회에 출전한 두 팀의 선수들에게 포켓 컴퓨터를 나누어주고, 경기 도중 수시로 기분과 느낌을 기록해달라고 요청했다. 결과는 어땠을까? 어떤 한 시점에서 각 선수들의 감정은 경기가 팀에 유리하게 돌아갈 때, 그렇지 않을 때 모두 강력히 연결되어 있었다. 모두 동일한 흐름을 보였던 것이다.

이제는 인정할 수밖에 없다. 인간은 집단의 영향을 많이 받을 뿐만 아니라, 심지어 감정까지 전이된다. 우울한 사람들이 옆에 있으면 우울해지고, 행복한 사람들이 옆에 있으면 행복해진다는 것이다. 《행복은 전염된다(Connected)》의 저자이자 사회학자인 니컬러스 크리스태키스Nicholas Christakis는 이렇게 말하기도 했다.

'대부분의 사람들은 친구가 많으면 더 행복할 것이라고 생각하겠지만, 더 중요한 것은 그 친구들이 행복한지의 여부이다.'

주변에 행복한 사람들이 많고, 긍정적인 생각을 교류할 수 있는 환경이 조성된다면 좋겠지만 대부분은 그렇지 않을 것이다. 세상에는 언제나 부정적인 사람들이 긍정적인 사람들보다 많다. 부정적인 감정은 생명과 연결되어 있어 훨씬 더 빨리 전염이 되기 때문이다. 이는 주변에 있는 사람들뿐만 아니라, 언론(TV, 기사 등), SNS를 통해서도 쉽게 확산된다. 감정이 전염되고, 정보가 확산되는 것에는 진실 여부가 존재하지 않는다. 진실 여부와는 전혀 상관없이 퍼져 나간다.

미국에서는 9·11 테러가 일어난 뒤 1년 동안 비행기보다 자동차로 여행하는 사람들이 많아졌다. 결과적으로는 같은 기간에 비행기 사고보다 자동차 사고로 사망한 사람이 6배 많았음에도 불구하고 말이다. 연구에 따르면 사람들은 9·11 추모 행사를 다룬 뉴스를 보기만 해도, 테러에 대한 위험성을 체감한다고 한다. 부정적인 감정은 언제나 이성적인 선택을 못 하게 만든다. 《스킨 인 더 게임》의 저자이자 세상에서 가장 유명한 사상가로 불리는 나심 니콜라스 탈레브는 이러한 현상들을 보면서 말했다.

'우리는 언론에 노출되기에는 충분히 이성적이지 않다.'

그렇다면 우리는 이제 어떻게 해야 할까? 부정적인 감정에 취약하고 집단에 동조하는 삶을 살아야 할까? 다행히도 이에 맞설 수 있는 해결책들이 있다.

첫 번째, 객관적인 자료를 확인한 후 결정을 내리는 습관을 들여야 한다. 내가 직업군인 시절 주변 사람들의 만류에도 불구하고 과감히 전역을 선택할 수 있었던 이유는, 주관적인 의견보다 객관적인 자료들을 보는 습관을 만들었기 때문이다. SNS(블로그, 유튜브, 페이스북, 인스타그램 등)에는 주관적이고 개인적인 생각들이 넘쳐난다. 팔로워가 많은 인플루언서들의 글은 특히나 더 그렇다.

우리나라의 문해력은 OECD 국가 중 평균에 속한다. 그러나 성인들의 40%가 1년에 책을 한 권도 읽지 않는다. 성인이 된 후 문해력이 점점 낮아질 수밖에 없는 구조다. 스마트폰을 통해 짧고 쉬운 글은 많이 읽지만 논리 있는 긴 글은 거의 읽지 않는다. 서점에 가도 베스트셀러들 중에는 쉽게 쓰여진 에세이들이 대거 포진하고 있다. 이런 현상이 지속되다 보니 남녀노소를 막론하고 논리 있게 작성된 긴 글을 읽기 어려워하거나 거부감을 드러내는 사람들이 많다.

객관적인 자료들을 가지고 논리 있게 작성된 글들을 보기 시작하면 비판적 사고(critical thinking)가 생긴다. 뉴스를 보거나 SNS의 글을 보더라도 자신만의 확실한 통찰력이 생기게 되어 잘 흔들리지 않는다. 내가 전역을 선택했던 이유는 경제경영 분야의 서적들과 자기계발 분야, 인문학 서적들을 읽고 끊임없이 공부했기 때문이다. 사람들이 말하는 것 중 대부분은 성급한 일반화의 결과이고, 잘못된 고정관념이라는 것을 알게 되었다.

많은 사람들이 안정된 직장을 추구하는 것은 인생에서 고통을 피하려는 태도이다. 고통을 피하고 당장의 쾌락과 편안함만 추구한다면 공허함을 겪을 수밖에 없다. 결국 의미의 부족으로 다시 불행함을 겪을 확률이 크다. 실제로 나는 군인이나 공무원들이 의미의 공허함을 술, 여자로 채우는 경우를 수없이 목격했다. 때문에 전역 후 새로운 길을 가는 것이 맞다고 확실히 판단할 수 있었다.

두 번째, 일반화로부터 벗어나기 위해 의식적으로 노력해야 한다. 우리의 뇌는 모든 정보를 받아들이고 처리할 수가 없다. 인간의 망막은 초당 1000만 비트의 정보를 뇌에 전송하고, 눈 이외의 감각에서는 초당 100만 비트의 정보를 뇌에 보내고 있다. 다 합하면 1100만 비트에 해당한다. 이 숫자가 어떤 의미를 가지고 있는지 이해하기 어려울 수 있다. 쉽게 설명하자면 인간이 의식적으로 처리할 수 있는 정보의 양은 초당 40비트이다. 만약 뇌가 1100만 비트를 모두 처리하려고 한다면 과부하가 걸려 수명이 급격히 단축될 것이다. 생존을 위해 모든 정보들을 처리하지 못하고 일반화를 할 수밖에 없다.

예를 들어 세상에 있는 모든 문들이 여는 방법이 다르다고 생각해보자. 일반적으로는 밀거나 당겨서 열게 되어 있고, 손잡이는 왼쪽 중간에 놓여 있다. 그리고 시계 방향으로 돌리거나, 아래로 내리면 열리게 된다. 우리는 이 모든 것을 무의식적으로 일반화해서 머릿속에 정보로 저장하고 있다. 그런데 만약 손잡이가 왼쪽이 아니라 오른쪽에 있고, 시계 방향이 아니라 반시계 방향으로 열리고, 밀거나 당기는 방식이 아니라 위로 올리는 방식이라면 어떨까? 모든 문들이 이렇게 다른 구조로 되어 있다면? 문을 열 때마다 고민을 해야 하고, 스트레스를 받을 수밖에 없을 것이다.

그래서 우리의 일상생활은 무의식의 영역으로 뒤범벅되어 있다. 삶에 대해서 일반화를 하는 기준 또한 간단하다. 내 주변의 상황과 사람들을 보고 판단한다. 나와 같은 직장을 다니는 동료들, 친구들, 가족들이 모두 출근하기 싫어하고 생계를 위해 어쩔 수 없이 일한다면 이런 일반화를 갖게 된다. '일을 좋아서 하는 사람은 없어. 다 먹고살기 위해서 하는 거지.' 일반화에서 벗어나기 위해서는 비판적 사고, 통계적 사고를 지녀야 한다.

'설문조사를 보니 자신의 일에 만족하지 못하는 경우가 ○○%이고, 이유는 ○○○ 때문이구나. 만족하는 사람들은 ○○%에 불과하지만 ○○ 공통점을 가지고 있네. 돈을 더 많이 벌 수 있어도 다른 일을 하고 싶지 않다고 대답한 사람이 ○○%구나. 이 사람들은 일에서 돈보다 더 높은 가치를 찾는 걸까?'

세 번째, 나의 생각을 응원해주는 사람을 곁에 둔다. 솔로몬 애시의 실험에서 우리는 집단의 영향력에 대해 확실히 체감했다. 그렇다면 그는 집단의 영향력에서 벗어나는 사람들의 공통점도 알아냈을까? 그의 후속 연구에 따르면, 희망적인 내용도 보인다. 애시는 집단의 영향에서 벗어날 수 있는 효과적인 방법을 찾아냈다. 집단의 압력 속에서도 자신과 의견이 일치하는 사람이 딱 한 명 생기자, 오답률이 4분의 1로 줄어들었다.

이 효과는 그 사람이 떠난 후에도 지속되었다. 많은 사람들이 우리에게 잘못된 방법을 강요할 때, 나의 생각을 지지해주는 딱 한 명만 있어도 소신과 추진력을 얻게 된다는 이야기다. 친구가 될 수도, 가족이 될 수도, 그 외의 어떤 사람이 될 수도 있다. 하고 싶은 일이 명확히 생긴다면, 나를 응원해줄 수 있는 사람들을 곁에 두는 것만으로도 큰 힘이 된다.

18 요약 정리

우리는 집단(주변 사람들, 언론, SNS 등)을 통해 끊임없이 감정적인 압력을 받으며 살고 있다. 우리가 하는 대부분의 선택들은 사실 우리 스스로의 생각이라고 보기는 어렵다. 따라서 자신의 생각을 정말 확고히 하면서 나다움을 찾고 싶다면, 의식적으로 노력해야 한다. 책, 논문, 객관적인 통계 자료들을 통해 비판적 사고를 구비하고 일반화된 사고에서 벗어나야 한다. 또한 자신의 생각을 응원해줄 만한 동료를 찾는 것이 큰 도움이 된다.

19

만나는 사람이 바뀌면 인생이 바뀐다

우리는 이전 글에서 사람은 집단의 압력에 쉽게 굴복당하고, 감정까지 전이된다는 사실을 알았다. 그리고 우리의 생각을 응원해주는 사람들을 만나면 도움이 된다고 하였다. 이번 글에서는 '어떤 사람을 만나야 하고, 그런 사람들은 어떻게, 어디에서 만나야 하는지'에 대해 좀 더 자세히 알아보도록 하자.

먼저, 어떤 사람들과 만나고 어울려야 할까? 여기에 대한 정답은 정해져 있다. 내가 원하는 라이프스타일을 이미 살고 있는 사람들의 무리에 참석하면 된다. 사람은 모방의 동물이기 때문이다. 단순히 감정과 정보만 전이되는 것이 아니라, 행동까지 전염되게 된다. 다음의 연구 결과를 보자.

네덜란드 출신 룰 헤르만스Roel Hermans 박사 연구팀은 '앞에 앉은 사람이 먹는 양에 따라 식사량이 바뀌는지' 확인해보기 위해 라드바우트 대학교 실험실에 실험용 식당을 설치했다. 연구팀은 작은 테이블에 의자 두 개를 마주 보게 놓고 식사하는 사람들 몰래 CCTV를 설치해두었다. 그다음 사람들에게 저녁 식사를 차려주고 한 사람이 먹는 양(횟수와 시간)을 정확히 기록했다. 헤르만스의 실험에 참가한 여성 참가자들은 평균 21세이고 '정상' 체중이며 서로 전혀 모르던 사이였다.

연구팀은 사람들이 음식을 먹는 모습을 3,888번 관찰한 결과, 사람들이 식사를 할 때 상대방과 동시에 포크를 입으로 가져가는 경우가 많다는 사실을 발견했다. 이뿐만 아니라 식사 시간 중에 상대를 흉내 내는 경향까지 확인할 수 있었다. 이처럼 인간이 상대방의 행동을 따라 하는 것은 심리학에서 카멜레온 효과(Chameleon Effect), 사회적 모방(Social Mimicry) 등으로 잘 알려진 고전적인 현상이다.

그렇다면 이렇게 모방을 하는 행위들은 우리가 의식하면서 하는 행동일까? 무의식적으로 나타나는 현상일까? 1966년 이루어진 피츠버그 대학교의 실험에 따르면, 학생들은 21밀리초만에 상대의 동작을 모방했다. 인간이 불빛을 보고 의식적으로 버튼을 누르는 데 걸리는 시간이 이보다 10배 정도 느리다는 것을 감안한다면, 모방은 의식의 영역이라고 보기 어렵다. 무의식의 산물이다.

우리가 무의식적으로 주변 사람들을 모방하게 되는 이유는 무엇일까? 이탈리아의 리촐라티 교수 연구팀은 원숭이를 대상으로 연구를 진행했다. 원숭이의 뇌에 전극을 이식한 후, 땅콩을 먹는 상황에서 뉴런의 변화를 관찰하기 시작했다. 원래 연구의 목적은 '원숭이가 먹이를 집어 들 때 어떤 신경세포(뉴런)가 반응하는지 확인하는 것'이었지만, 이 과정에서 새로운 사실을 발견하게 된다. 원숭이가 땅콩을 집기 전에는 전두피질의 F5 영역 뉴런이 활성화된다. 그러나 한 연구원이 음식물을 집어 드는 모습을 보기만 했던 원숭이의 F5 뉴런이 똑같은 반응을 보인 것이다. 계속된 연구에서도 원숭이들은 다른 원숭이들이 땅콩을 먹거나 땅콩 껍질을 까는 소리만 들어도 F5 뉴런이 활성화되었다.

새로운 사실을 알게 된 연구팀은 이번에는 원숭이가 아닌 사람에게 동일한 실험을 해보았다. 참가자들은 앞에 있는 사람이 움직이는 모습을 지켜보고, 연구팀은 실험 참가자들의 뇌를 MRI로 촬영했다. 결과는 원숭이들과 동일하게 나타났다. 자신이 직접 행동하지 않고 사람들이 행동하는 모습만 보더라도, 그들과 똑같은 신경세포가 반응한다는 것이다.

이제 어떤 사람들과 어울려야 할지 감이 올 것이다. 삶에 대해 긍정적이고 열정적인 사람을 만나서 그들의 감정을 나에게 전염시켜야 한다. 성장 지향적이고 의미 있는 삶을 추구하는 사람들과 어울리면서 그들의 행동을 모방해야 한다. 반대로 모든 책임을 남에게 돌리고, 부정적이고, 의미 있는 삶보다는 당장의 편안함을 원하는 사람들과는 멀어져야 한다.

강의나 코칭을 하다 보면, 사람들이 이런 질문을 하기도 한다. "어떤 사람들을 만나야 하는지는 이제 알겠는데, 그 사람들이 대체 어디에 있는 건가요? 제 주변에는 책이라고는 만화책밖에 모르는 사람들 천지예요."

아이러니하게도, 만나는 사람을 바꾸기 위해 가장 중요한 시작은 기존의 인맥들을 과감히 끊어내는 것이다. 원래부터 친구가 많이 없고, 직장 동료들과도 업무 외적인 시간에 만나는 사이가 아니라면 최적의 상황이다. 친구도 많고 인간관계가 활발한 사람들은 멀리서 보면 인생의 주인공인 것처럼 보이지만, 사실 그렇지 않은 경우가 더 많다. 그 사람의 인생에 관여하는 사람이 많기 때문이다. 의식적이든 무의식적이든 말이다.

따라서 당신이 어떤 상황에 있는 사람이든 간에, 만나는 사람을 바꾸고 인생을 좀 더 나은 방향으로 가기 위해서는 기존에 만나던 사람들부터 정리해야 한다. 잔인한 이야기로 들리겠지만, 지금 만나는 사람들도 다 만나고 새로운 사람들도 다 만나는 것은 불가능하다. 사람들에게 받은 좋은 영향을 또 다른 사람들에게 받는 영향으로 무산시켜버리고 말기 때문이다. 만나던 사람들을 정리했다면, 이제 어떤 곳에서 사람들을 만나야 하는지 알아보자.

가장 먼저 추천할 만한 곳은 독서 모임이다. 독서 모임은 크게 세 가지 장점이 있다. 첫 번째로 책을 읽는 사람들은 성장 지향적이고, 상대적으로 마음이 열려 있는 경우가 많다. 두 번째로 독서 모임은 다양한 분야의 사람들이 모여 있기 때문에 서로의 일을 존중해주는 문화다. 세 번째, 독서 모임은 어디에든 존재하기 때문에 '자기계발에 관심 있는 사람들을 찾기가 어려워요'라는 핑계는 더 이상 댈 수가 없다.

특히 최근에는 일정 비용을 받고 참석할 수 있는 독서 모임들이 번창하고 있다. 독서 클럽, 독서 동아리, 북클럽, 북살롱 등 다양한 이름을 가지고 있다. 대표적인 독서 모임 스타트업인 트레바리는 "그게 돈이 돼?"라고 말했던 사람들을 비웃으며 현재 2만 4730명의 누적 멤버 수를 자랑하고 있다. 트레바리의 클럽에 참여하기 위해서는 네 달 동안 네 번의 모임을 나가는데 30만 원의 비용을 내야 한다. 한 회당 7만 원에 해당하는 독서 모임이다. 물론 무료 독서 모임도 많긴 하지만 유료 모임을 추천하는 이유는 필터링 때문이다. 돈을 내고 참석하는 사람은 무료로 참석하는 사람들보다 훨씬 더 책임감을 가지고 있고, 독서와 모임에 열심히 참여를 한다.

책을 읽는 사람들은 책을 읽지 않는 사람에 비해 뇌가 활성화되어 있다. 책을 읽지 못하는 사람들은 책을 읽지 않는 사람들에 비해 추상적이고 논리적인 사고를 하지 못한다. 뿐만 아니라 책을 읽게 되면 인간의 고등 행동을 관장하는 좌뇌의 전두엽 부위들이 점점 빠른 속도로 상호작용을 하게 된다. 이것은 인간이 입체적인 사고를 하게 하고, 통찰력, 창의력, 사회성에도 영향을 미친다.

물론 내 주변에도 책을 읽는 사람들이 많지만, 독서 모임에 참여하고 있는 사람은 그리 많지 않다. 무조건 독서 모임을 다니면서 책을 읽어야 한다는 것도 아니고, 독서 모임이라고 해서 모두가 생산적이라는 뜻도 아니다. 일부 독서 모임들은 연애의 장이 되기도 하고, 술 모임이 되기도 한다. 그러나 그런 모임들은 말 그대로 '일부'에 불과하다. 자신에게 잘 맞는 독서 모임을 찾는 것은 만나는 사람들을 바꾸는 가장 쉬운 방법이며, 꽤 괜찮은 방법에 속한다.

두 번째, 만약 존경하는 멘토나 스승이 있다면 그들이 운영하는 모임에 지속적으로 참여하라. 다른 멘티들과 어울리는 것도 방법이다. 다만 멘토가 존경할 만하다고 해서, 그 멘티들이 모두 괜찮은 사람인 것은 아니니 주의해야 한다. 만약 멘토가 없다면 만날 만한 사람들을 찾기 전에 자신에게 정말 필요한 멘토를 먼저 찾는 것이 좋다. 내가 원하는 삶을 살고 있는 사람 주변에는 그와 비슷한 사람들이 많다는 사실을 명심하라.

세 번째, 일반적인 사람들이 듣지 않는 교육을 찾아 들어라. 나의 첫 번째 책인 《만나는 사람을 바꿔야 인생이 바뀐다》를 출간하고 독자들로부터 가장 많이 받았던 질문이 있다. "작가님은 어디에 가서 새로운 사람들을 만나시나요?" 책에서도 대답을 이미 말하긴 했지만 나는 새로운 것을 배우고 연구하는 것을 좋아한다. 손에 책을 달고 사는 것은 물론이고, 좋은 교육들이 있으면 비싼 돈을 주고서라도 꼭 듣는 편이다. 이 과정에서 많은 시행착오를 겪고, 합법적 사기(?)에 가까운 교육들을 듣기도 했지만 후회는 하지 않는다. 교육의 내용을 떠나 얻은 것들이 너무도 많기 때문이다. 그중 가장 대표적인 것이 바로 사람이다.

2018년 교육부가 통계청과 공동으로 실시한 「2018년 초·중·고 사교육비 조사」를 보면 국내 사교육비 총액은 19조 5000억 원으로 2017년보다 8000억 원이 증가했다. 20조에 가까운 금액이라고 하면 얼마나 많은지 실감이 안 날 것이다. 학생 때는 교육에 이렇게 많은 돈을 투자하는데, 성인이 되면 어떤 변화가 일어날까? 최근 저출산율로 인해 학생들이 줄어들고, 평생직장이 줄어들게 되면서 성인들을 위한 교육이 많이 생겨나고 있다. 그렇게 많이 생겨난 성인 교육 시장은 약 2~5조 원으로 추산된다. 우리나라는 19세 이전까지 엄청나게 많은 교육비를 투자하고, 성인이 되는 순간 교육에 거의 투자를 하지 않는다. 대학교까지 나왔고, 직장에 취업까지 했으니 이제 교육에 더 이상 투자를 할 필요가 없다고 여기는 것이다. 성인이 되자마자 공부에 완전히 질려버린다.

그렇다면 성인들을 위한 교육 시장 2~5조 규모는 어떻게 추산된 것일까? 어떤 사람들이 어떤 교육들을 받기 위해 돈을 투자하고 있는지 확인해보자. 2016년 〈이데일리〉 기사에 따르면, 당시 성인 대상 교육 시장 규모를 2조 5000억 원으로 취합하고 있다. 이중 외국어 교육이 1조 8000억 원, 공무원 입시 교육이 2200억 원, 국가자격증 1500억 원, 민간 자격증 1500억 원, 기업 내 직무교육이 500억 원이다. 사실상 성인 교육이라고 하는 것의 대부분이 외국어 교육과 공무원 입시, 자격증에 집중되어 있다. 결국 19세 이후의 성인 교육 시장 또한 취업을 위한 교육들이다.

새로운 부류의 긍정적인 사람들을 만나기 위해 영어, 중국어, 일본어 학원을 가거나 자격증 공부를 하거나 직장인 실무교육, 공무원 입시 강의를 듣는 사람들은 없을 것이라고 믿는다. 이런 강의들은 '대부분의 사람들'이 사회적, 시대적 흐름에 맞춰 가는 곳이다. 초·중·고등학교 때는 좋은 대학교를 가기 위해 사교육을 받고, 성인이 되면 외국어 점수, 자격증 취득, 공무원 준비를 위해 학원을 간다. 직장인이 되면 승진을 위해, 잘리지 않기 위해서 외국어 점수를 따고 자격증을 따고, 실무교육을 받는다. 평생직장이 없어졌기 때문에 성인 교육 시장이 발달하고 있는 것뿐이지, 사람들의 인식이 엄청나게 향상된 것은 아니다. 이런 학원들은 '성인이 된 이후에도 좋은 인생을 살기 위해 배워야지'라는 마음을 가진 사람들이 모여 있는 곳은 아니다.

따라서 우리가 가야 할 곳은, '굳이 듣지 않아도 생계에 지장이 없는' 교육들이다. 큰돈이 들지 않으면서도 좋은 강의를 오프라인에서 들을 수 있는 인문학 강연들이 좋다. 또한, 국내 저자의 책을 읽다 보면 저자들이 오프라인에서 강의를 진행하는 경우가 많다. 물론 책 자체를 교육 홍보 목적으로 쓰는 사람들도 있지만, 책이 정말 감명 깊고 더 깊게 배우고 싶은 분야라면 돈을 내고 들어보는 것도 좋다. 이 경우 내가 좋아하는 분야를 배우게 되고, 나와 비슷한 분야에 관심을 가지고 있는 다양한 사람들을 만날 수 있고, 책을 통해 만났기 때문에 성장 지향적인 사람들을 만날 확률이 높다.

이렇게 다양한 루트들을 통해 새로운 사람들을 만났다면, 단순히 만나는 것에 그치지 않고 관계를 이어 나가는 것도 중요하다. 모임에도 적극적으로 참여하고, 나아가 자신의 실력을 더욱 상승시킨다면 더 좋은 사람들과 연결이 될 확률이 점점 높아진다.

19 요약 정리

사람은 무의식적으로 주변에 있는 사람들의 행동을 모방하게 된다. 따라서 당신이 원하는 라이프스타일을 살고 있는 사람들과 어울리는 것이 좋다. 긍정적이고, 의미 있는 삶을 꿈꾸는 사람들을 만나라. 가장 쉬운 방법 중 하나는 독서 모임에 참여하는 것이다. 멘토가 운영하는 모임에서 멘티들과 어울릴 수도 있고, 인문학 강연 또는 책의 저자가 하는 강의를 듣는 것도 좋다. 만나는 사람들을 바꾸기 시작했다면 모임에 적극적으로 임하고, 참여하는 분야에서 실력을 높이면 더 좋은 사람들을 만날 기회가 많아진다.

20

부당한 권위에 복종하지 않을 수 있는 방법이 있다

인간이 권위에 얼마나 취약하고, 쉽게 굴복하는지에 대한 연구 결과가 있다. 미국의 심리학자이자 스탠퍼드 대학교의 명예교수인 필립 짐바르도는 이 악명 높은 실험을 했다는 자체만으로도 굉장히 많은 사회적 질타를 받았다.

그는 스탠퍼드 대학교 심리학과 건물 지하에 모의 감옥을 설치하고, 심신이 건강한 남자 대학생 24명을 선발했다. 12명의 죄수와 12명의 간수를 무작위로 배정하고, 학생들이 최대한 실험에 몰입할 수 있는 환경을 조성했다. 예를 들어 간수들은 제복과 미러 선글라스, 곤봉을 지급 받아 최대한의 권위를 휘두를 수 있도록 하고, 죄수들은 불편한 작업복에 발목에는 쇠사슬을 차고 있어야 했다. 간수들이 받은 임무는 단 한 문장이었다.

'죄수들을 통제하고 최대한 무력함을 느끼도록 할 것.'

이 실험은 2주 동안 진행될 예정이었지만 예정보다 빨리 끝내야 했다. 모의 감옥은 지옥이 되었고, 학생들의 정신적 상태가 심각하게 위협받았기 때문이다. 간수들은 자신의 역할에 놀랍도록 몰입하면서 죄수들의 인간성을 말살하기 시작했다. 독방에 가두어 잠을 재우지 않고, 죄수들끼리 성적 행위를 하도록 강요하는 등 굴욕감을 주었다. 충격적인 것은 간수들의 행동뿐만이 아니었다. 분명히 모의 감옥이고, 실험이었을 뿐인데도 죄수들은 이를 완전히 잊어버린 듯했다. 상황극 속에서 말도 안 되는 행위를 지시함에도 불구하고 죄수들은 간수들의 지시에 완전히 복종했다. 이 실험에 참여했던 학생들은 실험이 끝나고 난 뒤에도 모두 정신적으로 큰 충격을 받았다. 신경증, 우울증에 시달리는 사람까지 나올 정도였다. 그들은 자신이 왜 이런 행동을 했는지 이해하지 못했으며, 당시에는 아무런 죄책감을 느끼지도 못했다고 말했다.

이런 상황은 단순히 실험에서만 일어날 수 있을까? 우리의 현실에는 이처럼 권위에 복종하고, 인간성을 침해받는 경우가 없을까? 때로는, 현실이 가상 실험보다 더 잔혹할 때가 있다.

나는 군특성화 고등학교를 졸업하고 공군의 부사관으로 일을 시작했다. 항공기 기관정비사로 근무하면서 일 자체도 너무 힘들었지만, 일보다 훨씬 더 힘들었던 것은 사람들과의 관계였다. 군대라는 권위적이고 보수적인 틀 속의 압박감이었다. 고참들이 시간외수당을 받아야 하기 때문에, 아무 일도 없이 야근을 해야 하는 일은 다반사였다. 고참들은 사무실에서 스마트폰을 보면서 쉬고, 나는 시간외근무의 핑계를 만들기 위해 굳이 필요 없는 일이라도 만들어서 해야 했다.

원래부터 일 자체가 많아 야근이 잦은데, 그런 야근까지 하게 되는 것은 내게는 최악의 상황이었다. 이뿐만이 아니다. 그나마 운이 좋아 야근을 안 하게 되는 날은, 술자리가 생기곤 했다. 이 정도에서 끝났다면 다행이다. 바로 눈앞에서 친누나와 여자 친구를 성희롱하는 고참도 있었다. 나는 이 일이 생각날 때마다 화가 치밀어 오른다. 그 고참들이 아닌 나 스스로를 용서할 수가 없다. 왜 그만하라고 말 한마디 못했을까? 그 사람이 날 죽일 것도 아닌데 뭐가 그렇게 겁이 나서 실실 웃기만 하고 있었을까?

내가 부사관 때 받았던 모든 형태의 압박들은 가끔 권위라는 직접적인 힘으로 나를 짓누르기도 했지만, 사실 대부분의 경우에는 '자연스러운 상황'에서 발생했다. 불필요한 야근을 해도 당연하게 여겨지는 분위기, 번개 회식을 해도 당연하게 모두가 참석하는 분위기, 성희롱을 해도 웃어넘기는 분위기 말이다. 나는 이 일이 벌어지고 몇 년이 지나서야 필립 짐바르도의 실험을 알게 되었고, 나뿐만이 아니라 대부분의 사람들이 죄수처럼 권위에 복종하면서 살아간다는 사실을 알게 되었다.

나는 의무 복무 기간이 있었기 때문에 모의실험 참가자들처럼 실험 포기를 외치고 뛰쳐나갈 수는 없었다. 그나마 찾아낸 도피처가 장교로 재임관하는 것이었다. 당시 공군 장교는 내 기준에서는 꽤나 높은 벽이었지만, 어떻게든 벗어나야 했다. 정말 다행스럽게도, 피나는 노력 끝에 최단시간 내로 장교가 될 수 있었다. 장교가 된 이후에는 근무지를 옮겼다. 완전히 새로운 환경에서 새로운 사람들과 일을 하게 되었다. 이 새로운 환경은 너무도 만족스러웠다. 더 이상 성희롱을 시도하려는 사람은 전혀 없었고, 불필요한 야근은 스스로 조절이 가능했다. 회식이 정말 가끔 있긴 해도, 부사관 때에 비하면 압도적으로 적을뿐더러, 웬만하면 나의 사적인 일정까지 충분히 배려해주는 분위기였다.

장교로서 새로 맡게 된 일은 생각보다 어렵지 않았다. 초급 장교의 역할은 주기적인 행정 업무들이 대부분이었고, 어느 정도 시간이 지난 후에는 실무자들을 위한 보고서들을 작성하는 것이 주요 업무가 되었다. 부사관 때는 위에서 내려오는 지시에 따라 시키는 일만 했다면, 이제는 중간에서 지시를 조율하고 실무자들이 하는 일을 정리하는 위치가 된 것이다.

나는 부사관 때, 실무 현장과 전혀 맞지 않는 지침이 내려올 때마다 울화통이 터졌던 기억을 떠올렸다. 화가 나면서도 아무 말도 하지 못했던 상황을 똑똑히 기억하고 있었다. 그래서 어떻게 해야 정말 현장에서, 실무자들이 도움이 될 만한 지침과 보고서들을 쓸 수 있을까 고민을 시작했다. 실무자들을 인터뷰하고, 불필요하다고 생각되는 내용을 철저히 배제한 채 정말 중요한 포인트를 강조한 보고서를 만들기 위해 노력했다. 하지만 얼마 지나지 않아 깨달았다. 크게 간과하고 있던 것이 있었다.

보고서의 내용이 최종적으로 시행되기 위해서는 지휘관의 결재를 받아야 하는데, 지휘관의 입장은 실무자들과 완전히 달랐다. 실무자들은 현장에만 주로 있기 때문에 전체적인 큰 그림을 보기 힘들 수 있고, 때문에 장교들은 그들의 말만 들어서는 안 된다는 것이 지휘관의 입장이었다. 사실 이 내용은 미처 생각하지 못했던 것이었지만, 충분히 논리적이었고 내가 들어도 납득이 가능한 부분이었다. 나는 전적으로 지휘관의 의견에 동의했다. 그러고는 지휘관이 지시하는 방향으로 보고서를 수정해 나가기 시작했다.

하지만 바로 이 부분에서 또다시 문제가 생겼다. 보고서에 대해 이해가 부족할 때에는 지휘관이 지시하는 방향으로 무작정 보고서를 수정했지만, 시간이 지나면서 새로운 사실들이 보이기 시작했다. 지휘관의 말대로 큰 그림을 보면서 작성된 보고서 중에서는, 실제 업무를 위한 보고서가 아니라 현장의 일을 늘리기만 하고 현실적으로는 전혀 도움이 안 되는 지시들이 절반 이상이었다. 나는 이 사실을 깨닫는 순간 가만히 있기가 힘들었다. 부사관 때 그토록 증오했던 사람들의 행동을 내가 하고 있다는 사실을 인정할 수가 없었기 때문이다.

하지만 차마 지휘관에게 직접 "이 보고서는 아무리 생각해도 아닌 것 같습니다"라고 말할 용기가 나지 않았다. 처음에는 이 분야에서 경험이 많은 주변 동료들에게 조언을 구했다. 하지만 돌아오는 대답은 "원래 다 그래요. 괜히 스트레스 받지 말고 그냥 시키는 대로 하는 게 나아요"가 대부분이었다. 아무리 그래도 가만히 있을 수는 없었다. 부사관 때처럼 가만히 아무 말도 안 하고 있는다면, 분명히 후회하게 될 것이 뻔하니 말이다.

그래서 일을 잘하기로 유명한 선배 장교에게 도움을 요청했다. "이 보고서 아무리 생각해도 아닌 것 같은데, 선배는 이럴 때 보통 어떻게 하세요?" 선배가 씁쓸한 표정으로 대답했다. "지휘관한테 말해도, 한번 말한 건 절대 번복 안 할 거야. 일단 쓰라는 대로 쓰고 나서 나중에 지휘관 바뀔 때 상황 보고 취소해야지." 이 조언은 지금

와서 생각해봐도 그 상황에서는 꽤나 현실적인 조언이다. 결국 나는 제대할 때까지 지휘관의 권위적인 지시에 반박하지 못했다. 간간이 시도는 해봤지만, 말문을 꺼내자마자 지휘관의 기에 눌려 금방 포기하곤 했다. 장교가 되었으니 이제 죄수에서 벗어났다 싶었는데, 모르는 사이에 이번에는 간수 중 한 명이 되어 있었다. 지휘관이 시켜서 어쩔 수 없었다는 말은 할 필요가 없다. 그렇게 말한들 죄책감이 사라지지도, 이미 한 잘못들이 합리화되지도 않기 때문이다.

"만약 그때로 다시 돌아간다면 무조건 해야 하는 말을 할 것이다"라고 말하는 것은 쉽다. 그때로 돌아갈 수가 없기 때문이다. 그러나 오랜 시간의 군 생활과 권위와 복종에 대한 연구를 통해 알아낸 몇 가지 해결책들이 있다. 권위적인 상황에서 복종하지 않고 나의 온전한 의지대로 행동할 수 있는 방법에 대해 알아보자.

가장 좋은 것은 나의 의지와 같은 방향을 향하고 있는 사람들과 함께 하는 것이다. 캘리포니아 훔볼트 주립대학교의 사회학 교수인 새뮤얼 올리너Samuel Oliner는 사람들이 목숨 걸고 남을 돕는 이유에 대해 조사를 했다. 그는 연구를 하는 과정에서 나치 점령기의 유럽에서 유대인을 도와준 400명 이상을 인터뷰했다. 자신의 목숨을 걸고 다른 사람들을 도와줬던 사람들은 어떤 공통점이 있었을까? 연구 결과 이들 중 거의 모두가 물질적, 정서적으로 그들을 지탱해주는 네트워크에 의지한 것으로 나타났다. 이와 비슷한 연구 결과들은 많다. 혼자서는 집단과 권위에 대해 엄청나게 취약하더라도, 내 편을 들어주는 사람 단 한 명이 엄청난 용기를 생성하기도 한다.

이번에는 내 편이 한 명도 없는 상황에서 무엇을 할 수 있는지 알아보자. 스탠퍼드 대학 감옥 실험을 주관했던 필립 짐바르도 교수는, 실험이 끝난 이후 '영웅적 상상력 프로젝트'를 시작했다. 개인이 집단의 권위에 무작정 동조하지 않도록, 부당이득을 챙기지 않도록, 누군가를 괴롭히지 않도록 하는 것에 초점을 둔 프로젝트였다. 그의 프로젝트는 관리자와 직원, 학생을 비롯해 다양한 계층의 사람들에게 동조와 따돌림, 맹목적 복종에 저항하는 심리적 기술을 가르친다. 그가 가장 중요하다고 생각하는 한 가지는 '항상 자신의 행동에 책임감을 느낀다. (자기는 명령을 따를 뿐이라는 핑계는 결코 타당한 이유가 되지 않는다.)'이다. 이 말에 공감하지 않을 수가 없었다.

8년 동안 군 생활을 하면서 손에 꼽을 정도로 적긴 하지만, 도저히 그냥 넘어갈 수 없어 권위에 대응하는 용기를 낸 순간들이 있다. 그 사건들을 뒤돌아보면 모두 다 내 인생에 대한 책임, 일에 대한 책임, 내가 책임져야 하는 사람들에 대한 책임 때문이었다. 인생에서 일어나는 모든 일은 나의 책임이라고 생각하는 순간, 옳은 일을 해야겠다는 용기가 생기곤 했다. 불필요하게 너무나 많은 회식들에 빠지겠다고 말하는 것은 엄청난 용기가 필요했다. 회식에 참여하지 않고 미래를 위해 공부하기로 결정했던 것은 내 인생에 대한 책임을 지기 위해서였다.

일을 할 때도 지휘관의 말에 수동적으로 따르면 편한 경우가 많았다. 굳이 마찰을 일으키지 않고 시키는 대로만 해주는 것은 어렵지 않았기 때문이다. 그러나 그렇게 하면 내가 맡은 직무에 대한 책임을 저

버리는 행위였고, 나의 보고서 하나 때문에 많은 사람들이 불필요한 일을 해야 했다. 그렇기 때문에 용기를 내어 지휘관과 합의를 볼 수 있었다. 대부분의 지시에는 따를 수밖에 없었지만, 정말 아니라고 생각했던 부분에서는 용기를 냈다. 모두 책임감에 관련된 순간이었다.

마지막으로, 직장 내의 권위에 대해 말해보려고 한다. 물론 말도 안 되는 행위를 하는 사람들이 많다는 것을 너무 잘 알고 있다. 나 또한 지긋지긋하게 경험해온 일이다. 그러나 이런 불합리한 권위에 대응하기 위해서는 실력이 있어야 한다. 직장 상사가 어떤 지시를 했는데 그 지시가 불합리한 지시라면, 협의를 해야 한다. 무조건 따지고 드는 것은 현실에서는 오히려 부정적인 효과만 낳을 뿐이다. 협의를 해야 하는데 상사의 지시가 비효율적이거나 불합리한 지시라는 사실을 증명해내지 못하면 의미가 없다. 권위에 대응한다는 것은 일하기 싫다고 땡깡을 부리는 것과는 엄연히 다르다.

그러나 안타깝게도 직장 상사의 권위적인 행동이나 수직적인 문화가 싫다고 하는 사람들 중에는 실력이 없는 사람이 대다수다. 실력이 없는 사람일수록 더 불합리한 지시를 많이 받게 되고, 잡일을 많이 하게 되고, 주변의 인정 또한 받지 못한다. 이들은 실력을 쌓은 후 상사에게 정당한 요구를 하려 하지 않는다. 자신의 일에 책임은 지지 않고 남 탓하는 것이 습관화되어 있다. “내가 커리어를 쌓지 못하는 이유는 권위적인 직장 문화 탓이다”라고 말할 뿐이다. 이런 방향으로 나아가서는 안 된다. 회사에서 요구하는 실력은 충분히 쌓고, 그 후에 불합리한 부분에 대해서는 정당하게 협의를 해야 한다.

20 요약 정리

대부분의 인간은 권위에 복종하거나 취약한 모습을 보인다. 어떤 사람들은 권위에 짓눌려서 죄수처럼 지내거나, 어떤 사람들은 권위에 짓눌려서 간수처럼 누군가를 괴롭히는 역할을 한다. 이 둘은 달라 보이지만 권위에 복종하고 있다는 사실은 결국 동일하다. 권위에 눌려 자신의 의지(신념)를 잃고 싶지 않다면 자신의 업무에 확실한 전문성을 갖춰야 한다. 또한 자신이 하는 일에 있어 뚜렷한 책임감을 갖고 임해야 한다. 이때, 자신의 의지를 지지해줄 동료나 모임이 있다면 심리적으로 큰 도움이 된다.

21

사람들의 신뢰를 얻고 설득하는 방법

: 동일성, 경청, 문제 해결 능력

사람들에게 신뢰를 얻는 방법은 다양하다. '이렇게 말을 해야 신뢰를 얻는다', '고객을 설득하려면 외모가 중요하다' 등 수많은 스킬들이 있다. 신뢰를 얻을 때에는 실제로 말하는 방법이나 외모적인 부분도 중요하지만, 이번 글에서는 사람 간의 신뢰를 위해 좀 더 본질적인 내용들을 말해보려고 한다.

1979년, 심리학자였던 찰스 로드, 리 로스, 마크 레퍼는 스탠퍼드 대학교에서 한 실험을 했다. 연구팀은 48명의 학생들을 실험 참가자로 선정했는데, 그중 절반은 사형 제도를 찬성하는 입장이었고, 나머지 절반은 사형 제도에 반대하는 입장이었다. 두 집단은 모두 연구 내용이 자신들의 관점과 동일할 거라 생각하고 있었다. 연구진은 참가자들에게 가상의 연구 결과들을 보여주었다. 하나의 연구 결과는 사형의 범죄 억제력 효과를 지지하는 내용이었고, 또 하나의 연구 결과는 사형의 범죄 억제력이 없음을 나타내는 내용이었다. 연구진은 학생들에게 두 연구의 연구 방법과 과정들을 평가하라고 말했다. 학생들은 자연스럽게 자신의 관점과 동일한 결과를 낸 연구는 올바른 방법으로 구성되었다고 평가하는 반면, 자신의 관점과 다른 결과를 나타내는 연구는 방법부터 잘못되었다고 평가했다.

우리는 이런 실험 결과를 통해 무엇을 알 수 있을까? 사람들은 자신이 현재 가지고 있는 가치관과 반대되는 행동이나 말을 접하면, 막연한 거부반응을 일으킨다. 또한 자신의 입장과 동일한 가치관이나 생각을 접하면 맹목적으로 신뢰하고, 그 의견 자체를 높게 평가한다. '확증 편향'이라고 불리는 이 현상은 주변에서 흔히 일어나는 일이다. 실험 대상자들이 평범한 학생이 아닌 객관적인 눈을 가져야 하는 전문가라고 해도 말이다.

심리학자 마이클 마호니는 행동주의 심리학자 75명을 대상으로 실험을 했다. 마호니의 실험 방식은 간단했다. 행동주의 심리학자들은 학술지에 게재될 예정인 논문 하나를 읽고 그 논문에 대한 평가를 하기만 하면 되었다. 그 논문은 아이들이 나무 퍼즐 놀이와 책 읽기를 할 때, 보상이 있느냐 없느냐에 따라 흥미 정도가 영향을 받는지에 대한 내용이었다. 당연히 행동주의 심리학자들은 그 논문의 결론이 '보상은 아이들의 흥미를 지속시킨다'이길 바랄 것이다. 그 반대라면 자신들이 생각하는 가치관과 이견이 될 테니 말이다. 하지만 그들은 학자로서, 양심에 따라 논문의 내용을 객관적으로 평가해야만 하는 위치에 있었다.

마호니는 주제와 실험 방법 등 모든 것이 동일하지만, 데이터를 약간 바꿔서 실험 결과를 다르게 조작했다. 행동주의 심리학을 지지하는 결과를 낸 논문을 1그룹에게 보내고, 행동주의 심리학에 반대하는 결과를 낸 논문을 2그룹에게 보여주었다. 마호니는 학자들에게

45일 안에 논문의 퀄리티와 학술지 게재 여부를 평가하여 보내달라고 요청했다.

과연 전문가들은 이 논문에 대해 어떤 결과를 내놓았을까? 연구진은 행동주의 심리학자들의 논문 평가를 본 뒤 결론을 내렸다. '전문가들도 확증 편향에서 벗어나지 못한다'라고 말이다. 분명히 객관적인 데이터를 포함한 동일한 논문이었음에도 불구하고, 학자들은 객관적인 결과를 내놓지 않았다. 행동주의 심리학자들은 자신들이 주장하는 의견과 동일한 결과를 낸 논문을 높게 평가하며 학술지 게재에 동의했다. 하지만 자신들의 의견과 반대되는 논문은 연구의 신뢰도를 낮게 평가했으며, 학술지에 게재해서는 안 된다고 말했다.

이 연구 결과들은 무엇을 의미하는가? 사람들은 자신이 주장하는 의견과 동일한 가치관이나 생각을 접하면 맹목적으로 신뢰한다. 그 사람을 존중하기 시작하고, 능력이 있다고 생각한다. 만약 '신뢰'를 얻는 것 자체가 목적이라면 이보다 더 좋은 방법은 없다. 직장 상사의 말에 맞장구를 쳐주고, 고객의 말에 공감해주는 모든 행위들이 이처럼 신뢰를 얻기 위함이다.

그러나 문제는 여기에서부터 발생한다. 우리가 얻으려는 것은 신뢰만이 아니기 때문이다. '신뢰를 얻으면서 원하는 방향으로 설득하는 것'이 목적이다. 사람들에게 신뢰를 얻고 설득하는 구체적인 방법에는 어떤 것이 있을까? 다음의 사례를 보자.

다이아몬드 베이 투자그룹의 설립자이자 회장인 조단 워즈는 젊은 시절의 어느 날, 인생을 바꿀 만한 교훈을 배우게 되었다. 먹고살기 위해 수상비행기를 팔고 있을 때였다. 그는 수상비행기에 조금이라도 관심을 보이는 고객들이 있으면 즉시 쫓아가 장점을 늘어놓곤 했다.

"이것은 아주 멋진 비행기입니다! 이 수상비행기는 굉장하죠! 수상비행기를 소유하면 아름다운 창공을 멀리까지 날아가서 호수에 착륙하여 낚시와 캠핑을 할 수 있으니까요! 이제 이 수상비행기의 모든 특징을 설명해드리겠습니다."

하지만 이상하게도 그가 말을 하면 할수록, 고객들은 들으려고조차 하지 않았다. 오히려 짜증을 내기까지 했다. 조단은 이런 고객들을 이해할 수 없었다. 한동안 수상비행기를 한 대도 팔지 못하자, 그는 결국 현명한 선택을 하기에 이른다. 수상비행기 판매를 포기한 것이다. 그는 수상비행기의 '판매'를 그만두고 고객과의 대화를 전혀 다른 방향으로 전개해 나갔다. 입을 다물고, 그저 고객이 하고 싶은 말을 실컷 하도록 내버려두었다. 고객들은 수상비행기에 대해 대화하는 것을 좋아했다. 다만, 조단으로부터 이야기를 듣는 것이 아니라 자신이 직접 수상비행기에 대해 이야기하는 것을 더 좋아했다.

"오, 나는 수상비행기에 대해 모든 것을 알고 있어요. 수상비행기를 조종한 시간만 총 5,000시간이랍니다. 수상비행기를 타고 알래스카까지 비행한 적도 있어요. 그 이야기를 해드릴게요."

고객은 쉬지 않고 자신이 겪었던 수상비행기에 대한 이야기를 이어갔다. 이 대화의 끝이 어땠을지 예상이 가는가? 고객은 혼자 쉴 새 없이 떠들다가 마침내 몹시 흥분하며 마무리를 지었다.

“아시다시피, 이 수상비행기를 내가 산다면 멋질 겁니다. 값은 내가 생각했던 것 이상이지만요. 하지만 과감하게 돈을 써야 하는 경우도 있는 법이죠. 전에 수상비행기를 가졌을 땐 정말 즐거웠어요. 아내와 상의해보고 연락드리겠습니다.”

그리고 다음 날, 고객으로부터 수상비행기의 구매 계약금을 보내겠다는 전화가 왔다.

이처럼 상대방의 말을 잘 들어주고 칭찬을 해주는 것만으로도, 그 사람의 신뢰를 얻을 수 있다. 많은 말을 하며 전문가로 인정받기 위해 노력하는 것보다, 때로는 가만히 상대방의 말을 경청하며 적극적인 리액션을 해주는 것이 더 좋은 인상을 심어줄 수 있다. ‘경청’은 사람들의 존중을 받기 위해 언제나 가장 중요한 요소로 손꼽힌다. 미국의 경제 전문 웹진 〈비즈니스 인사이더〉에서 ‘상대방의 존중을 받는 7가지 방법’을 소개했는데, 그중에서도 가장 강조하는 첫 번째 내용을 보자.

‘상대가 자신의 이야기를 하도록 잘 들어주어라. 사람들은 자신의 경험을 이야기할 때 그 얘길 들어주는 상대와 사회적 유대감을 갖기 쉽다. 때문에 상대에게 좋은 인상을 남기려면 그가 자신의 이야기를 하도록 내버려두는 것이 좋다. 자기 자랑이 지나친 사람의 말은 들어주기 어렵지만 그에게 좋은 인상을 남기고 싶다면 그 얘기를 잘 들어주는 것이 가장 좋은 방법이다.’

사실 상대방의 말을 가만히 듣고 있는 것은 여간 힘든 일이 아니다. 특히 자신의 생각과 반대되는 말을 열심히 토해내고 있는 상대방을 보면, 하나하나 반박해주고 싶은 마음까지 들 수도 있다. 하지만 우리의 목적은 상대방의 신뢰를 얻고, 설득을 통해 원하는 것을 취하는 것이다.

상대방의 말에 섣불리 반대 의견을 펼치며 "저는 전문가입니다. 확실한 정보를 토대로 당신의 생각이 얼마나 잘못되었는지 알려드리죠"라는 반응을 보이는 것은 위험하다. 상대방이 만약 당신의 완벽한 논리에 굴복당하더라도, 이미 기분이 상할 대로 상해서 당신에게는 어떤 호의도 베풀지 않을 것이다. 하지만 반대로, 고객의 말에 진심으로 경청을 해주는 사람은 신뢰와 존중을 얻을 수 있다.

상황에 따라서는 반드시 신뢰만 얻는 것이 문제가 아닐 수도 있다. 적극적으로 설득을 해야 하는 상황이 있다. 영업을 할 때, 코칭을 할 때 등 인생의 수많은 순간에서 누군가를 설득해야 할 때가 있다. 이런 상황에서는 상대방의 말을 경청하고 호응만 하는 것으로 효과를 얻기가 힘들다. 상대방이 나의 전문성을 충분히 인지하게 만들고, 설득 포인트를 찾아내어 집요하게 질문해야 한다.

혹시 당신은 한 분야의 전문가인 사람과 대화를 하다가 예상치도 못한 구매 욕구를 느낀 적이 없는가? 나는 마케팅 회사를 창업한 이후, 두 번째 고객 이후로는 단 한 번도 영업을 해본 적이 없다. 정확히 말하면 영업을 할 필요가 없었다. CEO들과 아무 생각 없이 진지하게 대화를 나누다 보면 항상 "대표님에게 마케팅을 맡기고 싶은데 혹시 티오가 남아 있나요?"로 끝나는 일이 다반사다. 실제 사례를 보자.

나 안녕하세요. (명함을 주고받는다.)

A대표 네, 안녕하세요, 마케팅 회사를 운영하시네요.

나 네, 열심히 하고 있습니다. 경영 컨설팅 회사를 운영하시네요. 어떤 컨설팅을 주로 하시나요? 경영 컨설팅 회사들도 분야가 엄청 많더라고요.

A대표 저희는 IPO, 세무, 회계 다 하고 있습니다.

나 엄청 전문가시겠네요. 그러면 완전 B2B 쪽인데, 마케팅은 보통 어떻게 하세요? B2B 하시는 분들은 대부분 마케팅을 힘들어하시던데….

A대표 안 그래도 마케팅 때문에 엄청 고민이긴 해요. 대행사도 계속 써보고는 있는데 돈만 쓰고 성과는 잘 안 나더라고요.

나 B2B 쪽으로는 잘하는 대행사들이 거의 없어요. 아예 규모가 큰 곳에 월 몇천, 몇억씩 예산을 주고 맡긴다면 모를까…. 타깃이 워낙 작으니까 웬만한 예산으로는 유의미한 데이터도 안 나오고요.

A대표 맞아요! 저희가 지금 딱 그 상황입니다. 광고비로만 한 달에 500 넘게 나가는데, 사실 광고비 자체가 부담된다기보다 광고비 이상의 효과는 나야 계속 광고를 할 수가 있잖아요. 계속 해야 할지 말아야 할지 고민 단계예요. 아예 광고를 안 할 수도 없고….

나 제 생각에는 그 정도 광고 예산이면 기본적인 SA 광고만 놔두고, DA는 완전히 끄고 콘텐츠 마케팅 쪽으로 접근하시는 게 좋지 않을까 싶어요. 기본적으로 타깃들이 서칭하는 관련 키워드들은 다 깔아놓고, 그 다음에 전략을 짜야 효과가 나지 않을까 싶습니다.

A대표 네… 콘텐츠 마케팅이라고 하시면 블로그, 유튜브, 이런 건가요? 그런 게 효과가 있나요?

나 콘텐츠 마케팅을 하면 무조건 성과가 난다기보다, 광고 예산이 적은 B2B 마케팅은 콘텐츠를 촘촘하게 쌓아 나가는 게 지금처럼 무작정 DA 돌리는 것보다는 훨씬 유의미하다고 봐요. 물론 광고보다는 당장의 성과가 나는 데까지 시간은 좀 걸릴 수 있지만 콘텐츠는 사라지지 않거든요. B2B는 기본적으로 거래당 단가가 높기 때문에 콘텐츠 쌓는 데 공을 들이면 결국엔 그 이상 효과가 나요. 물론 지금은 그냥 광고 돌리면 데이터 취합하기도 편하고, 클라이언트랑 대행사 모두 편하죠. 근데 클라이언트 돈은 계속 새 나가고 구매 전환은 안 되고요.

A대표 지금도 사실 블로그는 띄엄띄엄 운영하고 있긴 한데, 블로그 보고 연락 오는 곳들이 간혹 있긴 해요. 확실히 그런 분들이 광고 보고 오시는 분들보다 저희 서비스에 대한 이해도도 훨씬 높아서 전환율도 높더라고요.

나 맞아요. 블로그 한번 볼 수 있을까요?

A대표 제대로 운영은 못 하고 있고 그냥 띄엄띄엄…. (블로그를 보여준다.)

나 따로 키워드를 잡거나 하진 않으시고 그냥 쓰고 계시네요. 음… 근데 글 자체는 굉장히 퀄리티 있고 좋아요.

A대표 네, 글은 제가 시간 나면 직접 쓰기도 하고, 팀장급들이 시간 될 때마다 쓰고 있어요. 그런데 어떻게 해야 하는지 잘 모르고, 블로그 대행사에 맡겨도 결국 마음에 안 들어서 일을 두 번 하게 되더라

고요. 그래서 지금은 안 해요.

나 콘텐츠 마케팅 대행사도 진짜 잘 고르셔야 돼요. 대부분은 클라이언트의 비즈니스 모델도 잘 이해 못 하면서 일하거든요. 비즈니스를 이해 못 한 상태로 콘텐츠를 만들면 당연히 개판이죠. 하하….

A대표 진짜 그렇더라고요. 괜찮은 곳 찾기가 너무 힘들어요. 조 대표님(나) 같은 분에게 맡길 수 있으면 너무 좋을 텐데…. 보통 어떤 식으로 마케팅을 진행하세요? 금액이나 조건 같은 것도 알려주세요.

나 하하… 저희가 지금은 클라이언트 티오가 꽉 차서, 죄송해요…. 오늘 제가 말씀드렸던 내용 생각해보시고 대행사 잘 찾아보시면 그래도 훨씬 괜찮은 곳 찾으실 수 있을 거예요.

A대표 혹시 다음에 티오가 생기면 꼭 연락주세요. 진짜 부탁드려요. 비용이 비싸도 확실히 잘하는 곳에 하는 게 맞는 것 같아요.

맹세컨대, 나는 A대표에게 영업을 하려는 목적으로 대화를 이끌어간 것이 아니었다. 실제로 더 이상 클라이언트를 받을 수 없는 상황이었다. 단지 내가 가진 지식을 토대로, A대표가 간과하고 있는 사항들에 대해 알려주고자 했을 뿐이다. 이 대화를 통해 A대표는 본인의 비즈니스에 대한 마케팅 전략을 다시 생각하게 되었다. 마지막에 A대표가 나에게 "혹시 다음에 티오가 생기면 꼭 연락주세요."라고 말했던 것을 보면 A대표가 이 대화를 통해 나에게 얼마나 의지하게 되었는지 알 수 있다.

"다른 곳들도 만나봤는데 조 대표님처럼 저희 사업에 대해 이해해주시는 분들이 없어요, 티오 안 남았나요?"

"아니, 진짜 직원을 더 뽑으시면 안 돼요? 제가 다른 곳 가서는 절대 이렇게 얘기 안 해요. 정말 조 대표님 말고는 맡기고 싶은 사람이 없다니까요. 다 사기꾼 같아요."

요즘에도 일주일에 몇 번씩 이런 연락이 온다. 이처럼 충분히 신뢰가 가는 사람이 객관적인 정보를 토대로 진지하게 자신의 문제를 알려준다면, 누구나 그 사람에게 의지하고 싶은 마음이 생긴다. 그 사람이 나의 문제를 해결해줄 수 있는 유일한 전문가로 느껴지기 때문이다. 만약 누군가를 설득하고 싶다면, 설득해야 하는 분야에 대해 철저히 공부하고 전문성을 쌓아야 한다. 어설픈 전문성으로는 다 편법이 될 뿐이다. 그다음은 상대방 스스로도 인지하고 있지 못하는 문제를 찾아내서 당신만이 그 문제를 해결할 능력이 있음을 알려라. 누구든지 당신에게 신뢰를 느끼고 의지하려 할 것이다.

21 요약 정리

사람들의 신뢰를 얻는 방법은 다양하다. 신뢰의 첫 번째 원칙은, 사람들은 자신과 동일한 가치관과 의견을 가진 사람에게 엄청난 신뢰를 갖는다는 것이다. 두 번째 원칙은, 자신이 이야기를 많이 할수록 그 상대방을 신뢰하게 된다는 것이다. 그러나 우리가 원하는 것은 단순히 상대방의 신뢰만 얻는 것이 아니다. 신뢰를 얻은 후, 무언가를 설득하여 원하는 것을 얻어야 한다. 그러기 위해서는 설득해야 하는 분야에 대해 충분히 공부를 해야 한다. 전문성을 쌓은 후, 상대방에게 질문을 던지며 그 사람도 인지하지 못했던 문제를 찾아내도록 도와라. 그러고 나서 당신에게 그 문제를 해결할 능력이 있음을 알려라.

22

매력 있는 사람이 되는 방법

: 외모, 친절, 유머, 열정, 수용

성공한 사람이 매력 있는 게 아니라, 매력 있는 사람이 성공한다. 매력 있는 사람들이 성공한다는 사실은 다양한 분야에서 속속 밝혀지고 있다. 그렇다면 우리는 어떻게 매력을 갖출 수 있을까? 매력은 타고나야만 가능한 걸까, 후천적으로도 향상시킬 수 있을까?

2005년 미국 펜실베이니아 대학교 심리학과 잉그리드 올슨 교수팀은 실험 참가자들에게 컴퓨터 화면을 통해 여러 남성, 여성들의 사진을 보여주었다. 올슨 교수가 보여준 사진은 '누가 봐도 매력적이다' 또는 '추하다'라고 느낄 수 있는 극단적인 두 분류의 얼굴이었다. 특히 이 실험의 핵심은, 참가자들에게 사진을 보여주는 시간이 불과 0.001초 수준으로 매우 짧았다는 것이다. 0.001초면 거의 '볼 수 없는' 시간이다. 하지만 놀랍게도, 사람들은 모두 매력적인 얼굴이 나온 후에 '멋있다'는 느낌을 받았다. 이 대답이 나온 시간은 0.013초에 불과했다.

다음 연구에서는 실험 참가자들에게 매력적인 얼굴과, 건물 사진을 차례대로 보여준 뒤, '웃음', '행복' 등의 긍정적인 단어를 제시하고 '슬픔', '불행' 등의 부정적인 단어를 보여주었다. 결과는 어떻게 됐을까? 건물을 본 사람들은 단어를 선택하는 데 일관성이 없었지만, 매력적인 얼굴을 본 사람들은 공통적으로 긍정적인 단어를 빠르게 인식했다. 올슨 교수는 실험 결과에 대해 이런 해석을 내놓았다.

'무의식적으로 제시됐던 매력적인 얼굴이 긍정적인 정보를 처리하는 뇌 영역을 미리 준비 상태로 만들어놓았기 때문에 부정적인 단어보다는 긍정적인 단어를 인식하는 속도가 빨랐다. 즉, 첫인상은 상대방에 대한 별다른 정보가 없는 상황에서 그다음 상황을 본능적으로 예측하도록 한다.'

첫인상에 대한 연구들은 계속되어왔다. 3초, 5초, 7초 만에 사람의 첫인상이 결정된다는 연구 결과도 있다. 굳이 정확한 시간을 알 필요는 없다. 서울대 심리학과 김정오 교수가 '사람이 호감을 갖는 것은 미처 생각할 겨를도 없는 무의식 상태에서 일어난다'라고 말했던 것처럼, 우리는 첫인상을 좌우하는 것이 엄청나게 짧은 시간이라는 사실 정도만 알면 된다. 그렇다면, 어떻게 해야 그 짧은 시간 동안 고객들에게 좋은 첫인상을 남길 수 있을까?

EBS 〈다큐프라임〉 '인간의 두 얼굴. 외모' 편을 보면 여기에 대한 해답을 엿볼 수 있다. 다큐 제작팀은 30대 평범한 남성 한 명의 외모를 극단적으로 비교되도록 만들어 명동의 한 매장 쇼윈도에 세웠다. 한 번은 허름한 청바지에 체크무늬 남방을 입고 꾀죄죄한 모습이었고, 또 한 번은 멀끔한 정장 차림에 잘 손질된 머리를 한 모습이었다. 그리고 제작팀은 지나가는 여성들에게 이 남성의 첫인상과 예상 직업, 예상 소득에 관해 물어보았다.

여성들의 반응은 어땠을까? 여성들 대부분은 분명히 사전 인터뷰에서 남자를 볼 때 '성격이 괜찮은 사람'을 이상형으로 꼽았다. 그럼에도 불구하고 외모 실험에 대한 결과는 꽤나 극단적으로 갈렸다. 전자의 경우, 여성들은 이 남성의 직업이 공장에서 일하거나 음식점을 할 것 같다고 예상했으며, 매력 지수를 최저점으로 평가했다. 데이트 신청을 한다는 말에 기겁을 할 정도였다.

그러나 후자의 경우에는 완전히 상반되는 반응을 보였다. 여성들은 깔끔한 정장 차림의 남성에 최고점의 매력 지수를 주었으며, 직업이 의사나 변호사일 것 같다고 예상했다. 사람들은 분명히 똑같은 남성인데도 불구하고, 단지 외모를 꾸미는 것만으로 연봉을 두 배 이상 좋게 예상했으며 훨씬 더 높은 신뢰감을 느꼈다. 단지 옷을 바꿔 입고 머리를 다듬었을 뿐인데도 말이다. 사람들은 이처럼 눈으로 보이는 것에 따라 많은 것들을 무의식적으로 확신하는 경향이 있다. 심지어 너무나 당연하게 언어적 문제로만 생각해왔던 '의사소통'마저도 언어적 표현보다 눈으로 보이는 것에 더 영향을 받는다는 연구 결과도 있다.

1967년, UCLA의 심리학과 명예교수인 앨버트 메라비언은 동료들과 두 가지 실험을 했다. 첫 번째 실험에서는 실험 대상자들에게 호의적인 단어('자기', '고마워요' 등), 중립적인 단어('아마도', '진짜?' 등), 비호의적인 단어('하지 마', '최악이야' 등) 등 9가지 단어를 각자 다른 톤으로 들려주고, 단어의 감정을 유추하게 했다. 그 결과, 메라비언은 사람들이 의사소통을 할 때 목소리 톤의 사용이 단어만 보는 것보다 감정에 대한 정확한 판단을 가능하게 한다는 사실을 발견했다.

두 번째 실험에서는 '아마도'라는 똑같은 단어를 세 가지 톤(호의, 중립, 비호의)으로 듣게 하고, 사람의 얼굴 표정을 함께 보여주는 것을 비교했다. 실험 결과, 사람들은 얼굴 표정을 봤을 때 더 정확하게 감정을 유추해냈다.

메라비언은 저서 《침묵의 메시지(Silent Messages)》에서 이 연구를 토대로 의사소통에 영향을 주는 요소들에 대한 구체적인 수치를 내놓았다. 그는 시각적 요소 55%, 청각적 요소 38%, 언어적 요소 7%가 의사소통에 영향을 끼친다고 말한다. 대화의 내용이나 목소리보다 겉모습, 표정, 시선, 몸짓 등의 시각적 표현들이 훨씬 더 사람들의 인상에 남는다는 것이다. 우리는 이 문제에 대해 다시 생각해볼 필요가 있다. 진정성이 있고 내면의 아름다움이 있으면 된다고 생각하며, 겉모습을 꾸미는 것에 소홀히 한 것은 아닌지 말이다. '겉모습은 껍데기일 뿐이야. 실력과 진심으로 승부해야지'라는 생각은 위험하다. 안타깝게도 당신에게 여러 번의 기회를 주는 사람들은 얼마 없기 때문이다. 사람들의 첫인상에 좋은 기억을 남기지 못한다면 당신의 실력과 진정성은 빛을 발하지 못하게 될 확률이 높다.

그렇다면 어떻게 해야 사람들에게 좋은 이미지를 줄 수 있을까? 뉴욕 최고의 부동산 브로커인 프레더릭 에크룬드Fredrik Eklund 또한 자신의 저서 《모든 것이 세일즈다》에서 이렇게 말했다.

'성공한 사람들은 모두 자신의 외모 및 기분에 그날의 성과가 100퍼센트 연관돼 있다는 것을 인정하며 하루를 시작한다. 간단히 말해서, 추한 옷을 입고 머리카락을 코까지 늘어뜨리고 수백 년은 된 것 같은 엄청난 입 냄새를 풍긴다면 당신은 성공하지 못할 것이다. 당신이 매일 해야 하는 첫 번째 임무는 당신의 개성과 당신이 파는 것이 잘 어울리도록 자신을 포장하는 일이다.'

당신이 세일즈를 하지 않더라도, 매력 있는 사람이 되는 것은 반드시 필요하다. 깔끔하게 정돈된 외모는 사람들에게 무의식적으로 당신이 신뢰할 만한 사람이라는 느낌을 준다. 깔끔한 외모로 사람들에게 좋은 인상을 심어주어야 한다. 당신의 진정성과 전문성을 보여주는 것은 그 후에 해야 할 일이다.

또한 외모를 꾸밀 때는, 여성들이 특히 주의해야 할 사항이 있다. '매력적으로 보이는 이미지'가 반드시 '이성적인 매력'을 뜻하는 것은 아니라는 점이다. 장소와 상황에 따라 '매력적인 이미지'의 기준이 달라진다는 것을 이해해야 한다. '여자가 옷을 잘 입지 못했을 때는 그녀의 옷이 보이고, 완벽하게 잘 입고 있을 때는 여자가 보인다'라는 코코 샤넬의 말을 명심하라.

어떤 상황에서 어떤 사람들을 많이 만나는지에 따라 적합한 이미지는 달라질 수 있다. 전문적인 이미지 컨설턴트의 도움을 받는 것이 가장 이상적이지만, 그럴 여유가 없다면 주변 사람들에게 도움을 청하는 것도 방법이다. 조금만 신경 쓰더라도 지금보다는 훨씬 더 나아질 수 있다. 첫인상에는 '콘크리트 법칙'이 존재한다. 한번 굳어진 첫인상은 바꾸기 위해 엄청난 노력이 필요하다는 뜻이다. 프린스턴 대학 심리학 연구팀에 의하면 한번 결정된 첫인상을 바꾸기 위해 최소

40시간의 만남이 필요하다고 한다. 부디 이 글을 읽은 이후부터는 '외모 지상주의'에 대한 부정적인 인식을 버리기 바란다. 0.013초를 40시간으로 늘리는 실수를 범하고 싶지 않다면 말이다.

매력 있는 사람이 되기 위해서 첫 번째로 필요한 것은 정돈된 외모이다. 이 사실은 반박할 수가 없다. 그러나 외모만 갖춘다고 해서 완전한 매력을 가진다는 것은 아니다. 외모는 첫인상을 좋게 하고 호감을 불러일으키지만, 이야기를 하고 더 가까운 관계를 맺어가는 과정에서는 또 다른 매력들이 필요하다. "입만 안 열면 호감인데……", "허우대는 멀쩡한데……"라는 말이 절로 나오는 사람들이 있다. 깔끔하고 정돈된 외모로 괜찮은 인상을 주었다면, 대화를 나누고 관계를 맺어가면서 더 큰 매력을 줄 수 있다. 우리나라에서 가장 매력이 있는 사람으로 꼽히는 사람은 누구인가? 한국기업평판연구소의 빅데이터 분석 결과에 의하면, 방송예능인 호감도 1위는 유재석 씨로 뽑혔다. 유재석 씨는 전 국민이 모두 다 아는 국민 MC이자, 호불호가 갈리지 않는 사람으로 유명하다. 그의 특성을 분석하면 어떻게 매력 있는 사람이 될 수 있는지 더 자세히 알 수 있다.

미국의 한 연구팀은 대학생 250명을 대상으로 '어떤 성격(특성)의 배우자를 원하는지'에 대해 설문조사를 진행했다. 결과는 예상대로였다. '친절하고 이해심 많은 성격'이 1위에 뽑혔다. 모든 사람들은 자신에게 친절한 사람들을 좋아한다. 따뜻하게 맞아주고, 친절하게 대화를 이끌어 나가는 사람을 싫어하는 사람은 없다. 친절함은 배우자나 이성을 볼 때만 매력으로 느끼는 기준이 아니다. 누구나 친절한 사람을 좋아한다. 동일한 설문조사에서 2위로 뽑힌 매력은 '유머 감각'이었다. 유재석 씨의 가장 큰 첫 번째 특징은 방송에서나, 실생활에서나 항상 겸손하고 친절하다는 것이다. 뿐만 아니라 유머 감각까지 뛰어나다는 것은 모두가 알고 있는 사실이다.

매력의 요소는 복합적이어서, 친절과 유머 이외에도 매력 요소들이 많다. 특히 대부분의 사람들은 타인의 열정을 높이 평가하는 경향이 있다. 쉬운 일과 편안한 일만 하려고 애쓰는 사람은 누구도 좋아하지 않는다. '자신의 일을 하는 모습이 가장 멋있어 보인다'라는 말은 괜히 나오는 것이 아니다. 열정적으로 무언가에 몰입해 있는 사람들은 항상 다른 사람들의 주목을 끈다. 열정은 전염되고, 매력이 느껴지기 때문이다. 한국인재경영연구회에서 출간한 《성공하는 사람들의 인간의 매력》에 이런 문구가 있다.

'무슨 일에나 열정적으로 일하는 사람을 보면 그 아름다움에 절로 탄성이 쏟아져 나온다.'

자신의 일뿐만 아니라 매사에 자신감이 있고, 의사결정을 확실히 하는 사람은 분명한 매력이 있다. 세상에는 수많은 선택지가 있고, 확실한 기준으로 선택을 잘하는 사람들이 점점 줄어들고 있기 때문이다. 이런 상황에서 합리적인 의사결정을 빠르게 내릴 줄 아는 사람은 매력적으로 느껴진다. 우유부단한 사람을 좋아하는 사람은 없다.

마지막으로 가장 중요한 것은, '내 말이 반드시 맞다'라는 생각은 버려야 한다는 점이다. 고정관념을 버리고 수용적인 마음을 가진 사람은 사람들에게 매력을 느끼게 한다. 자신의 말만 정답이라고 생각하지 않고, 상대방의 말을 경청하는 태도를 지녀야 한다. 그 사람의 말이 정답이 아니라고 생각할지라도, 열린 마음으로 다른 사람들의 의견도 받아들이는 태도는 중요하다.

외모를 깔끔하게 가꾸고(이쁘거나 잘생긴 외모를 말하는 것이 아니다), 친절하고, 겸손하고, 유머 감각이 있고, 자신의 일에 몰입하여 열정적이고, 자신감이 있고, 의사결정을 잘하고, 열린 마인드를 가진 사람이라면 당연히 매력이 넘칠 것이다. 처음부터 모든 것을 채워 나가기는 어렵다. 가장 중요한 것은 스스로 매력을 가꾸어 나가겠다는 다짐이다. 이후 자신의 모습을 객관적으로 보기 위해 노력하면서 하나씩 향상시켜 나가면 된다. 그 자체만으로도 지금보다 더 매력 있는 사람이 될 수 있다.

22 요약 정리

매력 있는 사람들이 성공할 확률이 높다는 사실은 공공연하게 밝혀지고 있는 사실이다. 그렇다면 어떻게 해야 매력 있는 사람이 될 수 있을까? 사람들은 설문조사를 할 때는 자신이 외모보다 내면을 더 본다고 말했지만, 실제로 인간의 무의식은 외모에 더 크게 반응하는 모습을 보였다. 따라서 우리는 '외모보다는 내면을 가꿔야지'라는 생각보다는, 외모도 기본적으로 가꾸면서 내면도 향상시켜 나가야 한다. 외모를 가꾼다면 사람들에게 좋은 첫인상을 안겨줄 수 있다. 이후에는 좋은 첫인상을 갉아먹지 않도록 노력하라. 친절하고, 겸손하고, 유머 감각이 있고, 자신의 일에 몰입하여 열정적이고, 자신감이 있고, 의사결정을 잘하고, 열린 마인드를 가질 수 있도록 하나씩 향상시켜 나가라.

23

사람들에게 동기부여를 하는 방법

: 그 사람이 진정으로 원하는 것 발견

'나는 리더도 아니고, 동기부여 강사도 아닌데 굳이 사람들에게 동기부여를 하는 방법을 알아야 하나요?'라고 묻는다면, 정말 생각이 짧은 것이다. 우리는 사람과 사람 사이에서 살아가는 인간이기 때문에 동기부여에 대해 반드시 이해하고 있어야 한다.

직장 생활을 한다면 부하 직원들이 열심히 일을 하도록 동기부여를 해야 하고, 직장 상사가 나에게 우호적인 태도를 보이도록 동기부여를 해야 한다. 좋아하는 친구들이나 모임이 있다면 내가 그 사람들을 아끼는 것만큼 그 사람들도 나를 아끼고 배려하도록 동기부여를 해야 한다. 배우자를 사랑한다면 배우자도 나를 사랑하도록 동기부여 해야 한다. 만약 사업을 운영 중이라면 고객들이 나의 제품이나 서비스를 구매하도록 동기부여 해야 한다. 프리랜서라면 기업들, 개인들이 나의 전문성을 활용하도록 동기부여 해야 한다. 인간관계, 세일즈, 마케팅, 비즈니스 등 모든 것이 동기부여와 연계되어 있다. 프레더릭 에크룬드는 이렇게 말한다. '자동차 구매자의 돈이든, 직장 동료의 도움이든, 10대 자녀의 관심이든, 가장 친한 친구의 조언이든 누군가가 행동을 취하도록 동기를 부여하는 방법을 아는 게 세일즈다.'

에크룬드가 생각하는 세일즈란, 결국 동기부여를 말하는 것이다. 모든 것은 동기부여로 이어진다. 동기부여의 정확한 정의는 '어떤 목표를 지향하여 생각하고 행동하도록 하는 일'이다. 동기부여는 우리가 흔히 알고 있는 동기부여 강연들보다 훨씬 더 깊고 넓은 영역이다. 모든 일상에 녹아 있기 때문이다. 인간은 동기부여 없이 살아갈 수가 없다. 동기부여에 대해 공부를 한다는 것은 사람에 대해 이해한다는 것이다. 만약 우리가 사람에 대해 잘못 이해하고 있다면, 많은 시간과 돈을 들이더라도 전혀 다른 방향으로 나아가게 된다. 다음의 사례처럼 말이다.

한 잡지사가 주부들을 대상으로 설문조사를 실시했다. 설문조사의 질문은 총 세 개였다. 첫 번째 질문인 '현재 시중에 나온 여성 잡지에 대한 불만이 무엇인가?'에 대한 대답으로 다양한 의견이 나왔다.

'광고가 너무 많다', '지나치게 두껍다', '가십거리가 너무 많다', '루머나 스캔들 따위의 쓸데없는 내용들이 많다', '아이들이 볼까 두려울 정도로 선정적인 장면이 많다.'

간단히 말해 여성 잡지에서 대부분 다루는 세 가지(섹스, 스캔들, 루머)가 불편하다는 뜻이었다.

잡지사의 사장은 중요한 핵심을 알아낸 느낌이 들었다. 그는 설문조사의 두 번째 질문이었던 '당신이 보는 잡지가 주로 어떤 내용을 다루길 원하는가?'에 대한 대답을 참고하여 잡지를 만들면 대박을 치겠다고 생각했다. 사람들이 잡지에서 보고 싶다고 답했던 '육아, 인테리어, 리모델링'과 같은 내용들을 위주로 한 잡지를 발행하기로 결정한 것이다. 그는 잡지에서 사람들이 싫어하는 세 가지(섹스, 스캔들, 루머)를 철저히 빼버리기로 결정했다. 고객의 마음을 움직이려면 고객의 말에 귀를 기울여야 한다고 확신했기 때문이다. 사람들은 설문조사의 세 번째 질문 '싫어하는 세 가지를 빼고, 유익한 정보들을 제공한다면 정기 구독을 신청하겠는가?'라는 질문에 95%가 'YES'라고 대답했다. 결국 1989년, 이 설문조사를 토대로 완전히 차별화된 '건전 여성 잡지'인 〈마리안느〉가 창간되었다. 고객들의 의견을 철저히 반영한 〈마리안느〉는 사장의 생각대로 성공할 수 있었을까?

이론적으로만 생각한다면 이 잡지사는 무조건 잘됐어야 했다. 하지만 〈마리안느〉가 완전히 간과하고 있었던 사실이 있었다. 설문조사에 응한 사람들은 건전한 잡지를 원한다고 대답했지만, 사실상 자극적인 글과 사진 때문에 잡지를 구독하고 있었던 것이다. 이 사실을 깨닫지 못했던 〈마리안느〉는 결국 창간 17호 만에 부도가 났다. 사장은 '고객의 생각을 읽고, 고객 중심적 사고를 해야 한다'라는 사실을 알고 있었지만, 설문조사를 너무 맹신하는 실수를 저질렀다. '대부분의 사람들은 자신이 원하는 것이 무엇인지 정확히 모른다'는 사실을 간과했기 때문이다.

이처럼 동기부여에 대한 잘못된 이해는 돈, 시간, 감정을 소비하게 만든다. 제대로 된 동기부여는 그 사람의 동기(행동의 계기)를 이해해야 가능하다. 행동의 계기란 '왜?'라는 질문으로부터 시작된다.

'왜 일을 열심히 하지 않을까?', '왜 일을 열심히 할까?'

'왜 내 물건을 구매하지 않을까?', '왜 내 물건을 구매할까?'

'왜 나를 용서해주지 않을까?', '왜 나를 용서했을까?'

'왜 공부를 열심히 할까?', '왜 공부를 안 할까?'

세계적인 마케팅 전문가 빌 비숍은 '고객도 모르는, 고객이 진짜 원하는 것'을 한 단어로 '최상의 이득'이라고 표현한다. '왜'라는 질문은 상대방의 최상의 이득을 알기 위한 과정이다. 이 질문들에 대답하지 못하면 당연히 동기부여를 할 수가 없다.

강력하고 지속 가능한 동기부여, 큰 변화가 필요할수록 상대방에 대한 엄청나게 많은 정보가 필요하다. 상대방의 현재 상태를 최대한 자세히 알아야 한다. 경제적 상황, 고정관념, 살아온 환경, 가족들, 직업, 구체적인 문제 등을 알고 있어야 한다. 정신과 의사, 심리상담사들이 환자와 내담자에게 끊임없이 질문을 던지는 이유도 마찬가지이다. 그 사람이 처한 상황을 최대한 이해하고 머리와 마음을 치유하기 위해 그 사람에 대한 정보가 필요하기 때문이다. 좋은 리더는 부하 직원의 현재 상황, 생각, 가족 등 모든 부분에 대해 신경 쓰기 위해 노력한다. 훌륭한 세일즈맨은 고객에 대해 하나라도 더 알기 위해 열린 질문을 던진다.

나는 이 사실을 기반으로, 고객에게 교육 문의가 들어오면 항상 최상의 이득을 파악하기 위해 열린 질문을 던진다. '동기부여 전문가 양성 과정'을 판매할 때 겪었던 실제 사례를 보자.

어느 날 피아노 강사를 하고 있는 A고객에게 연락이 왔다. 그녀는 아이들을 가르칠 때 동기부여가 굉장히 중요한 요소여서, 동기부여 방법을 제대로 배워보고 싶다고 말했다.

A고객 안녕하세요, 동기부여 일대일 과정 문의드립니다.

나 네, 안녕하세요. 궁금한 내용이 있으시면 편하게 말씀해주세요.

A고객 저는 아이들에게 피아노를 가르치고 있고, 콘텐츠를 개발하고 있습니다. 아이들 수업에서 동기부여가 굉장히 중요한 요소여서 제대로 배워보고 싶어요.

나 그럼 강의를 듣고 싶으신 가장 큰 목적이 아이들을 동기부여시키기 위해서란 말씀이신가요?

A고객 네, 제 수업에 동기부여가 매우 중요하기 때문에 아이들에게 시기적절한 동기부여시키는 방법을 전문적으로 배우고 싶습니다.

내가 재차 강의 수강의 목적이 아이들을 동기부여시키기 위해서인지 물었던 이유는, A고객의 최상의 이득을 파악하기 위해서였다. 나는 본질적으로 너무 똑바른 이야기, 도덕적으로 완벽한 이야기는 믿지 않는다. 최상의 이득은 굉장히 이기적이고, 자기중심적이고, 본능적인 경우가 많기 때문이다. 최상의 이득은 언제나 도덕보다는 본능에 가깝다.

나 알겠습니다. 그러면 평소에 아이들에게 동기부여를 하실 때, 어떤 점이 가장 막히셨나요? 현재도 많은 노력을 하고 계시다가 강의를 찾아보셨을 텐데, 가장 막히셨던 부분을 알려주시면 이 강의가 선생님에게 도움이 될지 확답을 드릴 수 있을 것 같습니다.

A고객 제가 사실 피아노 교육 프로그램으로 콘텐츠를 개발하고 있습니다. 아이들을 동기부여시키는 방법을, 제가 지금 하고 있는 피아노 티칭 강의의 일부로 정리해 넣고 싶어서요. 제가 아이들을 동기부여 하여 수업은 하고 있지만, 방법적으로 잘 정리가 안 되어 있습니다. 정리가 필요한 상황입니다.

잭팟. 이제서야 납득할 만한 최상의 이득이 나오기 시작했다. A고객은 아이들의 피아노 실력을 키워주기 위해, 아이들을 동기부여해주기 위해 이 강의를 듣고 싶어 하는 게 아니었다. '피아노 교육 프로그램'이라는 것을 만들어서 '피아노 강사들 또는 예비 강사들'에게 판매하고(돈을 벌고) 싶어 했다. 그 강의의 커리큘럼 중 '아이들을 동기부여 하는 법'을 넣어서 구색을 갖추고 싶은데, 커리큘럼이 잘 정리가 안 되고 있는 상태였다. 이럴 때는 최상의 이득 최종 확인 작업이 필요하다.

나 그렇다면 (1) 강사들을 대상으로 하는 교육과정에서 '아이들을 동기부여시키는 방법'을 하나로 커리큘럼을 넣어야 한다, (2) 현재 아이들을 동기부여 하고 있지만 선생님 스스로 명확하게 정리가 필요하다. 이렇게 두 가지를 강의 수강 목적이라고 봐도 될까요?

A고객 네, 2번의 경우 결국 매뉴얼을 만드는 일일 것 같아요. 동기부여 할 수 있는 티칭 메뉴얼이요.

A고객의 최상의 이득은, 피아노 강사들을 대상으로 한 교육 사업을 통해 돈을 버는 거였다. 그에 맞는 제안을 했다.

나 네, 알겠습니다. 결론적으로 말씀드리자면 제가 일대일 강의를 통해 정확한 도움을 드릴 수 있습니다. 동기부여 콘텐츠뿐만 아니라 마케팅, 세일즈 부분도 필요하실 것 같은데 어떠신가요?

A고객 네, 맞습니다. 제가 어느 정도 마케팅과 SNS 활동을 하고 있긴 한데, 많이 부족합니다. (본인 SNS 채널 링크 전송.) 혹시 마케팅, 세일즈까지 다 알려주시나요? 그러면 너무 좋을 것 같습니다.

나 저는 모든 분야의 마케팅 전문가는 아니지만, 교육업계에 적용되는 마케팅만 전문적으로 습득하여 성과를 보고 있습니다. 현재 운영 중인 SNS 채널들을 보니 개선할 점들이 많이 보이네요. 기본적으로 SNS 운영에 대한 이해도가 있으시기 때문에 제가 몇 가지만 짚어드려도 바로 성과가 날 것입니다.

A고객 네!! 늦은 시간에 상세한 설명 너무 감사드려요. 혹시 토요일 중에 수강 가능한 날짜가 있을까요? 오늘 중에 결제하겠습니다.

만약 내가 최상의 이득이라는 개념을 몰랐다면 어땠을까? 교육 사업으로 돈 버는 방법에 대해서는 전혀 언급하지 않고, 어떻게 하면 아이들을 잘 동기부여시킬 수 있는지 알려주겠다고 열심히 어필했을 것이다. 생각만 해도 아찔하다.

이처럼 상대방의 행동을 정확히 파악하고, 그 사람이 '왜' 그런 행동을 하는지 정확히 이해하고 나면 동기부여를 하기가 수월해진다. 고객이 말하는 피상적인 말을 곧이곧대로 믿어버리는 것은 굉장히 위험하다. 물론 이런 질문을 할 수도 있다. '상대방에 대한 정보가 없이는 동기부여를 하기가 힘든가요? 현실적으로 저렇게 물어볼 수 있는 경우가 거의 없잖아요.' 맞다. 상대방에 대한 정보가 없이는 제대로 된 동기부여를 하기는 현실적으로 어렵다. 그러나 인간에 대해 이해도가 높고, 충분히 숙달이 된다면 굳이 세부적인 질문을 하지 않아도 어느 정도의 동기부여는 충분히 가능하다. 인간이 기본적으로 가지고 있는 최상의 이득, 본능적 욕구들이 있기 때문이다.

예를 들어, 동기부여와 리더십에 대한 책들을 읽다 보면 공통적으로 나오는 노하우들이 있다. '단순 업무의 효율을 올리기 위해서는 인센티브를 주어라', '창의성을 발휘해야 하는 업무를 하는 사람들에게는 자율성을 주어라', '혼내기보다는 칭찬을 하라', '일에 몰입할 수 있는 환경을 만들어주어라', '위로와 공감이 때로는 최고의 동기부여가 되기도 한다', '솔선수범을 보여라', '본받고 싶은 리더가 되라' 등등 이야기하자면 끝이 없다. 이러한 대부분의 동기부여 방식들은 결국 인간의 기본 욕구를 따른다.

따라서 우리는 동기부여를 잘하기 위해 뇌과학, 심리학, 철학, 무의식 분야의 서적을 읽으면서 인간의 기본 욕구와 행동 원인에 대해 이해해야 한다. 사람들의 행동을 보면서 '왜?'라는 질문을 생활화해야 한다. 책에 나오는 다양한 동기부여 방법들을 현실에서 활용해보면서 끊임없이 피드백을 해보아야 한다.

23 요약 정리

우리는 사람과 사람 사이에서 사는 인간이기 때문에 동기부여를 잘 해야 한다. 누구나 동기부여를 해야 하는 상황에 놓이기 때문이다. 대부분의 사람들은 자신이 진짜 원하는 것(최상의 이득)을 알지 못한다. 이 사실을 먼저 깨달아야 한다. 깊은 동기부여와 큰 변화를 위해서는 상대방에 대한 정보를 최대한 많이 알아야 한다. 이후 그 사람의 최상의 이득(욕구)을 알아내서 동기부여를 할 수 있다. 현실에서 상대방에 대한 정보를 얻기 어려운 경우, 인간의 기본 욕구를 활용해서 동기부여를 할 수도 있다. 이 경우 인간에 대한 충분한 이해가 필요하므로 많은 책을 읽고, '왜'라는 질문을 생활화해야 한다. 또한 책에 나오는 다양한 동기부여 방법들을 활용하면서 피드백하고, 자신에게 맞춰 나가야 한다.

24

돈 없는 평범한 사람이 새롭게 사업을 시작해서 성공하는 법

: 공부, 란체스터 법칙, 브랜드

누구나 새로운 일을 할 때에는 두려움이 엄습한다. 생존에 가장 우선 순위를 두고 있는 뇌는 익숙하지 않은 것에 대해 반사적으로 거부반응을 일으키기 때문이다. 그러나 사람들은 시대적 상황에 따라 새로운 일을 시작하지 않고서는 더 이상 생계를 유지할 수 없는 상태가 되었다.

현재 우리나라의 기대수명은 약 83세로, OECD 국가 중 2위에 속한다. 그리고 자본주의에 사는 사람들은 수명이 다하는 날까지 먹고살기 위한 최소한의 생계비가 필요하다. 우리나라 사람들은 과연 83세까지 먹고사는 문제를 해결할 정도의 경제적인 능력을 갖추고 있을까?

최근 잡코리아는 남녀 직장인 547명을 대상으로 '현실적인 상황을 고려했을 때 몇 세까지 회사 생활을 할 수 있을 것이라 생각하는가?'라는 조사를 실시했다. 결과는 예상대로다. 설문에 참여한 66.5%는 현재의 고용상태에 불안감을 느끼고 있었으며 평균적인 체감 퇴직 나이는 50.9세라고 대답했다. 그렇다면 51세부터 83세까지, 퇴직 후 남은 30년 동안은 어떻게 살아가야 할 것인가? 살아남기 위해 필요한 돈은 얼마인가?

국민연금연구원이 50세 이상 총 4,816가구를 대상으로 조사한 결과 노후에 필요로 하는 적정 생활비는 부부 기준 237만 원, 개인 기준 월 145만 원인 것으로 나타났다. 이 생활비는 경제활동이 활발하게 가능한 나이에 큰돈은 아닐 수 있지만, 퇴직 후 수입이 끊기는 중장년층에게는 꽤나 막막한 금액이다.

통계청이 발표한 조사 결과는 이런 시대적 상황을 잘 대변하고 있다. 19세 이상 인구 중 3분의 1에 해당하는 34.6%는 '노후 준비를 하고 있지 않다'라고 조사에 응답했으며, 그중에서도 37.6%는 '노후 준비를 할 능력이 없다'라고 대답했다. 사람들의 수명은 길어졌고, 노후 준비를 할 수 있는 능력은 점점 줄어들고 있다는 뜻이다.

정부에서는 이런 상황을 위해 어떤 일들을 하고 있을까. 중장년의 재취업을 지원하기 위해 만든 '중장년취업아카데미'의 실적은 생각보다 처참하다. 고용노동부와 한국산업인력공단에 따르면 2014년부터 본격적인 운영을 시작한 중장년취업아카데미를 수료한 인원 중 재취업 성공률은 30%대에 그친다. 그나마 재취업에 성공한 인원 중에서도 약 40%는 자신의 경력과 전혀 무관한 새로운 분야에서 일하고 있다. 사실상 경비, 단순노무직 등이 대부분이며 평생 일해왔던 경력을 전혀 인정받지 못하는 것이 현실이다.

이번에는 청년 실업률에 대해 말해보고자 한다. 청년(15~29세) 실업률은 최근 들어 외환위기 이후 가장 높은 기록인 10%로 치솟았다. 취업 준비생까지 포함한 청년 확장[체감]실업률은 23%에 달한다. 청년 5명 중 1명은 사실상 무직 상태라는 의미다.

갑자기 이렇게 우울한 이야기를 길게 늘어놓는 이유는, 최근 우리나라의 시대적 상황을 최대한 객관적으로 설명하기 위함이다. 회사에서 쫓겨난 중장년층은 가족들의 생계를 위해 창업을 시작하게 되는 경우가 많고, 청년들은 좋은 일자리가 부족한 상황에서 취업난이 점점 심해지면서, 그나마 성공 가능성이 있는 창업으로 눈을 돌리게 된다. 국세청이 발표한 '국세 통계로 보는 청년 창업 활동'에 따르면 2016년 만 15~34세 청년 창업자 수는 22만 6082개로 집계됐다. 전체 창업의 20%를 넘는 수치다.

이처럼 창업을 하는 사람들이 많아지는 것 자체는 문제가 되지 않는다. 그러나 진짜 문제는 여기서부터 시작된다. 최근 5년 동안 창업한 개인사업자들 중 생존율은 30%가 채 되지 않는다. 5년 이내 폐업률이 72.2%로, 같은 시기에 창업한 열 명의 소상공인들 중 5년 후에도 살아남아서 근근이 밥벌이나마 할 수 있는 사람이 세 명도 되지 않는다. 물론 모든 사업이 성공할 수는 없다. 도태되어야 할 사람은 도태되는 것이 맞다.

"우리나라는 인구당 식당 수가 너무 많다. 과도하다. (…) 시장원리에 따라 도태될 수밖에 없는 분들은 도태돼야 한다."

이 말은 백종원 더본코리아 대표이사가 국회 국정감사에 참고인으로 출석해 한 발언이다. 다소 직설적이긴 하지만, 우리나라 자영업의 현실을 가장 정확하게 짚었다고 본다. 자본주의에서 시장은 무엇에도 비교할 수 없는 가장 큰 힘을 가지고 있다. 시장에서 경쟁력이 있다면 살아남고, 그렇지 않다면 무너지는 것이 자연스러운 현상이다. 도태될 사람들은 앞으로도 끊임없이 도태될 것이고, 그중 일부만이 성공할 것이며, 소수가 살아남을 것이다.

비즈니스는 기본적으로 복잡계의 영역이기 때문에, '이렇게 하면 무조건 성공한다'라는 수학 공식이 성립되지 않는다. 성공한 사업가들의 자서전적 스토리는 이미 성공을 이뤄낸 후에 생각해낸 사후 편향적 사고에 불과하다는 사실이 여러 연구들을 통해 이미 입증된 바 있다.

때문에 우리는 성공을 꿈꾸기 이전에 살아남아야 한다. 살아남기 위해서는 철저하게 리스크를 관리하고 대비할 줄 알아야 한다. 여러 가지 선택 중에 더 나은 선택을 해야 한다. 아무리 열심히 공부하고 시간을 투자한다고 해도, 단 한 번의 큰 불운 때문에 공든 탑이 무너질 수 있기 때문이다. 사업에서 더 나은 선택이란 최악의 상황에 대비하는 것이다.

러시안룰렛이라는 게임을 아는가? 러시안룰렛은 회전식 연발 권총의 여러 개의 약실 중 하나에만 총알을 넣고, 총알의 위치를 알 수 없도록 탄창을 돌린 후 참가자들이 각자의 머리에 총을 겨누고 방아쇠를 당기는 게임이다. 자신의 목숨을 운에 걸고 하는 게임이다. 만약 이 게임에서 승리를 거두면 당신에게 100억을 준다고 하자. 단 한 번의 도전으로 100억을 벌 수 있다. 죽을 확률은 6분의 1이다. 한편으로는 하고 싶은 욕구가 생기면서도, 흔쾌히 선택을 내리기가 쉽지 않다. 만약에 혹시라도 내 차례에 총알이 발사된다면 모든 것이 끝이기 때문이다.

금융경제시장에서는 러시안룰렛처럼 발생 가능성이 희박하긴 하지만, 한번 발생하면 자산 가치에 엄청난 영향을 줄 수 있는 위험을 '테일 리스크(꼬리 리스크)'라고 한다. 끊임없이 정보를 수집하고, 경험하고, 공부해야 하는 이유는 미래를 완벽하게 예측하기 위함이 아니다. 한 번의 실수로 파멸할 수 있는 테일 리스크와, 잘 활용하면 큰 이익을 낼 수 있는 일반적인 리스크를 구분하는 능력을 키우기 위함이다. 일반적인 리스크는 잘 활용할 줄만 알면 비즈니스에서 긍정적인 효과를 만들어낼 수 있다.

우리가 새로운 일을 시작할 때는 당연히 긍정적인 생각을 하면서 잘될 것이라는 믿음을 가지고 도전해야 하지만, 현실적인 목표를 세우고 리스크 관리를 철저히 해야 한다. 모든 리스크를 피할 수도 없고, 리스크를 피하는 것만이 능사는 아니다. 우리가 어떻게든 피해야 할 테일 리스크를 피하고, 감수해야 할 리스크는 감내하면서 앞으로 나아가야 한다. 이에 대한 구체적인 방법 3단계를 소개하려 한다.

1단계 | 새로 시작하는 분야의 전문가가 될 정도로 공부를 하라.

물론 사업을 하는 것에 있어서 반드시 전문가가 될 필요는 없다. 최근에는 오히려 '사업가는 경영을 해야지 전문가가 되어서는 안 된다', '사업가는 직원들에게 믿고 맡길 줄 알아야 한다' 등 경영 실력에 대한 중요성이 대두되고 있다. 나 또한 이에 반박할 생각은 없다. 다만 이 글은 사업을 잘 하는 방법에 초점을 둔 것이 아니라 태어나 처음으로 사업을 하는 사람들에게 '망하지 않는 방법'을 알려주는 것임을 감안하며 읽어주길 바란다.

전문가가 되면 처음 사업을 할 때 엄청난 비용 절감 효과가 있다. 일단 본인 스스로가 전문성을 가지고 있기 때문에 전문가를 고용할 필요가 없다. 또한, 여러 연구 결과들에 따르면 전문가들은 웬만한 세일즈맨들보다 영업능력에 있어 훨씬 높은 성과를 보인다. 또한 전문가가 되면 최악의 상황에는 사업을 접고 재취업을 하거나 프리랜서가 될 수도 있다. 전문가가 되면 생계적인 문제에 있어서 테일 리스크를 피할 수 있다.

2단계 | 란체스터 법칙을 활용하라.

만약 갓 사업을 시작한 사람이, 대기업과 같은 성능의 상품을 판매할 때 경쟁이 될 수 있을까? 결론부터 이야기하자면 당연히 쉽지 않다. 자본과 인력 등 모든 배경이 비교조차 불가하기 때문이다. 차라리 계란으로 바위를 치는 것이 낫다. 그래서 우리는 약자의 전투 방법을 배워야 한다. 그 방법은, 단체전이 아닌 일대일 전투로 끌고 가는 것이다. 이 전략을 비즈니스에서는 란체스터 법칙이라고 한다. 대기업이 여러 분야에 힘을 분산시키며 시장을 확장시킬 때, 약자(소상공인)들은 모든 전력을 한 분야에만 집중시켜야 한다. 모든 분야에서 어중이떠중이가 되지 말고, 확실하게 한 분야에서 두각을 나타내는 1위가 되어야 한다는 것이다.

3단계 | 프리미엄화 전략을 활용하라.

한국소비자원의 데이터에 따르면 월소득 299만 원 이하 소비자의 평균 명품 보유 개수는 5.2개에 이른다. 연간 새로 사는 개수도 1.5개, 구매액은 186만 원 수준이다. 이 데이터는 최근 사람들의 소비 인식이 선진국화되면서 본인이 가치를 부여하고 만족도가 높은 분야에는 과감한 소비를 지향한다는 사실을 보여준다. 특히 요즘에는 가치 소비 트렌드가 확산되면서 소비 양극화 현상이 나타나고 있다. 소비 양극화란 가치가 있다고 생각하는 상품에는 고가여도 과감히 비용을 지불하는 반면, 그 외의 소비에는 최대한 저렴한 제품을 선호하는 현상이다. 이 말은 우리가 어떤 방향으로 나아가야 할지를 명확히 알려준다.

일반화된 상품을 판매할수록 최대한 저렴하게 팔아야 할 것이며, 갈수록 경쟁력이 없어진다는 것이다. 대신, 판매하는 상품을 프리미엄화시킨다면 소비자들은 과감히 소비를 하며 만족해할 것이다. 때문에 고객들에게 더 전문적이고, 보편적이지 않은, 고급화된 상품을 가치에 부합하는 가격으로 제공해야 한다. 고객들이 항상 저렴한 물건만 찾을 것 같아 우려가 된다면 이렇게 생각해볼 필요가 있다.

'우리는 시장에 나온 가장 싼 자동차를 구입해 몰고 다니는가?'

'가장 싸게 파는 식당에 가서 외식을 즐기는가?'

'싸구려 중고 의류만 사 입는가?'

분명 아니라는 대답이 나올 것이다.

자신이 사업을 시작하는 분야에 대해 전문가가 되고, 한 분야에 집중하고, 프리미엄화 전략을 사용하게 되면 명확한 장점이 있다. 이 3단계가 모두 연계되어 자본이 적게 들어가고, 시간도 효율적으로 활용하게 되며, 무엇보다 점점 더 전문성이 높아진다는 것이다. 꼭 처음 시작하는 일이 사업이나 비즈니스가 아니더라도, 리스크를 줄이는 방법은 이와 동일하다. 새로운 일에 전문가가 될 정도로 깊게 공부하는 것이다. 이는 비판적 사고를 높여주기 때문에 최악의 선택을 방지해주는 효과가 탁월하다.

24 요약 정리

처음 해보는 일을 할 때에는 누구나 두려움이 따른다. 그러나 생계적인 문제에 부딪히게 되면 결국 행동으로 옮기게 될 수밖에 없다. 우리나라의 시대적 배경에 따라, 생계를 위해 창업을 해야만 하는 사람들이 늘어나고 있다. 비즈니스는 복잡계의 영역이기 때문에 초보자가 성공을 위해 달려드는 것은 위험하다. 오히려 테일 리스크를 피하는 방향으로 나아가는 것이 맞다. 처음 시작하는 일을 할 때 테일 리스크를 피하기 위해서는 해당 분야의 전문가가 될 정도로 깊은 공부를 하고 시작하는 것이 가장 효율적이다. 배경지식으로 인한 비판적 사고가 높아지면 최악의 선택을 할 확률이 급격히 줄어들기 때문이다.

25

불확실한 운을 내 편으로 만드는 방법이 있다

세상에는 전문가들이 많다. 부동산 전문가, 주식투자 전문가, 마케팅 전문가, 비즈니스 전문가 등 수많은 사람들이 자신을 브랜딩하고 예측력을 과시한다. 그런데 그런 사람들에 대해 의구심을 떨칠 수 없는 이유가 있다. 모두가 자신의 예측이 정답인 것마냥 이야기를 하는데, 왜 의견이 가지각색일까? 일반인의 시선에서 듣다 보면 각각의 말은 근거가 있다. 전문가들의 의견이 각기 다른 이유는, 애초에 비즈니스와 투자 영역에서 전문가의 예측이 크게 효용성이 없기 때문이다.

캘리포니아 대학교에서 심리학과 정치학을 가르치는 필립 테틀록은 1980년대 중반 정치, 경제, 국제관계 등의 동향을 분석하고 예측하는 것을 직업으로 삼고 전문가들을 대상으로 연구를 진행했다. 이들은 모두 공신력 있는 집단에 소속되어 있는 '인증된' 전문가들이었다. 테틀록은 전문가들의 예측력이 얼마나 잘 맞는지 측정하기 위해 2만 8,000개의 정치적 사건을 예측하도록 요청했다. 이후의 연구 결과는 충격적이었다. 전문가들의 예측력은 거의 의미가 없는 것으로 드러났기 때문이다. 그들이 절대 일어나지 않을 사건이라고 말했던 것 중 15%가 발생했으며, 무조건 일어날 사건이라고 했던 것

중 25%가 발생하지 않았다. 심지어 명성이 높은 전문가들일수록 예측력은 더 낮아졌다.

전문가들의 예측이 들어맞지 않는 것은 정치적 판단뿐만이 아니다. 이 현상은 투자의 영역에서도 그대로 나타난다. 우리나라 부동산 시장에 대한 전문가들의 의견은 수시로 뒤바뀐다. 다음의 기사들을 보자.

「부동산 전문가 59% 1년 뒤 서울 집값 하락」 – 연합뉴스 (2019. 4. 7)

국내 부동산 전문가 중 절반 이상이 1년 뒤 서울의 집값이 하락할 것으로 전망했습니다.

〈한국개발연구원 경제동향〉 4월 호에 실린 2019년 1분기 부동산 시장 전문가 설문조사 결과를 보면, 응답한 전문가 106명 중 59.4%가 1년 뒤 서울 주택매매가격이 현재보다 떨어질 것이라고 예상했습니다. 현재와 같을 것이라는 예상은 24.5%였고, 상승할 것이라는 전망은 16%에 불과했습니다. 비수도권의 1년 뒤 주택매매가격에 대해선 73%가 하락할 것으로 내다봤습니다.

「부동산 전문가 54% 1년 뒤 서울 집값 상승」 – 연합뉴스 (2019. 7. 8)

부동산 전문가들의 절반 이상이 1년 뒤 서울 집값이 상승할 것으로 예상했습니다.

〈한국개발연구원 경제동향〉 7월 호에 따르면, 부동산 전문가 106명 가운데 53.8%가 1년 뒤 서울 주택매매가격이 현재보다 오를 것으로 내다봤습니다. 현재와 같을 것이라는 예상은 21.7%였고, 하락할 것이라는 전망은 24.5%에

> 머물렀습니다. 이는 3개월 전 설문조사 결과와는 달라진 것으로, 당시 전문가들의 59.4%는 1년 뒤 서울 주택 값이 하락할 것으로 판단했습니다.

위의 내용은 연합뉴스에서 한국개발연구원의 조사 결과를 토대로 내보낸 기사이다. 같은 해 4월에는 과반수 이상이 1년 뒤 서울 집값의 하락을 예상했으나, 3개월 후인 7월에는 확률이 뒤집혔다. 과반수 이상이 1년 뒤 서울 집값의 상승을 예상했다. 어떤 생각이 드는가? 이 두 개의 기사에서 우리가 얻을 수 있는 정보는 집값의 상승 또는 하락 여부가 아니다.

첫째로, 전문가들의 예측은 50%대에 머물렀다. 이 사실은 무엇을 의미할까. 같은 전문가들 집단에서도 예측이 완전히 엇갈린다는 이야기다. 이런 경우 당연히 어느 한쪽의 예측이 합리적이라고 보기 어렵다. 한쪽이 맞으면 예측에 성공한 전문가 집단들은 자신의 분석이 역시 맞았다고 사후 확신 편향을 가지게 될 것이다.

둘째로, 전문가들의 예측은 3개월 만에 완전히 바뀌었다. 1년 후의 예측을 3개월 만에 바꾼다는 것은, 부동산 시장의 변동이 그만큼 예측 불허의 시장이라는 뜻이다. 이런 결과를 보고 나서도 의구심이 들 수 있다.

'전문가들은 해당 분야에 속해 있는 사람이 아니고, 의사결정을 할 수 있는 사람이 아니기 때문에 그런 것 아닌가요? 만약 전문가가 직접 투자를 하거나, 사업을 운영하거나, 발명품을 개발하거나, 작품을 출시한다면 본인이 하는 일에 대해서는 정확히 판단을 내릴 수도

있잖아요. 내부 상황을 속속들이 알고 있다면 예측이 가능하겠죠.'

일리 있는 지적이지만, 자신이 직접 일에 관여한다고 해도 달라지는 것은 없다. 역사적으로 유명한 업적을 남긴 천재들조차 자신의 아이디어가 얼마나 사람들에게 도움을 주고 호응을 얻을지 전혀 예측하지 못했던 것을 보면 알 수 있다.

음악계에서 베토벤은 자기 자신에 대해 꽤나 비판적으로 분석했던 사람으로 알려져 있다. 심리학자 애런 코즈벨트는 베토벤이 생전에 썼던 편지들을 모두 분석했다. 베토벤은 당시 자신이 작곡했던 70개 작품에 대한 평가에서 많은 오류를 범했다. 베토벤이 크게 성공할 것이라고 믿었던 15개의 작품은 후세에 전혀 사랑받지 못했으며, 반대로 부정적으로 평가했던 8개의 작품들은 가장 사랑받는 작품이 되었다.

우리 주변에서 일어나는 일들에는 물론 각각의 이유들이 존재한다. 그러나 그 이유들을 우리가 모두 알아내어 맞히는 것은 불가능하다. 운의 영역이 많은 비중을 차지하기 때문이다. 특히나 비즈니스, 투자, 창의성이 들어가는 영역이라면 더더욱 그렇다. 아이러니하게도 가장 많은 전문가들이 포진되어 있는 곳이 비즈니스와 투자 분야이기도 하다. 그렇다면 우리는 이 '운'에 대해서 어떻게 대응해야 할까? 행운의 여신을 우리의 편으로 만드는 방법이 있을까? 운은 말그대로 운이기 때문에 우리가 조절을 하기는 어렵다. 그러나 자신이 하고 있는 분야와 앞으로 해나가야 할 분야에서 운의 영향력을 체크하고, 대비할 수 있는 부분은 대비해야 한다.

통제할 수 없는 부분을 사실로 인정하고, 통제할 수 있는 부분에 대해 꾸준히 실행하는 것이 방법이다. 너무 뜬구름 잡는 말 같다면 마케팅을 예시로 들어보자. 통제할 수 없는 것은 전환율(유입 대비 내 상품을 구매하는 확률)이다. 즉, 내가 판매하는 물건 중에 어떤 것이 잘 팔릴지, 얼마나 팔릴지에 대해서는 절대 예측할 수가 없다. 반면에 우리가 통제할 수 있는 것은 유입이다. (소비자가 내 상품을 인지하게 하는 것, 예를 들어, 블로그나 유튜브를 운영하여 내 상품을 홍보하고 쇼핑몰로 '유입'한다.)

유입을 어떻게 통제하는가? 유입 채널을 확장하고, 꾸준히 활동할수록 절대적인 유입량은 늘어난다. 유튜브, 블로그, 카페, 페이스북, 인스타그램, 포스트 등 최대한 많은 채널을 활용할수록, 많은 콘텐츠들을 올릴수록 유입량은 늘어난다. 물론 유료 광고를 활용해서 유입량을 높일 수도 있다. 이것 또한 우리의 선택이다. 그러나 다시 한번 이야기하자면, 전환율은 우리가 예측할 수가 없다.

이 상황에서 우리는 어떤 전략을 펼쳐야 하는가? 팔리는 제품이 무엇인지 알 수 없다는 사실을 빨리 인정해야 한다. 어떤 상품(또는 서비스)이 팔릴지에 대해 너무 많이 고민하는 것은 의미가 없다. 차라리 그럴 시간에 시제품이라도 만들어서 시장에 내놓고 최대한 마케팅 채널을 늘려가고, 유입량을 늘리는 것이 효율적이다.

운을 컨트롤하는 가장 좋은 방법은 테일 리스크(실제 발생할 확률은 낮지만 한번 발생하면 큰 타격을 주는 위험)를 피하면서, 최대한 많은 도전(다작)을 하는 것이다. 성공한 사람들의 자기계발서에 공통적으로 나오는 내용은 무엇인가? 끊임없이 도전하고, 지속한다는 것이다. '성공할 때까지 계속 하기 때문에 실패란 없다'라는 것이 그들의 신조다. 우리가 알 만한 역사적인 천재들, 성공한 기업가들 중에서도 다작가들이 많다.

셰익스피어는 생전에 희곡 37편, 소네트(서양 시가) 154편을 썼다. 모차르트는 35세의 젊은 나이에 삶을 마감했지만 그 전까지 600여 곡을 작곡했다. 베토벤은 평생 650곡, 바흐는 1,000곡 이상을 작곡했다. 피카소는 유화 1,800점, 조각 1,200점, 도자기 2,800점, 드로잉 1만 2,000점 외에도 수많은 작품들을 만들어냈다. 알베르트 아인슈타인은 수백 편의 논문을 발표했으며, 에디슨은 1,093개의 특허를 가지고 있다.

성공한 기업들은 어떤가? 구글은 수백 개의 제품과 서비스를 만들어냈고, 버진그룹은 400개 이상의 자회사를 설립했으며, 로비오는 게임 '앵그리버드'를 개발하기 전까지 51개의 게임을 개발한 상태였다. UC 데이비스 심리학과 교수인 딘 사이먼튼은 다양한 연구들을 통해 이렇게 밝혔다.

'큰 영향을 미치거나 성공적인 아이디어를 생산해낼 확률은 창출해낸 아이디어의 총수가 많을수록 높아진다.'

너무나 당연한 말이겠지만, 이것을 실행에 옮기는 사람은 거의 없다. 본인의 실력을 과신하거나, 다작을 하는 것 자체를 부끄럽게 생각하기도 한다. 그냥 많은 작품을 내는 것이 귀찮고 힘들어서일 수도 있다. 어떤 분야에서든 업적을 내기 위해서는 운을 잘 활용할 줄 알아야 한다. 그리고 운과 실력을 활용하여 성공한 사람들은 단순히 아이디어를 생각에서만 그치는 것이 아니라 끊임없이 만들어낸 사람들이었다. 그러나 우리 주변에는 항상 예외가 존재한다. 혹자는 이런 반론을 제기할지도 모른다.

'제 주변에는 진짜 상품 딱 하나만 개발해서 엄청나게 잘 파는 사람이 있어요. 여러 가지를 팔지도 않는데 시작하는 것마다 정말 잘돼요. 그런 사람들은 운이 좋다기보다 예측력이 좋은 게 아닐까요?'

둘 중에 하나인 케이스다. 운이 엄청나게 좋았거나, 슈퍼 예측가이거나. 물론 비즈니스나 투자와 같은 복잡계 영역에서도 뛰어난 예측력을 보이는 전문가들이 있다. 그들은 운의 영역을 인정하고, 최악의 시나리오와 최상의 시나리오에서 둘 다 살아남을 수 있는 전략을 실행한다. 그렇다면 진짜 전문가들은 어떻게 예측력을 높이는 것일까?

위에서 전문가들의 정치적 예측력을 연구했던 필립 테틀록 교수는 후속 연구에서 예측력이 미비한 전문가들 중에서도 예측력이 '상대적으로' 높은 소수의 사람들이 있다는 사실을 알게 되었다. 이런 '슈퍼 예측가들' 또한 100%의 예측은 불가능했다. 그러나 4년 동안 다른 사람들에 비해 3배나 높은 예측력을 보여주었다. 그들은 어떤 공통점이 있었을까?

테틀록의 연구에 의하면 그들은 자신들의 예측에 대해 절대 과신하지 않았다. 끊임없이 정보를 캐고, 최신 정보를 꼼꼼히 업데이트하는 습관을 가지고 있었다. 고정관념에 매몰되지 않고 객관적인 사실

만을 정리하며 예측을 실시간으로 수정해 나갔다. 예측이 맞은 경우에도 운이 좋았음을 인지하고 있었다.

만약 당신이 특정한 주제로 꼼꼼하게 파고드는 것에 재능이 있고, 정보 수집에 자신이 있다면 슈퍼 예측가의 길을 걸을 수도 있다. 단, 슈퍼 예측가라고 해서 모든 예측을 맞히는 것은 아니며 확률을 높일 뿐이다.

25 요약 정리

비즈니스, 투자, 창의적인 영역 등 성공을 할 때 운이 많이 차지하는 영역들이 존재한다. 복잡계의 영역에서는 전문가의 예측력도 큰 의미가 없다. 따라서 운의 영역을 인정하고, 테일 리스크를 피하면서 최대한 다양한 도전을 해야 한다. 만약 다양한 도전을 하기 어렵다면 철저하게 정보를 수집하고 파고드는 슈퍼 예측가의 길을 가는 방법도 있다.

26

새로운 분야를 빠르게 배우는 방법

: 메타인지, 호기심, 독서와 글쓰기

학교를 다닐 때도 그렇고, 학원을 다녀도, 회사를 가도 꼭 무엇이든 빨리 배우는 사람들이 있다. 분명히 '0'에서 시작했는데, 어느 순간에는 확연하게 실력 차이가 난다. 우리는 이런 사람들을 보고 '타고난 재능이다', '천재다'라고 한다. 물론 그 사람들의 머리가 우리보다 좋을 수도 있겠지만, 꼭 그렇지만은 않을 수도 있다. 어떤 분야에서든 습득하는 능력이 빠른 사람들은 머리가 좋은 것이 아니라 '개념 파악 능력'이 높을 확률이 크다.

2004년, 당시 미국 연방준비제도이사회(FRB) 의장인 앨런 그린스펀은 미래에 대한 한 가지 조언을 했다. 이 조언은 현재의 상황과 완전히 들어맞는다.

'미래의 젊은이들은 잦은 일자리 변화는 물론 육체노동보다 개념 파악 능력을 요구하는 노동 시장에 대비해야 할 것이다. 경제 상황이 점점 더 복잡해지고 있기 때문에 앞으로는 개념 파악 능력이 취업을 좌우하게 될 것이다. 평생 동안 공부하고 배워야 한다. 일자리가 바뀔 때마다 새로운 능력을 요구받게 될 것이다. 미래의 세계는 우리의 부모나 조부모 때보다 훨씬 더 뛰어난 개념 파악 능력을 요구할 것이다. 대부분의 사람들이 일생 중 여러 개의 직업을 갖게 되고 일부는 아주 많은 직업을 경험할 게 분명하다.'

2004년에 했던 그의 예측은 들어맞았을까? 과거에는 한 회사에 취업해서 정년이 될 때까지 근무하는 경우가 많았다. 현재는 공무원이 아닌 이상 한 회사에 평생 다니는 경우는 거의 존재하지 않는다. 2019년 잡코리아에서 직장인 1,322명을 대상으로 이직 경험에 대해 설문조사를 진행했다. '직장 생활을 시작한 이래 1회 이상 이직한 경험이 있는지' 물은 결과 무려 84.6%가 '있다'고 답했다. 특히 경력 5년차 이상 직장인 중에서는 93.6%가 이직 경험이 있다고 대답했다.

경력별 평균 이직 횟수를 보면 얼마나 많이 이직을 하는지 대략적이라도 파악이 가능하다. 경력 2년차는 평균 1.8회, 3~5년차는 평균 2회를 넘었으며, 5년차 이상은 2.7회, 10년차 직장인은 평균 4회 이직했다. 전체적인 이직 횟수를 보면, 평균적으로 한 회사에서 3년 이상을 다니지 않는 모습을 보인다. 연봉, 직장 상사, 복지제도, 적성 등 이직의 이유는 다양하지만, 결국 중요한 것은 '더 나은 삶을 위해 이직을 해야 한다'는 점이다.

이뿐만이 아니다. 경력직 인재 검색 서비스 리멤버 커리어에서 2,025명의 직장인을 대상으로 설문조사를 진행했다. 대상자들 중 이직을 하지 않은 사람들 중에서 72%가 기회만 생기면 이직할 의향이 있다고 대답했다. 적정 근속 기간에 대한 질문에는 5~10년(64.4%), 혹은 3년 이하(23%)가 가장 바람직하다고 대답했다. 최근에는 취업을 할 때 '여기에서 평생 동안 뼈를 묻어야지', '회사에 충성해야지'라고 생각하는 사람은 없다. 누구나 주머니에 사직서를 품고 다니며, 더 나은 회사를 찾아다닌다.

더 나은 삶을 위해 새로운 환경을 찾는 것은 권장할 만한 일이다. 하지만 능동적으로 새로운 환경을 찾아 나서든, 수동적으로 새로운 환경에 던져지든 부담이 되는 것은 마찬가지다. 실제로 〈법륜 스님의 즉문즉설〉이라는 고민 상담 프로그램에서는 이런 말들이 자주 나온다.

"새로운 환경이나 업무에 적응하는 것이 남들보다 느리고 이해하는 것이 더뎌서, 이제 새로운 어떤 일을 하게 되어도 잘할 수 있을지 자신감이 떨어집니다."

"저는 최근에 새 업무를 시작했는데 그 속에서 너무 업무 성과도 안 나고 '내가 제일 일을 못하는구나'라는 생각이 들어서 너무 자존감도 떨어지고, 그 생각 때문에 생활 전반이 지금 많이 우울해졌어요. 그래서 진짜 객관적으로 나보다 유능한 사람이 일 잘하는 것은 인정하는데 그게 아니다 보니까 '내가 이 정도 사람이었나'라는 생각에 많이 힘듭니다……."

시대적 상황으로 보았을 때, 자의든 타의든 새로운 환경과 새로운 업무에 적응하는 능력을 키워야 하는 것이 틀림없어 보인다. 새로운 일을 배우는 게 느리고, 본인의 단점이라고 생각하는 사람들은 매번 극도의 스트레스 속에 살아야 한다는 뜻이다. 반면 새로운 환경에 적응이 빠르고, 업무도 빨리 배운다면 현재로서는 이보다 큰 장점을 찾기 힘들다. 경영이론가인 아리 드 호이스Arie de Geus는 이렇게 말하기도 했다.

'경쟁자보다 빨리 배울 수 있는 능력이야말로 지속 가능한 단 하나의 경쟁우위일 것이다.'

대체 어떻게 해야 새로운 분야를 빠르게 습득할 수 있을까? 정말 가능하기는 할까? 물론 가능하다. 우리는 어떤 분야를 새로 배울 때 어떤 루트들을 통해 배울까? 듣기, 읽기, 쓰기, 보기, 말하기의 5가지 커뮤니케이션 중 수용하는 것은 듣기, 읽기, 보기, 세 가지이다. 인터넷의 자료들과, 전문 서적, 업무 매뉴얼은 읽기이고, 유튜브나 강의 등은 보기·듣기에 해당한다. 직장 상사가 업무에 대해 알려주는 것 또한 듣기에 포함된다. 이처럼 학습의 단계까지는 학창 시절과 다를 것이 없다. 배우고 공부하면 된다. 하지만 학교 시험과, 업무 능력·생산성은 완전히 차이가 난다.

학창 시절 암기를 잘하고, 시험문제를 잘 푸는 사람이 사회에 나와 새로운 분야의 일을 잘한다는 보장은 없다. 우리는 배운 내용을 실무에 적용할 줄 알아야 하고, 적용한 후에 도출되는 피드백을 통해 반성적 사고까지 할 줄 알아야 한다. 그래야 진정으로 '빨리 습득한다'라고 말할 수 있다. 다시 한번 정리해보면 [학습 → 적용 → 피드백], 이 3박자가 고루 이루어져야 한다.

가장 먼저 학습에 대해 중점적으로 말해보도록 하자. 학습력에 관한 수많은 연구들이 있지만, 가장 중요하다고 생각되는 두 가지를 말해보려고 한다. 그중 첫 번째는 단연 메타인지이다. 많은 사람들이 자기 자신에 대해 잘 알지 못한다. 소크라테스조차 이렇게 말했을 정도이다. '내가 유일하게 아는 것은 내가 아무것도 모른다는 사실이다.' 무언가를 정확히 안다는 것은 엄청나게 힘든 일이다. 내가 나 자신조차 알기가 어렵다. 이제는 나에 대해 좀 알 것 같다 싶으면, 얼마 지나지 않아 나의 색다른 모습을 발견하게 된다. 메타인지(metacognition)란 '자신의 인지 과정에 관한 인지능력'을 말한다. 다시 말해, 내가 뭘 알고 뭘 모르는지, 내가 하는 행동이 어떤 결과를 낼 것인지에 대해 아는 능력이다. 메타인지가 부족하면 학습의 속도도 느리고, 적용 후 피드백도 제대로 수용하기가 어렵다. 다음의 실험 결과를 살펴보자.

EBS 제작팀은 다큐멘터리 〈0.1%의 비밀〉에서 '학업 성취도와 기억력의 상관관계' 테스트를 진행했다. 5명의 일반 학생들과 5명의 0.1% 학생들을 강당에 앉혀놓고 25개의 단어(전혀 연관성이 없는 단어)를 보여주었다. 각 단어를 볼 수 있는 시간은 3초로 정해져 있었으며, 75초가 지난 후 3분 동안 기억나는 단어를 화이트보드에 모두 적어야 하는 것이 테스트였다.

결과는 어떻게 되었을까? 놀랍게도 0.1%의 학생들과 일반 학생들 사이의 기억력 차이는 크게 벌어지지 않았다. 평균 8개 내외의 정답을 맞혔다. 이 실험의 결과는 학습력이 좋은 학생들이라고 해서 타고난 암기력이 뛰어나지 않다는 사실을 의미한다. 실제로 0.1%에 속했던 한 여학생은 인터뷰에서 이렇게 대답하기도 했다. "저는 그동안 제가 암기력이 좋다고 생각했거든요. 근데 저보다 잘 본 아이들도 너무 많아서 그렇게 좋지 않다고 생각했어요."

게다가 얼핏 보면 암기력 테스트처럼 보이는 이 실험에는 다른 목적이 있었다. 실험 진행자는 학생들에게 25개의 단어를 전부 보여준 뒤, 시험을 치르기 전 이렇게 지시했다. "본인이 기억하고 있다고 생각하는 단어의 개수를 적어주시기 바랍니다."

시험의 결과를 보았을 때는 일반 학생들과 0.1% 학생들의 실제 암기력이 크게 다르지 않았다. 그러나 진짜 그들의 차이점은 여기에서 드러났다. 일반 학생들 중에는 자신이 몇 개를 맞힐 수 있는지 정확히 알고 있었던 학생이 없었다. "5개 예상하고 8개 맞았어요.", "10개 이상이라고 적었어요. 그런데 8개 맞았어요." 반면에 0.1%의 학생들은 한 명을 제외하고 본인이 몇 개의 단어를 쓸 수 있는지 정확히 맞혔다. 위에서 자신의 암기력이 그렇게 좋지 않다는 사실을 깨달았던 여학생은 자신이 몇 개를 맞힐 수 있을지에 대해서는 정확히 예상했다. "7개 맞힐 거라고 예상했어요. 7개 맞혔어요."

아주대 심리학과 김경일 교수는 실험 결과에 대해 이렇게 말했다. "이 두 집단의 차이는 기억력 자체의 차이가 아니라 자기가 얼마만큼 할 수 있느냐에 대한, 그것을 보는 안목, 그 눈에 있어서 능력의 차이가 난다고 볼 수 있는 겁니다."

다시 말하면, 우리가 천재라고 생각했던 사람들과 평범한 우리의 차이점은 단순히 머리가 좋고 나쁨이 아닐 수 있다는 이야기다. (물론 태어날 때부터 뛰어난 천재들이 아예 없는 것은 아니다. 그러나 일반적으로는 메타인지 차이를 가지고 있을 가능성이 크다.) 어떤 부분이 부족한지 정확히 알고 집중해서 공부하는 사람과, 전략 없이 공부하는 사람은 당연히 결과적으로 차이가 날 수밖에 없다. 그러나 우리는 서로의 학습하는 과정까지 세세하게 지켜보는 경우가 거의 없다. 오해가 생길 수밖에 없다.

두 번째, 메타인지 다음으로 학습력에 차이를 가져오는 것은 내적 동기이다. 내적 동기는 단순히 말하면 외부적 보상 때문에 하는 일이 아니라 본인 스스로 열망이 끓어올라서 하는 일이다. 누군가에게 보여주기 위해 하는 것이 아니라 스스로를 만족시키기 위해 하는 일이다. 내적 동기를 가지고 있는 사람은 해당 문제에 대해 퇴근 후에도, 쉬는 시간에도, 밥 먹는 중에도, 사람들과 대화하는 중에도 계속 그 생각만 한다. 누군가는 사무실 책상에 앉아서도 잡생각을 한다. 직장 상사가 일을 시키거나, 선생님 혹은 부모님이 공부를 시켰을 때 앉아서 하는 척만 한다. 내적 동기가 있는 사람은 사실상 깨어 있는 모든 순간이 집중하는 시간이다. 당연히 습득력이 압도적으로 빠를 수밖에 없다.

그렇다면 내적 동기를 불러일으키는 요인은 무엇일까? 수많은 요인들이 있지만, 가장 중요한 것은 호기심이다. 어떤 분야에서든 뛰어난 성과를 내는 사람들은 호기심이 매우 많다. 항상 궁금한 일이 많고 질문도 자주 던진다. 또한 이런 문제를 단순히 호기심에서 그치지 않고 문제 해결적으로 접근한다. '어떻게 하면 내가 이 일을 해낼 수 있을까?'라고 스스로에게 끊임없이 질문한다.

카네기멜론 대학의 교수이자 미국의 저명한 행동경제학자인 조지 로웬스타인은 호기심이 발현되는 요인에 대해 이렇게 정의했다.

'호기심은 지식의 공백을 느낄 때 발생한다.' 그는 여러 연구를 통해, 사람들이 '완벽하게는 모르지만 어느 정도 알 때' 호기심이 가장 왕성해진다는 사실을 밝혀냈다. 기본적으로 사람은 전체 내용에서 75%를 안다고 느낄 때, 나머지 25%에 대해서 엄청난 궁금증을 가지게 된다. 너무 많이 알고 있고 쉬운 분야에 대해서는 더 이상 호기심이 생기지 않는다. 그러나 아예 모르고 어려운 분야에 대해서는 머리가 아파 쳐다보지도 않는다. 우리가 새롭게 시작하는 분야가 너무 쉽다면, 그것 또한 다른 의미에서 안타깝긴 하겠지만 큰 문제는 되지 않는다. 진짜 문제는 너무 어려울 때(75%를 알지 못할 때) 발생한다.

자, 이번에는 메타인지를 높이는 방법과 완전히 새로운 분야의 호기심을 자극하는 방법을 알아보자. 다행스럽게도 이 두 가지 문제를 해결하는 가장 좋은 방법이 있다. 독서와 글쓰기이다. 기존에는 책을 많이 읽기만 해도 메타인지가 올라가고, 배경지식이 쌓인다고 여겨졌다. 그러나 현재는 '책만 많이 읽는 헛똑똑이'가 엄청나게 많아졌다. 서울에서 어느 정도 규모가 있는 독서 모임에만 나가도 "나는 책을 하루에 한 권 읽는다", "일주일에 몇 권을 읽는다", "1년에 300권을 읽는다"라고 하는 사람이 수두룩하다. 이론적으로라면 그 사람들은 메타인지가 뛰어나고, 비판적 사고로 인한 통찰력도 높아서 꽤나 성공한 삶을 살고 있어야 맞다. 그러나 현실에서는 그렇지 않은 경우가 더 많다. 물론 책을 읽는 것 자체만으로도 안 읽는 것보다는 훨씬 낫지만, 독서만으로 메타인지를 높이기는 어렵기 때문이다.

독서는 Input에 치중되어 있기 때문에, 자신이 어떤 것을 알고 어떤 것을 모르고 있는지 확인하기가 어렵다. 그래서 중요한 것이 글쓰기이다. 메타인지를 높이기 위해 글을 쓸 때는 아래 세 가지 기준에 의거하여 구체적이고 객관적으로 써야 한다.

새로 알게 된 사실이나, 알고 있었다고 생각했지만 아니었던 부분 [학습]

주변에 똑똑하고 일을 잘하는 사람들을 보면 단순히 타고났다고 생각했는데, 그게 아니었구나. 메타인지가 높고 내적 동기가 있는 사람들이었구나. 메타인지를 높이고 내적 동기를 불러일으키면 나도 일을 열정적으로 잘 해낼 수 있겠다. 그러려면 내가 일하는 분야의 독서를 하고 글을 써야겠네.

새로 알게 된 사실을 내가 하고 있는 일에
구체적으로 어떻게 적용할 것인지 [적용]

나는 현재 바이럴 마케팅 분야에서 일을 하고 있으니까 일단 마케팅 분야의 책을 10권 정도 읽어야겠다. 일단 마케팅의 본질에 대해 알려주는 책을 읽고, 각 SNS 마케팅의 특성을 익혀야겠다. 그리고 사람들의 마음을 읽어야 하니까 심리학 책도 읽어야겠다. 이 책들을 읽으면서 일에 적용할 부분들을 적고, 피드백해야지.

적용한 이후 구체적으로 어떤 결과가 나왔는지 [피드백]

책을 읽으니까 확실히 내가 더 공부해야 할 분야도 구체적으로 알게 되고, 일도 더 잘되네. 처음 왔을 때는 회의 때 팀장님이 말씀하시는 내용이 전혀 이해가 안 됐는데, 이제는 질문할 내용도 많이 생겼어. 마케팅 툴이나 사용법에 대한 내용들은 이제 어느 정도 숙달이 됐는데, 카피라이팅이나 기획력이 많이 딸리는 것 같아. 이쪽 분야에 대해서도 공부를 해봐야겠다.

당장 해야 할 일만 부랴부랴 처리하고 들이닥친 문제들만 수동적으로 해결하다 보면, 당연히 메타인지가 향상되기가 어렵다. 그 일에 대해 호기심이 생기고 내적 동기를 불러일으키는 것은 불가능해진다. 반대로 처음에는 스트레스를 받고 시간이 부족하더라도, 능동적으로 학습하고 적용하고 피드백하는 과정이 익숙해지면 어느새 내적 동기로 일을 하고 있는 자신의 모습을 발견하게 된다. 일이 재미있어지고, 직장 상사가 시켜서 하는 일이 아니라 나의 호기심이 시키는 일을 하게 되기 때문이다. 당연히 배우는 속도도 빨라지고, 잘할 수밖에 없다.

26 요약 정리

현재의 시대적 상황으로 보았을 때, 한 분야에서 평생 일을 하기란 불가능에 가깝다. 그래서 새로운 분야를 빨리 배우고 적응하는 능력이 무엇보다 중요하다. [학습 → 적용 → 피드백]의 단계를 효과적으로 밟기 위해서는 가장 먼저 메타인지와 호기심을 향상시켜야 한다. 가장 좋은 방법은 독서와 글쓰기이다. 배경지식을 쌓고, 하는 일에 적용하고, 피드백하는 절차를 선순환시키다 보면 배우는 속도가 빨라지는 것은 물론이고 내적 동기까지 향상된다.

27

진정한 워라밸을 이루는 방법

: 일과 삶의 조화와 일치

워라밸(work and life balance). 최근 몇 년간 가장 이슈가 되었던 말이다. 직장인들이 가장 바라는 결과이기도 하고, 국가적으로 지원을 하는 사업이기도 하다. 그러나 결론적으로 말하면 나는 이 단어 자체에 큰 반감을 가지고 있다. 일과 삶의 균형을 맞추라는 말은 얼핏 보면 굉장히 합당하고 좋은 것 같지만 그 이면에는 엄청난 위험성이 내포되어 있기 때문이다. 우리가 일상생활에서 쉽게 접하고 사용하는 모든 언어들은 우리의 무의식을 조종한다. 자식은 부모가 쓰는 언어 습관을 쉽게 닮고, 부하 직원은 상사가 쓰는 언어 습관을 쉽게 닮는다. 아무리 그 사람을 싫어한다고 해도 마찬가지이다.

1987년, 당시 하버드 대학교 심리학과 교수였던 대니얼 웨그너Daniel Wegner는 대학생들을 대상으로 한 가지 실험을 진행했다. 참가자들을 두 그룹으로 나누어 사고의 억압이 우리의 사고에 미치는 영향을 실험했다. 웨그너는 첫 번째 그룹에게 "흰곰을 생각하라"라고 말했고, 두 번째 그룹에게는 "흰곰을 생각하지 말라"라고 지시했다. 실험 참가자들은 지시 사항에 대한 사고의 빈도수를 체크할 수 있도록 흰곰이 떠오를 때마다 앞에 놓인 종을 치기로 했다. 결과는 예상외로 나타났다. 흰곰을 생각하지 말라고 했던 B그룹이, 오히려 흰곰을 의식적으로 생각해야 하는 A그룹보다 더 많이 종을 친 것이다. B그룹 참가자들은 일상적인 대화를 나누는 도중에도 자꾸 흰곰이 생각난다고 대답했다.

웨그너의 흰곰 실험이라고 불리는 이 실험은 우리가 아무리 생각을 안 하려고 하고 사고를 억제하려고 해도 불가능하다는 사실을 알려준다. 오히려 그것에 대해 생각을 더 많이 하게 된다. 생각은 의식의 영역이다. '흰곰을 생각하지 말아야지'라고 하면 뇌에 인식되는 이미지는 흰곰이다. '흰곰에 대한 부정적인 이미지'보다는 그냥 흰곰 자체가 익숙해지고, 뇌리에 인식이 된다.

이것을 일상생활에 대입하면, '나는 절대 엄마처럼 안 살 거야', '나는 절대 아빠처럼 안 살 거야', '나는 절대 저런 상사처럼 되지 말아야지'라고 아무리 생각해봤자 우리의 뇌는 내가 닮고 싶지 않은 부모님의 모습, 선생님의 모습, 직장 상사의 모습을 떠올린다. 나이가 들어가면서 싫어했던 사람들의 행동을 닮아가는 가장 큰 이유이기도 하다. 많이 떠올릴수록 뇌는 익숙함을 느낀다. 무의식은 항상 편하고 익숙한 방향으로 우리의 행동을 유도한다. 언어를 어떻게 사용하느냐에 따라 무의식이 세팅되고, 그 무의식은 결국 우리를 조종한다.

다시 워라밸이라는 말로 돌아가보자. 일과 삶의 균형을 맞춰야 한다는 이 단어의 속내에는, 일과 삶을 분리하려는 노력이 들어 있다. 이것은 단순히 '야근과 주말이나 공휴일에는 일을 하지 않는 것이 좋다' 정도의 의미가 아니다. 이 단어는 자연스럽게 일과 삶을 상반된 관계로 만든다. '일'은 부정적인 이미지이고, '삶'은 긍정적인 이미지가 된다. 극단적으로 받아들였을 때 무의식은 이렇게 생각한다. '일은 최대한 적게 하고 배제해야 하는 것, 그와 반대되는 삶은 쟁취해야 하는 것.'

다행히도 나와 비슷한 생각을 하는 사람이 또 있다. 나보다는 그의 말이 더 신뢰가 갈지 모르겠다. 아마존 의장인 제프 베조스는 2018년 베를린에서 열린 '악셀 슈프링거 2018' 시상식에서 '워크 라이프 밸런스'를 지지하지 않는다고 밝혔다. 그는 시상식에서 아마존 신입 사원들을 위한 메시지를 발표했다.

'일과 사생활의 균형을 찾으려 하지 말라. 균형을 맞추려고 노력한다는 것은 이 두 가지 중 한쪽을 추구할 경우 다른 쪽을 희생해야 하는 거래관계를 기정사실화하는 것이기 때문이다. 일과 일 외의 사생활은 보다 포괄적이고 거시적인 관계여야 한다. 가정에서 행복한 시간을 보낼 수 있다면 행복한 에너지가 충만한 상태로 출근할 수 있다. 그리고 직장에서 즐겁게 일한 뒤엔 역시 건강한 에너지를 가지고 집에 돌아갈 수 있다.'

개인적으로 '워라밸'이라는 단어를 유행시킨 사람들이 이렇게까지 생각을 했을 거라고 보진 않는다. 다만 일이 절대 인간의 삶에서 떨어뜨릴 수 없는 관계라는 사실을 감안한다면, 적어도 이 책의 독자들만큼은 이 단어에 대해 조심스럽게 접근해주었으면 한다. 워라밸이라는 단어를 사용하면 할수록 사회에서 '최고의 직장'은 확고해진다. 칼퇴근시켜주는 회사, 일하는 시간이 짧은 회사는 가장 좋은 직장이 된다.

잡코리아와 알바몬이 함께 20~30대 대학생 및 취준생과 직장인 2,201명을 대상으로 '2020년 공무원 시험 준비 현황'에 대해 설문조사를 진행했다. 조사 결과 '올해 공무원 시험을 볼 것'이라는 응답자는 44.4%에 달했다. 설문조사에 응한 대학생들 중 47.5%, 취준생 중 58.7%, 직장인 중 30.3%가 올해 공무원 시험을 볼 것이라고 대답했다. 20~30대가 공무원 시험을 준비하는 주요 이유는 무엇일까? 설문조사 결과에 따르면 공시족들의 핵심 동기는 정년 보장과 복지·근무 환경, 정시 퇴근이었다.

사실상 취업을 준비하는 사람들의 과반수가 공무원이 되고 싶어 한다. 현재의 20~30대가 겪어온 시대적 환경과 사회적 시스템의 영향이 지배적이다. 개개인의 문제라고 본다면 공시생의 비율이 저렇게 높다는 사실을 입증하기가 불가능하다. 당연히 워라밸이라는 용어 하나 때문에 발생한 일도 아니다. 그러나 워라밸이라는 용어가 점점 더 확산될수록 청년들은 더 노량진으로 몰리고, 한정된 일자리에 지원하게 된다. 이 사실은 꽤나 명백하다. 2019년도 국가공무원 9급 공채시험 경쟁률은 39.2:1이다. 약 20만 명이 지원하고 5000명이 선발된다. 19만 5000명은 불합격되고, 인생이 잘 풀리지 않는다는 느낌을 필연적으로 받는 구조다.

공무원에 합격되면 모든 문제가 해결될까? 천만의 말씀이다. 공무원은 기관별로, 부서별로 초과근무 시간에 대한 편차가 크다. 어떤 부서는 일이 없어도 초과근무수당을 위해 억지로 일거리를 만들기도 한다. 어떤 부서는 일이 넘쳐서 주말까지 출근해도 계속 일이 쌓이기도 한다.

대기업, 중소기업은 어떨까? 2018년 7월부터 시행된 '주 52시간 상한제'가 연일 이슈가 되고 있다. 300인 이상의 대기업들은 2018년부터 적용이 되었고, 50인 이상 300인 미만의 중소기업들은 2020년 1월부터 예정되어 있었으나 사실상 연기된 상태에 있다. (2020년 1월 기준)

주 52시간 상한제를 적용한 대기업들이라고 해서 직원들의 삶이 행복해졌을까? 인크루트의 설문조사 결과에 따르면 꼭 그렇지는 않은 듯하다. 취업 포털 인쿠르트는 2018년 52시간 근무제가 적용된 이후 직장인 557명을 대상으로 '근로시간 단축으로 달라진 점'에 대해 설문조사를 진행했다. 설문조사 결과, 달라진 점 1위에는 임금 감소(18.1%), 2위에는 비공식 야근(12.8%)이 꼽혔다. 자기계발 시간, 여가 시간이 늘어남을 체감하는 경우도 많았지만 여전히 52시간 근무제가 완벽하게 적용되지는 않았다는 사실을 보여준다.

중소기업에 취업한 직원들은 더 심각하다. 2018년 잡코리아가 직장인 1,007명을 대상으로 '일과 삶의 균형'에 대한 설문조사를 진행했다. 대상자들은 남녀를 통틀어 직장을 선택할 때 가장 중요한 것이 워라밸이라고 말했지만, 현재 워라밸을 이루고 있다고 대답한 사람은 절반도 안 되는 40.3%에 불과했다. 특히 중소기업 종사자들은 공기업(59.5%), 외국계 기업(58.6%), 대기업(44.6%)에 비해 더 낮은 결과(38.1%)를 보였다.

만약 워라밸을 행복의 가장 큰 기준으로 본다면, 자영업자들의 인생은 최악에 가까워진다. 중소기업중앙회는 2018년 5인 미만 소상인 700명을 대상으로 '소상인 일과 삶의 균형도 조사'를 진행했다. 조사 결과 자영업자와 소상인들은 하루 평균 10.9시간을 일하는 것으로 밝혀졌다. 또한 주 5일 근무하는 소상인은 거의 없었다. 평균적으로 한 달에 3일을 쉴 뿐이었다. 우리가 이 자료들을 통해 확실히 해두어야 할 것은 공무원, 대기업, 중소기업, 프리랜서, 자영업자, 전문직 등 어떤 곳에 속해 있고 어떤 일을 하든 간에 워라밸을 추구하는 삶과는 거리가 먼 삶을 살고 있는 사람들이 대부분이라는 사실이다. 직장인들 중 워라밸을 이루고 있는 사람은 절반도 안 되는 40.3%에 불과하다.

이쯤에서 이런 질문이 나올지도 모르겠다. '워라밸이라는 단어도 쓰지 말아야 하고, 워라밸을 이루기도 힘들다면 대체 어떻게 하라는 말입니까?' 이제부터 여기에 대한 답을 해보려고 한다. 워라밸은 기본적으로 일과 삶을 별개로 생각하는 경향이 있다. 일은 단순히 생계를 위해 하는 것이며, 좋은 인생을 살기 위해서는 일에 집중해서는 안 된다는 인식을 심어준다.

워라밸은 일과 인생을 마치 제로섬 게임처럼 인식하게 한다. 저울에 균형을 맞추고 한쪽에 치우치기라도 하면 크게 잘못된 것처럼 말이다. 물론 업무적 성과에 너무 집착한 나머지 가족이나 인간관계에 소홀하다면 좋은 인생이라고 할 수 없다. 그러나 일 자체에 대해 부정적으로 인식하고, 거부감을 조장하는 것 또한 절대 좋은 행위라고 할 수 없다. 우리가 하루 종일 일에 투입하는 시간을 고려한다면, 필연적으로 불행해질 수밖에 없는 일차원적인 생각을 해서는 안 된다. 그렇다면 이에 대한 괜찮은 대안이 없을까? 제프 베조스는 단순히 워라밸을 지지하지 않는다고 밝힌 것에 그치지 않았다. 동일한 자리에서 다른 대안까지 내놓았다.

'워크 앤 라이프 하모니(work and life harmony), 즉 일과 인생이 조화를 이루어야 한다. 이것이 내가 아마존의 젊은 직원뿐 아니라 간부들에게도 강조하고 있는 대목이다. 특히 신입 사원들에게는 더더욱 그렇다.'

워크 앤 라이프 하모니(이하 '워라하')는 일과 삶을 분리해놓는 개념이 아니다. 그와 반대로 일과 삶의 조화를 추구하는 것이다. 마이크로소프트 CEO 사티아 나델라 또한 "조직 구성원이 내적 동기를 기반으로 일 자체에서 의미를 찾고 몰입하는 사람이라면 일에서 삶을 분리할 수 없다"고 말한다. 워라밸과 워라하. 얼핏 보면 말장난 같지만 이 두 단어 사이에는 엄청난 갭이 존재한다. 어떤 삶을 추구하느냐에 따라 미래가 완전히 달라질 수 있다.

워라밸은 기본적으로 시간을 중요시한다. 워라밸을 중시하는 사람은 일하는 시간이 적으면 적을수록 좋은 직장이라고 생각한다. 반대로 일하는 시간이 많을수록 안 좋은 직장이 된다. 반면에 워라하는 시간보다 일의 가치와 의미에 집중한다. 아래의 질문에 답변하게 만든다. 쉽지 않은 질문들이지만, 정말 중요한 질문들이니 스스로에게 꼭 물어보길 바란다.

이 일을 하는 것이 나의 삶에 어떤 가치를 부여해주는가?
나는 사람들이 자신의 일을 사랑하고 의미 있는 삶을 살도록 돕고 싶다. 책을 쓰고 강의를 하는 일은 나의 사명과도 같은 일이다.

이 일이 나의 삶에 끼치는 긍정적인 영향과 부정적인 영향은 무엇인가?
사람들에게 직접적인 영향력을 행사하는 일이기 때문에 책임감을 갖게 된다. 또한 스스로를 계속해서 성장시킨다. 사람들에게 기여하기 때문에 충만함을 느낀다. 그러나 성장과 기여에 대한 집착 때문에 내 스스로의 건강 상태와 휴식 시간에 대해 방관하는 경우가 많다.

이 일과 관련해 어떤 행동을 취해야 나의 삶이 더 성장하고 풍요로워질까?
장기적으로 이 일을 하기 위해서는 건강(수면, 식단, 휴식, 운동 등)을 체계적으로 관리해야 한다. 초심을 잃지 않고, 끊임없이 다른 사람들의 의견을 경청하는 태도를 가져야 한다.

워라밸이 일과 삶을 양쪽으로 분리시켜 시간의 균형을 맞추려고 노력하는 것이라면, 워라하는 인생에서 일이 어떤 가치를 지니고 있는지, 일과 삶이 어떤 조화를 만들어내야 하는지 좀 더 근원적이고 생산적인 질문을 하게 한다.

27 요약 정리

워라밸이라는 단어는 우리의 무의식 속에 '일은 생계를 위해 하는 것일 뿐이다'라는 생각을 갖게 한다. 당연히 부정적인 인식이다. 우리나라는 시대적 환경으로 인해 공무원 지원자가 엄청나게 치솟은 상태이다. 가장 큰 이유 중 하나로 워라밸에 대한 욕구가 꼽힌다. 그러나 워라밸을 성취하고 있는 사람들은 절반도 되지 않는다. 필연적으로 불행해질 수밖에 없는 시스템이다. 따라서 우리는 워라밸과 같이 시간으로 일과 삶을 양분하지 말고, '워라하'를 통해 진짜 일과 삶의 조화를 이루어야 한다. 이제는 시간이 아니라 일의 가치에 집중해야 한다.

28

국민 모두가 좋아하는 일을 직업으로 만들 수 있는 비결

: 의미 발견

우리는 좋아하는 일을 하면서 살고 싶어 한다. 유명한 연사들은 자신의 일을 사랑해야 열정적으로 살아갈 수 있고 성공에 이른다고 이야기한다. 대표적인 것이 전 애플 CEO인 스티브 잡스의 스탠퍼드 대학 졸업 연설이다.

"당신이 사랑하는 것을 찾으십시오. 당신이 연인을 찾을 때에도 그렇듯이 당신의 일에서도 이 말은 변하지 않습니다. 당신의 일은 당신 삶의 커다란 부분을 채우게 될 것입니다. 그리고 진정으로 만족할 수 있는 유일한 방법은 당신이 위대하다고 믿는 일을 하는 것입니다. 위대한 일을 하는 유일한 방법은 당신이 하는 일을 사랑하는 것입니다."

안타깝게도 우리의 현실은 이와는 정반대 방향으로 가고 있다. 어떤 사람들은 이 말이 전혀 현실감각이 없으며, 극단적으로 말하면 노동의 가치까지 훼손시키고 있다고 말한다. 이들에게 일이란 단순히 생계를 위해 어쩔 수 없이 하는 것이다. 일을 하면 월급을 받기 때문이고, 월급을 받으면 자기 자신뿐만 아니라 가족들까지 먹여 살릴 수 있다. 물론 이 숭고한 행위를 비난할 생각은 절대 없다.

자신의 일을 사랑하는 사람이 없는 것보다 더 슬픈 사실이 있다. 자신이 좋아하는 일을 해야 행복해진다고 믿으면서, 실제로는 전혀 다른 현실로 가고 있다는 것이다. 본인의 무의식에서 생각하는 것과 의식의 영역에서 행동으로 옮기는 것은 전혀 다르기 때문에 격차가 벌어지기 시작한다. 앞서 자료에서도 살펴보았듯이, 한 해가 멀다 하고 공무원 지망생들은 점점 늘어나고 있다. 공무원 시험의 특성상 행정직 지원자들은 자신이 채용되더라도 어떤 일을 하게 될지 모른다. 우리 사회의 직업 선택 기준에서 적성은 이미 후순위로 밀려나 있다는 뜻이다. 열정을 좇기보다는 현실이 중요하기 때문이다.

처음에는 이런 사람들을 보고 인생에 무책임하다는 생각이 들었다. 그러나 공부를 하면 할수록, 좋아하는 일을 직업으로 삼는다는 것은 이상에 가깝다는 사실을 알게 되었다. 여러 연구들에 따르면, 좋아하는 일이 직업이 되는 순간 내적 동기가 사라지게 된다. 내적 동기는 외적 보상으로 바뀌게 되고, 외적 보상을 위해 하는 일은 결국 좋아서 하는 일이 아니게 된다. 다음의 일화를 한번 보자.

조용하게 살고 싶어 하는 한 노인이 있었다. 그러나 노인의 집 뒷마당에는 넓은 공터가 있어 동네 아이들의 주 놀이터가 되었다. 아이들은 하루가 멀다 하고 와서 시끄럽게 공놀이를 하곤 했다. 노인은 아이들에게 제발 좀 조용히 해달라고 주의를 주었지만 효과가 있을 리 없었다. 아이들은 노인의 주의에 아랑곳하지 않고 매일 와서 공놀이를 했다. 노인은 고민 끝에 새로운 묘수를 떠올렸다.

다음 날, 노인은 공놀이를 하고 있는 아이들에게 10센트씩 나눠 주며 이렇게 말했다. “너희들이 공놀이를 하고 있는 모습이 보기 좋구나. 앞으로도 매일 여기에 와서 공놀이를 해주면 10센트씩 줄게.” 아이들은 당연히 좋아했고, 매일매일 뒷마당으로 와서 더 열심히 공놀이를 하기 시작했다.

다음 날, 노인은 아이들에게 5센트씩 나누어 주며 이야기했다. “10센트는 너무 많아. 오늘은 5센트밖에 주지 못하겠구나.” 아이들은 약간 꺼림칙해하면서도 여전히 만족스럽게 공놀이를 했다.

다음 날, 노인이 뒷마당에 나가자 아이들은 이미 노인을 기다리고 있었다. 노인은 아이들에게 1센트씩을 주었다. 한 아이가 물었다. “오늘은 왜 1센트만 주세요?” 노인이 대답했다. “내가 형편이 부족해서 1센트밖에 주지 못하겠다.” 그러자 아이들이 다시 대답했다. “우리가 단돈 1센트 때문에 여기까지 와서 공놀이를 하겠어요?” 아이들은 떠났고, 이후 다시 나타나지 않았다.

이 일화는 우리에게 많은 시사점을 남긴다. 또한, 실제 현실에서도 완벽히 적용된다는 것에 의미가 있다. 1969년, 카네기멜론 대학교의 심리학과 대학원생이었던 에드워드 디씨는 동기이론에 대해 입증하기 위해 한 가지 연구를 진행했다. 디씨는 대학생들에게 사흘 동안 세 번의 실험을 진행했다. 학생들은 두 그룹(A, B)으로 나뉘어 당시 인기 있던 퍼즐(쏘마 퍼즐 큐브)을 한 시간씩 풀어야 했다. 첫날 실험에서는 A, B 그룹에 아무런 차이를 주지 않았다. 절차상의 차이도 없었고, 외부적인 보상이 주어지지도 않았다.

중요한 것은 두 번째 실험부터 나타난다. 디씨는 A그룹에게 "자신이 푼 퍼즐 한 개당 1달러(현 기준 약 6~7달러)의 보상을 주겠다"고 말했다. 반면 B그룹은 첫 번째 실험과 달라진 상황이 전혀 없었다. 새로운 퍼즐을 받았으나 여전히 보상 없이 퍼즐을 풀어야 했다. 마지막 세 번째 실험에서는 첫날 실험과 마찬가지로 A, B 그룹 모두 보상 없이 퍼즐을 풀도록 했다.

이 실험을 통해 나온 결론은 무엇일까? 디씨는 각 실험의 중간쯤 실험자들에게 "몇 분 후에 돌아올 테니 내가 없는 동안 하고 싶은 대로 하라"고 말하고 방을 나갔다. 그러고는 약 8분 동안 참여자들이 얼마나 주어진 과제에 집중하는지 지켜보았다. 첫 번째의 실험에서는 A, B 그룹이 동일한 결과를 보였다. 평균 3분 30초에서 4분 정도 계속 퍼즐을 맞추는 데 집중했다. 두 번째 실험에서는 모두가 예상한 결과가 나타났다. 보상이 없었던 B그룹은 첫 번째 실험과 비슷한 양상을 보였다. 반면 새로운 보상이 주어진 A그룹은 평균 5분 이상 퍼즐을 맞추기 위해 노력했다.

세 번째 실험에서는 예상치 못한 결과가 나타났다. 디씨는 A그룹에게 "우리가 준비해둔 돈이 다 소비되어 더 이상 돈을 줄 수가 없다"라고 말했다. 이후 동일하게 A, B 그룹의 마지막 실험이 시작되었다. 세 번의 실험 동안 단 한 번도 보상을 받지 않았던 B그룹은 오히려 더 오랫동안 퍼즐을 가지고 놀았다. 실제로 퍼즐을 푸는 것 자체에 재미를 느끼고 있었다. 반면에 두 번째 실험에서 보상을 받았다가 보상이 없어진 A그룹은 흥미가 떨어졌다. 보상을 받았던 두 번째 실험보다 집중 시간이 2분이나 줄었으며, 애초에 보상이 없었던 첫 번째 실험보다도 1분이나 더 줄어들었다.

디씨는 이후에 실험을 추가적으로 진행했으나 계속해서 동일한 결괏값을 얻었다. '돈이 어떤 행위에 대한 외적 보상으로 사용될 경우 사람들은 그 행위에 대한 내재적인 관심을 잃는다.' 그가 내린 결론이다. 이 말은 우리가 평소 알고 지내던 통념과 흡사하다. '좋아하는 일이 직업이 되면 결국 그 일도 싫어지기 마련이다.'

연구 결과를 떠나 주변을 보아도, 기존에 좋아하던 것을 직업으로 삼은 사람들 중에 그 일을 더 이상 좋아하지 않게 되는 경우를 많이 보았다. 내적 동기로 인해 하던 일이, 외적 보상을 바라고 하는 일로 바뀌게 되면 이런 일이 일어난다.

우리가 좋아하는 일을 직업으로 삼고 싶은 이유는 간단하다. 자신이 일을 하면서 행복하지 않기 때문이다. 이에 대한 가장 큰 이유를 찾으면 가장 먼저 떠올리는 이유가 이것이다. '나의 적성이나 좋아하는 일과 전혀 다른 일을 하고 있기 때문이다.' 그러면서도 '좋아하는 일을 직업으로 삼는 사람이 세상에 얼마나 있겠어……' 하면서 자신의 상황을 합리화한다.

이제는 더 이상 이런 불필요한 합리화를 할 필요가 없다고 이야기해주고 싶다. 많은 연구 결과들이 좋아하는 일을 직업으로 만들면, 흥미와 열정(내적 동기)을 잃는다는 사실을 이야기해주고 있다. 심지어 보상을 바라고 하는 일에 대해서는 창의적인 성과까지 낮아진다는 연구 결과가 있다.

누군가는 여기에서 의구심이 생길 수도 있다. '내 주변에는 자신의 일을 좋아하면서 행복하게 사는 사람들도 많은데?'라면서 말이다. 나 또한 이 의견에 전적으로 동의한다. 대부분의 사람이라면 위의 연구 결과들을 보면서 '역시 그렇구나' 하고 멈출 수 있겠지만 나는 그럴 수 없었다. 이 연구 결과는 나의 삶과 정반대였기 때문이다. 비판적으로 바라볼 수밖에 없었다. 나는 내가 하는 일에 충분히 의미가 있다고 느낀다. 어떨 때는 사랑한다고 느끼기까지 한다. 축복받았다고 느끼며, 하늘에 감사할 정도이다. 이런 상황이니 당연히 의구심이 생길 수밖에 없다.

그렇다면 자신의 일을 사랑하면서 행복하게 사는 사람과, 내적 동기를 잃고 생계를 위해 어쩔 수 없이 일하는 사람은 어떤 차이가 나는 걸까?

긍정심리학자이자 《어떻게 나답게 살 것인가》의 저자인 에밀리 에스파하니 스미스는 책과 TED 강연을 통해 나의 의문을 시원하게 풀어주었다. 아래는 그녀의 TED 강연 〈삶에는 행복보다 더 중요한 것이 있습니다〉의 내용 중 일부를 발췌한 것이다.

"목적을 찾는 것은 행복하게 만드는 직업을 찾는 것과는 다릅니다. 삶의 목적이란 자신이 원하는 게 아니라 자신이 무언가를 내어주는 것입니다. 병원에서 일하는 한 의료인의 목적은 아픈 사람을 치료하는 것이라고 합니다. 많은 부모님들은 이렇게 말씀하시죠. '제 인생의 목적은 아이를 키우는 것입니다.' 목적의 중요한 점은 여러분의 강점을 이용해 타인을 돕는다는 것입니다. 물론 직업을 통해서일 수도 있습니다. 우리가 어떤 일에 기여해서 자신이 꼭 필요한 존재라고 느끼는 것이지요. 직장 내에서의 무기력함, 실직, 낮은 취업률, 이런 문제들과도 관련이 있습니다. 단순히 경제적인 문제가 아니라 사람들의 존재에 관한 문제입니다.

사람들은 자신들이 가치 있는 무언가를 할 수 없을 때 방황합니다. 물론 직장을 통해서만 목적을 찾을 필요는 없습니다. 목적은 여러분이 살아갈 이유를 제공하고 그 '이유'라는 것은 여러분이 앞으로 나아가는 원동력이 되어줍니다."

많은 사람들이 잘하는 일과 좋아하는 일 사이에서 고민을 한다. 에스파하니 스미스는 수많은 연구, 사례, 인터뷰들을 통해 결국 자신의 일을 사랑하고 사명감을 가지면서 하는 사람들은 그보다 더 높은 차원인 '의미'에 집중한다는 사실을 깨달았다. 자신이 의미 있는 일을 하고 있다고 생각하는 사람들은 본인의 강점을 활용하여 어떤 방법으로든 세상에 기여하고 있었다.

동물원의 사육사들은 일하는 시간의 20% 정도만 동물 훈련이나 행동 풍부화 등 생산적인 일을 하면서 보낸다. 반면 80%는 우리를 청소하고 행정 업무를 하는 등 지루하고 재미없고 힘든 일을 한다. 그럼에도 불구하고 자신의 직업에 의미를 부여하는 사육사들은 힘든 일에 대해 이렇게 말한다. "우리와 사육장 청결 유지는 중요합니다. 동물들의 건강에 도움이 되니까요. 저의 목표는 동물들이 동물원에서 매일 즐겁게 지내도록 하는 겁니다. 그러려면 공간을 깨끗하게 유지하는 일이 중요합니다."

어떤 분야에서든 마찬가지이다. 여러 헬스장을 다니면서 PT를 받은 경험이 있는데, 헬스 트레이너들 중에서도 확연히 차이가 있다. 어떤 트레이너는 자신의 전문성을 활용해 고객들의 문제를 빠르게 캐치하고 수정하기 위해 도와주는 데 집중한다. 반면에 다른 트레이너는 자신의 몸을 과시하며 "내가 시키는 대로만 하면 무조건 좋아진다"라고 자랑하는 데 여념이 없다.

누구나 자신만의 강점을 가지고 있다. 강점이란 특정한 분야의 전문성일 필요는 없다. 다른 사람들의 문제에 공감을 잘해주는 것도 강점이다. 많은 사람들이 있는 자리에서 분위기 메이커 역할을 하고 사람들을 기분 좋게 해주는 것도 강점이다. 이 강점들을 활용하여 다른 사람의 삶에 직접적으로 기여할 수 있다면 스스로 동기부여도 되고, 자신의 일에 대한 책임감과 소명감이 생긴다. 만약 현재 하고 있는 일에 도저히 의미를 느끼기가 어렵고 단순노동으로 생각된다면 다음의 사례를 보기 바란다.

미국 펜실베이니아 대학교 와튼스쿨의 조직심리학 교수인 애덤 그랜트는 동기부여에 대해 연구를 하던 중 한 가지 사실을 발견하게 된다. 그는 전화로 대학 기부금을 모집하는 콜센터 직원들을 연구 대상으로 삼았다. 콜센터는 이직률이 매우 높고, 심리적인 노동 강도가 최악인 것으로 알려져 있다. 봉급도 적은 편이고, 자신의 전화를 꺼려하는 사람들을 계속해서 상대해야 하기 때문이다. 그랜트 교수는 콜센터 직원들이 하는 일에 대해 의미를 느낄 수 있도록, 기부금 수혜자들과 콜센터 직원들의 직접 면담을 진행했다. 만남은 그리 길지 않았다. 콜센터 직원들에게는 기부금을 받은 장학생들과 간단히 대화할 수 있는 5분 정도의 시간만 주어졌다.

그랜트 교수는 이후 한 달간 콜센터 직원들의 통화 시간 및 기부금 모집 실태를 확인했다. 결과는 예상을 초월했다. 장학생들과 직접 대면했던 직원들은 기존에 하던 통화 시간에 비해 약 2배 이상을 통화했으며, 기부금 모집도 폭발적으로 향상되었다. 평균 185.94달러였던 주간 모금액이 503.22달러로 급증한 것이다.

그랜트 교수는 이 연구 결과에 대해 결론을 내놓았다. 에밀리 에스파하니 스미스와 동일한 결론이다.

'자신이 하는 일이 다른 사람들에게 의미 있는 영향을 미치는지 알고 있는 사람들은 그렇지 못한 사람들보다 만족도가 높을 뿐 아니라 훨씬 더 생산적이다.'

결론은 명확하다. 자신의 강점을 살려 다른 사람들에게 기여할 수 있는 일을 선택하면, 삶의 의미가 높아지고 자신의 일을 사랑하게 될 확률이 높다. 의미를 내팽개치고 단순히 좋아하는 일을 직업으로 선택하려 한다면, 외적인 보상을 바라게 되면서 자연스레 그 일에 대한 흥미가 사라질 것이다. 따라서 현재 하는 일에 의미를 연결 지을 수 있다면 가장 좋다. 그렇지 않다면 강점을 살려 의미를 연결시킬 수 있는 일을 선택하라.

28 요약 정리

많은 사람들이 자신의 일을 좋아하지 않는다. 단순히 생계만을 위해 일하면서 '좋아하는 일을 하는 사람은 극소수에 불과해…'라고 자기 위안을 얻는다. 하지만 좋아하는 일을 직업으로 만들어도 그 일에 외적인 보상을 기대하는 순간 내적 동기를 잃게 될 확률이 크다. 따라서 우리는 진짜 자신의 일을 사랑하려면 의미 있는 일을 추구해야 한다. 의미 있는 일이란 자신의 어떠한 강점이라도 활용해서 타인의 삶에 기여할 수 있는 일이다. 하는 일에 의미를 연결시킬 수 있다면 가장 좋다. 그렇지 않다면 의미를 찾을 수 있는 일을 선택하라.

29

한 분야에서 전문가를 넘어 대가가 되는 방법

: 열정적인 끈기, 시간, 천직 의식, 피드백

한번 해야겠다는 결심을 하면 실행력이 엄청나게 불타오르는 사람들이 있다. 그런 사람들은 딱 꽂히면 잠도 자지 않는다. 식욕, 성욕, 수면욕이 다 사라진 채로 한 가지에 엄청나게 몰입한다. 그 외에는 신경을 쓰지 않는다. 문제는 이렇게 몰입하는 상태가 오래 지속되지 않는다는 것이다. 작은 문제가 닥치거나, 시간이 조금이라도 늘어지기라도 하면 금세 흥미를 잃고 다른 방향으로 눈을 돌린다. 세계적인 베스트셀러 《그릿》의 저자이자 펜실베이니아 대학교의 심리학과 교수인 앤절라 더크워스는 자신의 저서에서 이렇게 말했다.

'성공한 사람들은 그들이 해야만 하는 일 중에서 일부는 지루하고 좌절감을 안기고 심지어 고통스럽다고 해도 포기하지 않았다. 그들의 열정은 오래 지속됐다.'

그녀의 수많은 연구 결과에 따르면 성공한 사람들은 열정이 불타오르는 것에서 끝나지 않았다. 깊게 몰입하는 그 자체보다, 몰입한 시간에 따라 성공 여부가 결정되었다.

더크워스는 웨스트포인트(미국 육군사관학교)의 생도들이 일명 '비스트'라고 불리는 7주간의 지옥 훈련을 얼마나 이겨내는지 연구를 진행했다. 이곳의 입학 전형은 살인적이라고 불릴 정도로 엄격하다. 11학년부터 지원 절차를 밟아야 하고, 하원의원이나 상원의원 또는 미국 부통령의 추천서까지 받아야 한다. 달리기, 팔굽혀펴기, 윗몸일으키기, 턱걸이 등 체력 평가에서도 최고점을 받아야 한다. 최초 지원자 1만 4,000명 중 추천서를 받는 사람은 4,000명이다. 그중 2,500명이 학업과 체력 기준을 통과하고, 그중에서도 선발된 1,200명만이 입학 허가를 받을 수 있다. 대부분은 학교 대표 선수 출신, 주장 출신이다.

그녀는 이렇게 어려운 절차를 밟고 들어옴에도 불구하고, 5분의 1은 중퇴를 한다는 사실에 충격을 받았다. 2년이 넘는 기간 동안 준비해서 겨우 입학했는데, 2개월도 안 되는 7주 훈련을 버티지 못하고 중퇴를 하다니. 더크워스는 중퇴를 하는 학생들과 비스트 기간을 버텨내는 학생들의 차이를 알아내기 위해 끈질기게 노력했다. 끊임없는 노력 끝에 그녀는 힘든 역경 속에서도 끝까지 버텨낼 만한 사람을 구분할 수 있는 척도를 만들어낼 수 있었다. 그 결과로 내놓은 것이 바로 '그릿 척도'이다.

더크워스의 결과물은 비스트 훈련에만 적용되지 않았다. 매일 거절당하는 것이 일상인 영업직에도 적용되었다. 그릿 척도는 6개월 후에도 회사에 남아 있을 직원들과 그만둘 직원들을 정확히 구분해냈다. 그녀는 시카고 교육청의 의뢰를 받아 수천 명의 11학년 학생들을 대상으로 그릿 척도와 질문지들을 작성하게 하기도 했다. 그릿 점수가 낮은 학생들은 예상대로 졸업을 하지 못했다. 그녀가 연구의 표본으로 삼은 수많은 집단들을 조사한 결과, 특정 분야에서 꾸준히 성과를 내고 버텨낸 사람들은 예외 없이 그릿 점수가 높았다. 그녀는 이렇게 말했다.

'첫째, 그들은 대단히 회복력이 강하고 근면했다. 둘째, 자신이 원하는 바가 무엇인지 매우 깊이 이해하고 있었다. 그들은 결단력이 있을 뿐 아니라 나아갈 방향도 알고 있었다.'

그릿(grit)을 우리말로 번역하자면 '열정적인 끈기' 정도로 해석할 수 있다. 사실 끈기와 지속력이 중요하다는 것은 이제 더 이상 놀랍지도 않은 사실이다. 성공을 위해서는 재능보다 노력이 중요하고, 반짝 불타오르는 열정보다 꾸준히 불을 지피는 것이 중요하다는 사실은 이제 수많은 연구들을 통해 충분히 입증되었다. 열정적인 끈기의 중요성에 대해 알았으니 이제 어떻게 하면 '끈기'를 향상시킬 수 있는지 알아보자.

가장 먼저 해야 할 것은, 끈기와 지속력에 대한 오해를 푸는 것이다. 예를 들어 이런 오해를 가지고 있는 사람들이 있다. '새해 목표를 설정했으니, 이 목표는 절대 바꾸면 안 돼. 성공하는 사람들은 어떤 상황에서도 목표를 바꾸지 않는다고 했어.' 이는 끈기에 대해 완전히 오해하고 있는 것이다. 우리가 끝까지 바꾸지 않고 꾸준히 달려 나가야 할 것은 '최상위 목표'에 한정된다. 최상위 목표란 내가 궁극적으로 원하는 목표이자 삶의 방식을 말한다.

예를 들어 새벽 6시에 일어나는 것은 최하위 목표이다. 이 목표는 아침마다 운동을 하겠다는 하위 목표 때문에 중요하다. 왜 아침마다 운동을 해야 하는가? 건강한 몸 상태를 유지하고 항상 에너지가 넘치는 상태를 만들기 위해서다. 왜 건강한 몸 상태를 유지하는가? 다른 사람들에게 동기부여를 주고 자기 경영에 대해 말하는 사람이 망가진 몸 상태를 가지고 있으면 언행불일치이기 때문이다. 동기부여를 주고 자기 경영에 대해 말해야 하는 이유는 무엇인가? 사람들에게 좋은 영향력을 주는 것이 나의 사명이기 때문이다.

이런 방식으로 내가 설정한 목표에 대해 끊임없이 '왜?'라는 질문을 하면 끝에는 최상위 목표에 도달하게 된다. 최상위 목표를 계속 바꾼다면 인생의 흐름이 끊기게 되고, 방향이 흔들리기 때문에 반드시 고정시켜 두어야 한다. 하지만 최상위 목표를 제외하고 중간 목표, 하위 목표 중에 더 나은 방법이 생긴다면 과감히 목표를 변경해야 한다. 하위 목표를 포기하는 행동은 때로는 반드시 해야 하는 것이기도 하다.

오해가 풀렸다면 본격적으로 이번에는 끈기가 높은 사람들의 공통점을 알아보도록 하자. 끈기가 높은 사람들의 첫 번째 특징은, 자신이 하는 일을 천직이라고 여긴다는 점이다. 예일 대학교 경영대학원 조직행동학 교수인 에이미 브제스니에프스키Amy Wrzesniewski는 사람들이 자신의 직업을 어떻게 생각하는지에 대해 연구해왔다.

브제스니에프스키는 의사, 컴퓨터 프로그래머부터 사무직 직원에 이르는 다양한 직업군을 조사한 결과, 거의 모든 사람들이 자신의 일을 세 가지 범주 중 하나로 인식한다는 사실을 발견했다. '직업', '커리어', '천직'. 그녀의 정의에 따르면 직업은 돈을 버는 수단이고,

커리어는 더 나은 일을 향하는 과정이며, 천직은 인생의 중요한 부분이자 자신의 정체성을 나타내는 요소이다.

브제스니예프스키는 후속 연구를 진행했는데, 이 연구를 통해 또 하나의 예상치 못한 결과를 얻게 된다. 그녀는 회사에서 어떤 직원들이 자신의 일을 천직으로 여기고 사랑하는지 입증하려 했다. 이에 따른 연구 결과가 흥미롭다. 행복하고 열정적인 직원들은 애초부터 열정을 따랐던 사람들이 아니었다. 그저 자신의 일에 충분히 능숙해질 만큼 오래 일한 사람들인 경우가 많았다. 다시 말하면, 누가 자신의 일을 천직으로 여기는지 예측하는 가장 강력한 증거는 '근무 연수' 였다는 것이다. 자신의 일을 천직이라고 생각할수록 그 일에 지속적으로 몸담고 있을 확률이 높았다. 앤절라 더크워스 또한 브제스니예프스키의 연구 결과에 적극 공감하며, 이에 덧붙여 말한다.

'당연히 자기 일을 천직이라고 생각하는 사람들이 '생업'이나 '직업'으로 생각하는 사람들보다 투지가 강하다. 자신의 일을 천직이라고 생각하는 행운아들은 '내 일이 세상을 더 나은 곳으로 만들어준다'고 단언한다. 그리고 그들은 자기 직업과 전반적 삶에 대한 만족도가 가장 높은 듯 보인다.'

자신의 일에 대한 의미와 목적을 깨닫고, 천직이라는 확신이 생긴다면 당연히 지속할 수밖에 없다. 목적이 없는 삶을 버텨낼 수 있는 사람은 없다. 따라서 개인적으로 흥미를 느끼는 동시에 타인에게도 밀접한 영향을 끼칠 수 있는 의미 있는 일을 찾아내야 한다.

끈기를 위해 중요한 두 번째는 의식적인 연습이다. 기계처럼 해야 하니까 하는 연습이 아닌, 의식적이고 목표 지향적인 연습이다. 완전히 몰입해야 한다. 모든 신경을 집중하며 연습해야 한다. 끈기의 가장 중요한 원칙은, 끊임없이 성장하는 것이다. 현재에 안주하는 것과는 거리가 멀다. 이미 높은 곳에 있다고 생각되어도, 더 높은 곳을 위해 달려야 한다. 자신의 실력이 올라갈수록, 그 다음 단계의 높이까지 가는 것은 점점 더 오랜 시간이 걸린다. 그럼에도 불구하고 계속 올라가야 한다.

30여 년간 연주자, 운동선수, 체스 기사, 의사, 영업사원, 교사 등 다양한 분야에서 탁월한 실력을 보이는 사람들을 연구해온 플로리다 주립대 석좌교수 안데르스 에릭슨Anders Ericsson의 연구 결과를 보아도 이에 대한 결론은 동일하다. 세계적으로 유명한 전문가들은 예외없이 오랜 세월 점진적으로 기술을 향상시켰다. 에릭슨은 말콤 글래드웰이 2008년 출간한 《아웃라이어》에서 인용되면서 엄청나게 파장을 일으킨 '1만 시간의 법칙'의 창시자이기도 한데, 최근 《1만 시간의 재발견》이라는 책을 통해 1만 시간의 법칙에 대한 오해를 풀어주었다.

'1만 시간을 투자해도 안 되는 이유는 1만 시간이라는 노력의 올바른 방향과 방법에 문제가 있기 때문이다. 잘못된 방법으로는 10만 시간을 투자해도 안 된다. 올바른 방법의 핵심은 이 세 가지다. 집중과 몰입을 하는 것, 집중의 결과를 피드백 받는 것, 피드백을 통해 결과물을 객관화시키는 것이다. 이러한 '집중', '피드백', '수정'의 순환을 반복하면서 1만 시간을 올바로 투자했을 때에만 큰 성과를 이끌

어낼 수 있다.'

그의 말에 따르면 제대로 된 의식적인 연습을 하기 위해서는 어떤 분야든지 기계적으로 하는 연습에서 벗어나야 한다. 핵심은 자신에게 익숙하고 편안한 상황인 '컴포트 존'을 벗어나는 것이다. 모호하고 추상적인 연습이 아니라, 컴포트 존에서 벗어나면서도 가시적으로 확인할 수 있는 변화들을 만들어야 한다. 반복적인 피드백과 수정이 없으면 아무리 많은 시간을 투자해도 의미가 없다.

"저는 처음에는 미친 듯이 달려들어서 연습하고, 피드백하고, 수정하는데, 시간이 지나면 열정이 식습니다"라고 하는 사람들도 있다. 이런 사람들은 어떻게 해야 할까?

이는 너무나 자연스러운 현상이다. 실력이 늘어가고 전문성이 생길수록 성장 속도가 느려지기 때문이다. 이는 모든 분야에서 모든 사람들에게 적용된다. 처음에는 노력하는 만큼 성장이 뒤따라오다가, 어느 임계점을 지나면서부터 노력 대비 성장의 비율이 줄어들기 시작한다. 처음에는 쉬워 보였던 것들이, 실력이 늘어남에 따라 어려워 보이기 시작한다. 알면 알수록 하루하루 성장하는 폭이 작아진다. 게임을 생각하면 쉽다. 레벨이 높아질수록 다음 레벨로 가는 속도가 느려지는 것과 동일하다.

우리가 끈기에 대해 가장 중요시해야 할 것은 자신의 정체성과 연계된 의미 있는 일(천직)을 찾고, 의식적인 연습을 해나가는 것이다. 그러나 그게 잘 안 될 수도 있다. 특히나 나이가 어릴수록 그렇다.

나 또한 그랬다. 19세 때는 스노보드 강사가 되려고 열심히 스키장을 다녔고, 1~2년 후에는 웨이크보드 강사가 되기 위해 자격증을 땄다. 22세부터 24세까지는 테니스 코치가 되기 위해 매일 같이 새벽에 일어나 공을 쳤다. 24세 때는 부동산 투자자가 되기 위해 부동산을 공부했고, 우연한 기회로 사업을 하기 위해 영업과 마케팅을 배우기도 했다. 25세 이후부터는 심리학과 자기계발, 동기부여 전문가를 나의 천직으로 삼고 꾸준히 의미 있는 성과를 만들고 있다. 여기서 중요한 점은 내가 20대 초반에 했었던 스노보드, 웨이크보드, 테니스, 부동산, 영업 모두 유망주 취급을 받을 정도로 몰입해 있었다는 것이다.

몇 번의 흔들림은 있었지만 약 5년간 꾸준히 공부를 해오다 보니, 어떤 일에서 제대로 된 성과를 내려면 열정뿐만 아니라 끈기와 시간이 필요하다는 사실도 알게 되었다. 유망주보다는 진짜 전문가가 되는 것이 훨씬 더 가치가 있다는 사실도 알게 되었다.

아무리 연습을 해도 끈기와 지속력이 부족한 사람들에게 희망의 메시지를 주자면, 끈기와 지속력은 나이가 들수록 자연스레 향상된다. 시간이 흐르면서 우리는 인생의 교훈들을 얻게 된다. 어떤 것이 정말 중요하고, 중요하지 않은지 선택할 수 있는 기준이 생긴다. 따라서, 너무 흔들리는 자신에 대해서 비관적으로 생각하지 않아도 된다. 한 가지에 집중하려는 노력이 잘 안 된다면 여러 가지에 몰입을 해보는 것도 중요한 경험이 된다. 다양한 경험과 나이가 쌓이면서 끈기가 생겼을 때, 어린 시절 몰입해봤던 것들 중에 하나의 천직을 고르면 된다.

29 요약 정리

어떤 분야에서든 괄목할 만한 성과를 내는 사람들은 단기간의 열정보다 끈기(grit)를 가지고 있는 사람들이다. 끈기를 향상시키기 위해서는 가장 먼저 끈기에 대한 오해를 풀어야 한다. 최상위 목표를 제외한 중간 목표와 하위 목표들에 대해서는 언제든 더 나은 방향으로 바꿀 수 있다. 다음으로 끈기를 향상시키기 위해서는 자신의 정체성과 연계된 의미 있는 일(천직)을 찾아서 의식적인 연습을 꾸준히 해나가야 한다. 만약 어떤 방법으로도 끈기가 생기지 않는다면, 여러 분야에 몰입을 해보는 것도 방법이다. 나이가 들어가면서 자연스레 끈기가 향상되기도 한다.

30

나와 잘 맞는 일을 찾는 5가지 방법

우리는 이미 이전 글에서 자신의 일을 사랑하려면 의미 있는 일을 추구해야 한다는 사실을 알아보았다. 이번 글에서는 자신에게 의미 있는 일을 어떻게 찾아야 할지, 좀 더 구체적인 방법을 알아보자.

많은 사람들은 자신이 구체적으로 어떤 삶을 살고 싶은지, 어떤 일을 하고 싶은지 잘 모른다. 왜 모를까? 누구나 의미 있는 일을 찾고, 자신의 일을 사랑할 수 있는 능력을 타고났음에도 불구하고 그게 무엇인지 찾지 못하는 이유는 명확하다. 평생 동안 이 문제에 대해 깊게 생각해본 적이 없기 때문이다. 청소년 때에는 부모님, 선생님, 사회가 정해놓은 기준에 따라 열심히 공부를 하는 것이 전부이다. 미래에 어떤 모습이 될지 막연한 상태로 눈앞에 닥친 공부만 한다.

부모님에게 진로 선택에 대한 이야기를 하면 어떤 대답이 돌아올까? 공부 열심히 하고 시험 잘 봐서 좋은 대학 가면 그 때 고민해도 늦지 않는다는 대답이 돌아온다. 물론 부모님의 말과 별개로, 중고등학교 때부터 자신의 진로를 머릿속으로 그려가는 사람들도 있다. 그러나 대부분은 청소년기에 자신의 진로를 정하지 못한다. 당연한 일이다. 청소년기에는 진로뿐만 아니라 인생의 중요한 선택이 부모님에 의해 좌우되는 경우가 많다.

일반적인 사람들에게 처음으로 선택권이 생기는 시기는 대학교에 지원을 할 때이다. '전공'을 선택하는 순간이다. 그런데 여기에서 또 문제가 생긴다. 전공을 보니 중고등학교 때 배웠던 과목이랑은 완전히 다르다. 경영학, 심리학, 철학, 경제학, 법학, 의학, 공학, 행정학 등등 이름은 다 들어보았지만 깊게 공부를 해본 적도, 간접경험조차 해본 적이 없다. 당연히 나에게 무슨 전공이 맞는지 알 수가 없다. 결국 부모님이나 선생님에게 물어보고, 인터넷의 무분별한 정보들을 보면서 결정한다. 이때도 가장 큰 힘을 발휘하는 것은 부모님이다. 물론 우리나라의 모든 사람들을 이런 방식으로 일반화하기는 어렵지만, 전체적인 흐름을 보았을 때 크게 엇나가지 않는다. 성인이 되고 대학생이 된 사람들은 자신의 전공과 진로에 대해 어떤 생각을 가지고 있을까?

구직 포털사이트 알바몬이 대학생 5,794명을 대상으로 '전공 만족도'에 관한 설문조사를 진행했다. 그리고 '전공을 다시 선택할 수 있다면 현재 전공을 선택할 것인가'라는 물음에 전체 응답자의 약 37.3%가 '다른 전공을 선택하겠다'라고 답했다. 2017년 중앙대는 학생 4,140명들을 대상으로 진로 결정에 대한 설문조사를 진행했는데, 이 결과 또한 학생들이 얼마나 많은 혼란을 겪고 있는지 직접적으로 말해주고 있다.

'대학 진학 및 전공 선택 시 졸업 후 진로 및 직업에 대해 고려했는가'를 묻는 질문에 약 84%의 학생들이 진로에 대한 고민을 하고 전공을 선택했다고 대답했다. 이어서 '진로 선택의 어려움'에 대한 조사에서는 전공 선택 시 진로를 고려했음에도 현재 진로 결정에 어려움을 겪고 있다는 학생들이 거의 대부분이었다. 그 원인으로 '나의 능력과 역량에 대해 잘 모르겠다'는 답변이 1위(32%), '나의 흥미와 적성에 대해 잘 모르겠다'가 2위(22%), '직업에 대한 정보 부족'이 3위(18%) 순으로 나타났다.

자신의 전공에 만족하고, 진로 방향에 대해 명확한 기준을 가지고 있는 사람은 거의 없다. 게다가 대학을 졸업한 이후 전공과 무관한 일을 할 확률도 높다. 잡코리아가 대졸 직장인 774명을 대상으로 조사한 결과 전체 응답자의 약 41.8%가 '전공에 불만족한다'고 대답했다.

이러한 설문조사 결과들은 사실 전혀 놀라울 것이 없다. 중고등학교 때부터 대학교 때까지 진로에 대해 진지한 고민을 해본 적이 없고, 고민은 했더라도 제대로 일을 해본 적이 없기 때문이다. '일'이라는 것은 머릿속으로 그려보는 것과 실제 경험하는 것 사이에 엄청난 차이가 존재한다. 경험해보지 못한 분야에 대해서 아무리 고민을 해도 나올 수 있는 대답은 한계가 있다.

우리나라 직업 사전에 등록된 직업의 개수는 1만 5,715개(2016년 기준)가 넘는다. 미국은 2010년에 이미 3만 개가 넘어선 상태다. 한국고용정보원의 자료에 따르면 매년 100여 개의 새로운 직업이 탄생하고 있고, 10년 전에 비해 1,300여 개의 직업이 더 늘어났다고 한다. 이런 상황에서 우리는 과연 몇 개의 직업이나 알고 있을까? 지금 당장 종이와 펜을 준비해서 자신의 머릿속에서 나올 수 있는 모든 직업을 적어보기 바란다. 생각보다 몇 개 되지 않을 것이다. 인생 중 수면 시간을 빼고 절반 이상을 일에 투자해야 하는데, 정말 충분히 알아보고 후회하지 않을 선택을 했다고 확신할 수 있는가?

한국경영자총협회의 2016년 자료에 따르면 306개 기업 중 대졸 신입 사원들의 1년 이내 퇴사율은 약 27.7%에 달한다. 10명 중 3명이 그렇게 힘들게 취업해놓고 1년도 안 돼서 나간다는 말이다. 설문 조사에 따르면 퇴사의 주된 원인은 '조직 및 직무 적응 실패'(49.1%)가 1위로 가장 높다. 이 때문에 많은 사람들이 '한국이 싫다', '사는 게 힘들다', '일하기 싫다', '공부하기 싫다'라는 생각을 한다.

내적 동기가 전혀 없는 상태에서 억지로 공부를 하는 것은 엄청나게 괴로운 일이다. 하고 싶어서 하는 것과 어쩔 수 없이 해야 하는 것에는 당연히 차이가 난다. 대기업에 가서 어떤 일을 하게 될지 모르고, 공무원이 된 후 어느 부서에 가서 어떤 일을 하게 될지 모르는데 공부를 할 의지가 생길 리 없다. 그런데 억지로 공부를 해서 겨우겨우 취업을 하고 나면, 후폭풍이 몰려온다. 수년 동안 준비를 해서 겨우 취업을 했는데, 나와 너무 맞지 않는 일이기 때문이다. 초반에는 취업 자체가 노력에 대한 보상으로 느껴지고 돈을 버는 상황이 좋을 수 있지만, 이런 시기는 순식간에 지나가고 삶의 공허함이 몰려오기 시작한다.

월요일이 죽도록 싫어지고, 평생 하기 싫은 일을 노예처럼 해야 한다는 현실이 막막하기만 하다. 친구들과 만나서 "너희들도 그렇구

나. 나도 일하기 싫어 미칠 것 같아" 하며 서로를 위로하는 게 전부다. 여기에는 물론 사회, 교육 시스템의 문제가 크다. 그러나 나라 탓, 사회 탓을 하기 전에 개인의 의지로 개선할 방법 또한 충분히 존재한다. 우리는 우리가 할 수 있는 일에 집중해야 한다. 평생의 기간 중에 딱 한 번이라도 자신의 인생에 책임을 지고, 이런 악순환을 뜯어고칠 생각을 해보았는가?

이 문제를 해결하기 위해 대학생들의 설문조사 결과로 돌아가보자. 진로 결정에 대한 고민을 하던 학생들은 그에 대한 원인으로 '나의 능력과 역량에 대해 잘 모르겠다', '나의 흥미와 적성에 대해 잘 모르겠다', '직업에 대한 정보 부족'을 꼽았다. 여기에서 핵심 문제는 사람들이 자기 자신을 모른다는 것이다. 자신 스스로를 알아갈 시간과 여유가 없기 때문이다. 자신이 무엇을 좋아하고 어떤 것을 잘하는지 찾아야 할 시간에, 쓸데없는 스펙 경쟁에 힘을 쏟고 있기 때문이다. 당장 눈앞에 보이는 토익 점수, 대외 활동 성과, 봉사활동 시간에 집중하면서 가장 중요한 '나다움'에 대해서는 신경도 쓰지 않았기 때문이다.

누구나 자신에게 잘 맞는 일을 찾을 수 있다. 그러나 개인적인 노력이 엄청나게 필요하다. 많은 사람들이 평생 동안 써먹지도 못할 공부에는 엄청난 시간과 돈을 쏟아부으면서, 자신의 삶에서 진짜 중요한 것은 빠르게 성과가 나오길 기대한다. 무엇보다 꾸준히 지속적으로 노력해야 하는 분야인데도 말이다.

카페에 앉아서 '내가 하고 싶은 게 뭐지?'라고 생각을 한다. 하루 생각해보고 안 나오면 '나는 좋아하는 게 없나 봐' 하며 포기한다. 여행을 떠나면 막연히 꿈이 찾아질 것 같지만 전혀 그렇지 않다. 영어 단어를 하루 종일 외우면 원어민처럼 될 수 있을까? 하루 종일 헬스를 하면 몸짱이 될 수 있을까? 마찬가지이다. 고작 하루 동안 앉아서 고민해놓고 왜 자신과 잘 맞는 일이 없다고 판단하는지 이해하기가 어렵다.

자신과 잘 맞는 일을 찾기 위해서는 꾸준한 노력이 필요하다. 찾은 후에도 '이 일이 정말 나와 맞는지' 테스트를 해보아야 한다. 생각하는 것과 실제 경험하는 것은 천지 차이이다. 몇 년이 걸릴 수도 있고, 아예 처음부터 시작해야 할지도 모른다.

그나마 다행인 점은 이 시간들이 다른 노력들에 비하면 충분히 값진 결과를 안겨준다는 것이다. 자신의 일을 천직이라고 생각하며, 사랑하는 사람들이 주변에 얼마나 되는지를 생각해보라. 자신에게 의미 있는 일을 찾는다는 것은 값어치를 매길 수 없을 정도로 중요한 일이다.

이번에는 좀 더 구체적으로, 어떻게 해야 나와 잘 맞는 일을 찾을 수 있는지 알아보자.

첫 번째, 관심이 있는 분야를 리스트업하라. 우리가 알고 있는 직업은 세상에 존재하는 직업들 중 극히 일부에 속한다. 그러나 아무 가이드라인 없이 시작을 할 수는 없다. 일단 자신이 알고 있는 직업들 중 조금이라도 관심이 가는 분야가 있다면 적어라.

두 번째, 해당 분야의 책을 최소 다섯 권 이상 읽어라. 이때, 저자의 스펙트럼이 다양할수록 좋다. 같은 분야의 책이라도 어떤 경력을 가진 사람이 썼느냐에 따라 방향이 완전히 다르다. 이론과 사례를 분석해서 쓴 책이 있고, 자신의 직접 경험을 에세이처럼 풀어 쓴 책도 있고, 사진이 주를 이루는 책도 있으며, 전공 서적이나 업무 매뉴얼처럼 쓴 책도 있다. 아래의 예시를 참고하여 다양한 작가들의 책을 읽어보라.

여행 분야 | 여행 작가, 여행사 대표, 여행 인솔자, 관광학 박사, 여행사 직원 등

부동산 | 전업 임대 사업자, 부동산학 박사, 직장인 투자자, 공인중개사 등

웹디자이너 | 디자인 회사 대표, 웹디자인 전문 강사, 온라인 쇼핑몰 대표 등

마케터 | 마케팅부서 담당자, 마케팅 대행사 대표, 마케팅 기업 강사, 파워 블로거 등

세 번째, 책을 읽으면서 가장 인상 깊었던 저자에게 메일을 보내라. 책의 날개나 내부를 잘 살펴보면 저자에게 연락할 방법을 찾을 수 있다. SNS 주소, 블로그, 유튜브, 카페, 이메일 등 어떤 것이라도 좋으니 연락을 해보라. 해당 저자의 오프라인 강의나 컨설팅이 있다면 돈을 내고서라도 꼭 참가하는 것을 추천해주고 싶다. 만약 저자의 연락처가 없다면 출판사에 연락을 해서 어떻게 하면 저자와 연락할 수 있는지 물어보라.

저자를 만나기 전에는 소정의 선물과 책을 읽고 궁금했던 질문들을 미리 정리해서 가라. 선물을 싫어하는 사람 없고, 자신이 쓴 책을

성의 있게 읽은 사람을 꺼리는 사람은 없다. 저자를 만나러 가야 하는 이유는, 자신이 관심 있는 분야의 일을 '막연한 관심'에서 '간접경험'으로 바꾸기 위해서이다. 책에서 글로 표현할 수 있는 것은 무조건적으로 한계가 있다. 오프라인에서 만나면 책에는 없는 디테일한 내용을 말해줄 것이다.

네 번째, 책을 읽고 저자까지 만났음에도 불구하고 '이 일은 나와 잘 맞는 일이다'라는 생각이 든다면 대기업, 중견기업, 중소기업, 벤처기업 등 어디라도 좋으니 받아주는 곳에 들어가서 실전을 경험하라. 이때 회사를 고르는 기준은 절대 돈이 되어서는 안 된다. 해당 분야의 업무가 어떻게 돌아가는지 전체적으로 경험할 수 있으면 가장 좋다. 최대한 많이 배울 수 있는 곳을 찾아라. 우리는 '평생직장'을 찾는 것이 아니라 '직업'을 찾는 것이다. 일단 자신과 잘 맞는 일을 찾는 것에 집중하라. 그 후에 전문성을 쌓고 자신의 가치를 높여서 연봉을 높여 받으면 된다.

다섯 번째, 일에 대한 관찰 일기를 작성하라. 일을 함에 있어서 어떤 부분이 나에게 잘 맞고, 어떤 부분이 잘 안 맞는지 정확히 파악하라. 머릿속으로 생각하지 말고 적어라. 머리로 생각하면 작은 문제도 크게 부풀리게 된다. 잘 안 맞는 부분을 해결할 수 있는지, 현실적으로 이겨낼 수 있는지 고려하라.

첫 번째 단계부터 다섯 번째까지 했는데 아직 자신과 맞는 일을 찾지 못했다면, 이 루틴을 계속 반복해야 한다. 생계적인 문제로 당장 무슨 일이라도 해야 한다면, 일을 하면서도 남는 시간에 계속 이

루틴을 실행해야 한다. 인생 자체가 여정이다. 아무것도 하지 않는데 하늘에서 갑자기 천직을 내려주지 않는다. 천직은 찾아지는 것이 아니라 본인이 끊임없는 노력으로 만드는 것이다.

30 요약 정리

우리는 어렸을 때부터 사회적인 기준과 부모님의 말에 따라 공부를 하고, 진로와 전공을 선택해왔다. '나다움'에 대한 고민 없이 자라온 사람들은 필연적으로 벽에 부딪히게 된다. '나에게 잘 맞는 일이 무엇인지', '내가 어떤 것에 관심이 있는지' 제대로 깊게 생각하고 경험하려고 한 적이 없기 때문이다. 이렇게 되면 평생 동안 일을 하면서 매너리즘에 빠지고, 공허함을 느끼고, 불행해질 확률이 크다. 따라서 운동을 해서 몸을 만드는 것처럼 지속적으로 '나와 잘 맞는 일'을 찾는 노력이 필요하다. 관심 분야를 리스트업하고, 관련 분야의 책을 읽고, 저자들을 만나고, 실제 경험을 해보라. 이후 피드백을 하면서 계속 이 루틴을 반복하라.

탁월함의 그릇

초판 1쇄 인쇄 2022년 7월 6일
초판 1쇄 발행 2022년 7월 14일

지은이 조현우
펴낸이 떠오름

기획 손힘찬
편집 권희중, 김준하, 권기우
디자인 최희종
마케팅 고경표, 김하나, 이민지
영업관리 김태영, 박가람

펴낸곳 **주식회사 떠오름**
출판등록 제2021-000002호(2020년 4월 28일)
주소 서울특별시 서초구 강남대로 479, 비1층 122호
전화 070-4036-4586 **팩스** 02-6305-4923
홈페이지 www.risebooks.co.kr
이메일 tteoreum9@nate.com

값 17,500원
ISBN 979-11-92372-20-4 03190